小国崛起

转折点上的关键抉择

张亚中◎著

南方日报出版社
NANFANG DAILY PRESS

图书在版编目（CIP）数据

小国崛起：转折点上的关键抉择 / 张亚中著.—广州：南方日报出版社，2008.12

ISBN 978-7-80652-826-6

Ⅰ.小… Ⅱ.张… Ⅲ.世界史—研究 Ⅳ.K107

中国版本图书馆 CIP 数据核字（2008）第 204145 号

小国崛起——转折点上的关键抉择

著　　者：张亚中
出版发行：南方日报出版社
地　　址：广州市广州大道中 289 号　邮编：510601
电　　话：（020）87373998-8502
经　　销：全国新华书店
印　　刷：广州市怡升印刷有限公司
开　　本：889mm×1194mm　1/32
印　　张：9.75
字　　数：200 千字
印　　数：1-5000 册
版　　次：2009 年 1 月第 1 版
印　　次：2009 年 1 月第 1 次印刷
定　　价：23.00 元

投稿热线：（020）87373998-8503　读者热线：（020）87373998-8502

网址：http://www.nanfangdaily.com.cn/press　http://www.southcn.com/ebook

如发现印装质量问题，影响阅读，请与承印厂联系调换。

目　录

尼德兰　以商立国的全球公司 /49

瑞士　创造需要的山中传奇 /93

前言◎◎

找寻他山之石

谁是小国：看与周边的谁比

为什么要写《小国崛起》？很简单，小国如何崛起更值得讨论。

每一个国家都有机会走向强国之路，也有可能掉入衰亡之途。对于大国而言，由于天生人口多、土地广、资源丰，在国家发展上即使走错路，还有机会从头再来。但是对于小国而言，如果没有方向与策略，轻则永远寄人篱下，重则亡国灭种。历史上有太多的故事可供诉说，本书就不多提了。

不少人或许会问，如何界定小国？这的确是个问题。如果从学术上找定义，可以找到一些概念与分类，但是这样的概念与分类有没有意义？

首先是在1648年的《西伐利亚和约》（*Peace of Westphalia*）中，小国被定义为："在国际政治上，无法确定自主性发言权的国家。"以当时的国际情势来说，区别的标准当然就是军事力量。研究战争的学者也认为，应该从军事力量与潜在军事力量来分类国家。但是随着国际关系不断发展，一些非军事的政治议题的重要性愈来愈高，界定大国还是小国的标准也愈来愈复杂。

如何界定大国与小国、强国与弱国，大多数人都是以客观的实质条件做标准。例如：在军事方面，一个国家是否能够只靠自己的力量来防卫、武器是否需要仰赖国际进口、军力的动员程度、长期作战的潜力；在经济方面，人口、国民生产毛额的多寡、工业发达程度、产品种类集中程度、国内市场规模、研发能力、依赖外国资本程度；在国际体系方面，是否只是对邻近事务有兴趣，能否影响权力均衡或国际体系的本质，外交政策是否主动，敢否冒险，易否被渗透，是否认同国际法、规范与组织等等，都是可以参考的指标。

这样的界定，固然有助于区分大国与小国的客观差别，但是国际社会大小国的差别应该建立在彼此之间的关联性之上才有意义。假如两个国家彼此并没有密切的互动与影响，讨论谁是大国、谁是小国，似乎并没有多大的必要。在有互动的国家中，大、小应该是个相对的概念。例如，某个中等国家面对美国与俄罗斯时，可能是个小国，但是把它放在南太平洋，相对于当地的岛国，就可能是个大国。

从这个观点来看，相对于拜占庭帝国，威尼斯只是一个城市小国；相对于英国与法国，尼德兰也是个小国；相对于当时的瑞典、法国，普鲁士是个不毛之地；相对于周边的国家，瑞士也是小国；相对于俄罗斯、瑞典，芬兰是小国；相对于英国，爱尔兰毫无疑问也是个小国。

从历史上来看，有些国家天生具有大国所需要的人口与土地，例如中国与俄罗斯。也有很多我们现在认知的大国，是从小国慢慢崛起而成，例如原来是北美十三州的美国，孤悬在大西洋东岸的英伦三岛，明治维新前的日本。也有如葡萄牙、荷兰，它们是小国，但是都曾经是世界上的大国或强国。

因此，是否称它为“小国”，是与邻近的国家，或者与最有关系的国家作比较而定。小国或许在土地面积与人口上无法与邻近的大国相比，但是可以在经济、文化等力量上强过对方，而使对方成为“弱国”。小国可以是“强国”，小国也可以变成“大国”。

严格来说，大国容易崛起，小国要崛起就不简单。有的小国，开始时人口少、土地小、资源稀，但是最终站上了世界的重要舞台。有的小国终其一生，永远只是国际社会中的配角。本书讨论的就是一些小国如何崛起的真实故事，以及其中一些小国无法持续壮大的关键因素。

他山之石：关键时刻的抉择

历史是人类走过的足迹，从中可

以看到国家的兴衰；历史也是一面镜子，可以看到前人成功与挫败的原因。《小国崛起》的撰写，自然希望从过去的历史中找到可以借镜的启发。

哪些小国值得思考与观察？在反复考虑后，笔者决定以威尼斯、尼德兰、瑞士、普鲁士、芬兰与爱尔兰作为讨论的焦点。这些国家的历史都有其独特性，每个国家的生存发展策略也有相异性。

威尼斯如何以小小水乡之地，蜕变为中世纪末期的霸主，成为“世界的珠宝盒”长达近六个世纪？

尼德兰这个北海堤岸的沼泽地，如何变成了17世纪的海上帝国？

操着四种不同语言，夹杂在阿尔卑斯山脉的高山国家——瑞士，如何避免了两次世界大战的战火，从而在周边的强权中求生存与发展？

普鲁士原来只是欧洲边陲的一个落后地区，为何可以经由铁与血统一整个日耳曼？什么样的崛起因素最后却给世界带来灾难？为何后来西边的德意志统一了东边的德意志时，世界才有了真正的安全感？

处在天涯海角的芬兰如何在政治与生活的恶劣环境下求生存，它如何定位自己，又如何在西方与俄罗斯间忍辱负重，顾及现实、谋求发展？

长期被英国压制，人口外移最严重的爱尔兰，如何却成为21世纪的“翠绿之岛”？

不只是小国，国家能够崛起，有些因素是必然的，例如好的政策与结构，以及妥善运用资源的能力。对于现代国家而言，这些因素包括经济、货币、财政、所得、贸易竞争等政策，政治、经济、社会等制度结构，自然、人力、科技、资本、文化等资源。本书认为这些都是国家崛起的重要因素，但是主要关切的是，崛起的小国在历史发展的关键时刻做了什么不同于其他国家的正确抉择。也就是说，在关键时刻，不论是来自外在环境的刺激，还是自己创造的机遇，它们的自我定位与发展战略为何，是什么样的抉择使它们免于灾难并有机会崛起。

期望本书不仅是一本历史性的作品，还是一本对于国家或地区乃至个人应该何去何从有所启发的著作。因此，本书在撰写时，并不是以纯粹的历史作铺陈，而是希望能够用特殊的观点作为切入。以历史为写作舞台，但是用不同的分析途径对各个国家的自我定位与战略抉择提出解释。

讨论威尼斯与尼德兰时，以政治经济学的观点作为切入的主轴，讨论这两个商业共和国内外的政治与经济关系，以及它们用什么样的态度与方式来追求国家与商人的利益。

写到瑞士时，则是从“中立”的讨论着手，以期还原瑞士“中立”的本质。探索到底是如大家所说的，国际法的中立为瑞士创造了安全与发展，还是“创造被需要的价值”才是瑞士崛起的真正因素。

分析普鲁士的崛起时，重点放在日耳曼民族的政治思想与普鲁士独特的“军”“国”间的关联性，以及普鲁士统一日耳曼过程中的重要性。虽然这些政治思想引导了普鲁士的崛起，但是也让德意志很快地陨落，并为普鲁士、德意志与世界带来灾难。

二战后德意志的再一次崛起，依靠的又是什么？

论及芬兰时，则是以国际关系的知识作为切入，了解芬兰如何“谨小慎微”，务实地处理与周边国家的关系，以及自我定位抉择对于芬兰崛起的贡献。

最后是对爱尔兰崛起的讨论，重点则是外在环境变迁对于爱尔兰的影响。从人物的素描切入，希望从他们的身上看到爱尔兰如何追求自己的未来，了解爱尔兰如何创造人和、运用地利与抓住天时，终而在争取独立近800年后顺利崛起。

在写作的体例上，本书尽量兼顾历史性、专业性、知识性、故事性与启发性，希望不只是学校里面的师生，社会上各行各业的朋友也能够有所感受。在写作顺序的安排上，根据的原则是每一个国家以完整形式出现在国际舞台的时间，因此，顺序是威尼斯、尼德兰、瑞士、普鲁士、芬兰与爱尔兰。在每一章的分配上，对于历史愈近代的国家，愈多讨论当代的崛起因素。

另外，“他山之石”并不表示外国的月亮一定比较圆，“小国崛起”也并不意味着崛起之后不会衰落，因此本书用了相当的篇幅检讨为何有些小国不再崛起。某些国家，原来崛起的因素消失了，而另一些国家，崛起时的抉择也是衰落的理由。

错误尽量不要多犯，但是经验教训永不嫌少，他山之石永远是历史留给后人的宝藏。小国崛起的经验与错误的教训，不只对于小国，对于大国当然也有参考的价值。随着本书，一起走入千年的历史时空吧！

威尼斯◎◎

无利不取的商人共和

没有淡水无土可耕：不适合人住的城市

在讨论威尼斯的历史命运前，我们先对中世纪初期的历史作一个简单的回顾。

罗马帝国皇帝君士坦丁一世（Constantinus I Magnus，272—337，即君士坦丁大帝）在313年颁布《米兰诏书》（*Edict of Milan*），承认基督教为合法且自由的宗教。330年将罗马帝国的首都从罗马迁到拜占庭（Byzantium），并将该地改名为君士坦丁堡（Constantinople）。罗马帝国政治中心东移。

476年西罗马帝国灭亡，意大利地区遂由中世纪的封建制度，变成以城邦发展为主体。在西罗马帝国灭亡后，东罗马帝国成为罗马帝国的唯一继承者，君士坦丁堡成为罗马帝国的唯一首都，在国家和社会发展上与早期罗马帝国大大不同。史称

▲ 565年的拜占庭帝国。

“拜占庭帝国”。领土曾包括小亚细亚、巴尔干半岛、非洲北部以及意大利的部分地区，威尼斯属其管辖。

中世纪初期，当蛮族统治下的西欧经济还没有从5世纪以来的生产衰落完全恢复之时，拜占庭凭借优越的地理位置，已经握有从事亚欧非各地区国际贸易的垄断权。它是东地中海贸易活动的核心与灵魂。君士坦丁堡是当时拜占庭最大、最美丽的商业城市。有经济史学家称它为“世界上最富有的城市，拥有天下财富的三分之一”。

在威尼斯的东边，伊斯兰先知穆罕默德（Abul-Qasim Muhammad ibn bd Alln al-Hashimi al-Qurashi, 570—632）的追随者，推翻波斯帝国（633—644），相继从拜占庭手中夺取了叙利亚（634—636）、埃及（640—642）和非洲（643—708）；并侵入西班牙（711年），他们的扩张行为一直到8世纪才停止。但是地中海已经从原来由基督教势力所环绕，转换成基督教与穆斯林共有的区域。

因此，中世纪初期意大利城市的命运，取决于它们如何在富甲天下的拜占庭，以及充满着扩张企图且文明商业上均不输于基督教的伊斯兰教之间，找寻它们的利益。正如著名的经济史学家龙多·卡梅伦（Rando Cameron）所说："意大利城市处于一个较富裕较发达的东方与贫穷落后西方之间的媒介位置，一个使它实际性和象征性受益的位置。"地缘政治学者经常说，地理位置决定了国家的发展方向与命运。威尼斯的地理位置决定了它的命运，地理优势在它的身上发挥得淋漓尽致。

拜占庭商业的繁荣不仅延续了基督教的文明，也促进了整个地中海乃至整个欧洲范围内商业的复兴。首先受益的就是北意大利城市。

相对于君士坦丁堡的繁华，初期的威尼斯完全没有现在的炫丽。从自然环境而言，威尼斯并不是一个适宜人类生存的地方，它由60多个小岛组成，土地经常移动，并且处于咸水的沼泽之中，无土可耕，无石可采，无铁可铸，无木材作房舍，甚至无清水可饮。当代法国历史学家、年鉴学派的代表布劳岱（Fernand Braudel）也在他的著作中称："威尼斯是个安全却又生活不便的地方，没有淡水，没有食物，太多的盐！人们常说，威尼斯人不耕地、不播种、不采摘葡萄。"索朗佐（Giovanni Soranzo，1240—1328）总督（Doge）于1327年用以下的文字来描绘这个不依靠土地的城市："城市建筑在海上，完全没有葡萄园和耕地。"这个城市，完全没有属于城市的东西，一切生活所需要的，小麦、玉米、黑麦、牲畜、奶酪、蔬菜、葡萄酒、食油、木材、石块，

▲ 威尼斯在意大利半岛的位置，现在的亚得里亚海在威尼斯全盛时期被称为"威尼斯湾"。

全部依赖贸易取得，甚至连饮用水也不例外。撰写《威尼斯之死》（*Death of Venice*）的费依（Stephen Fay）与奈特累依（Philip Knightley）也说：“威尼斯世间无双，有理智的人不会在这里建造一座城市。”

自我定位：大海就是财富

这样一座自然资源匮乏的城市，后来却发展成为繁荣的城市共和国，甚至连君士坦丁堡都成为它经济上的俘虏。威尼斯靠海上商业致富，它的一切财富都是建立在贸易上。对于善于经营的威尼斯人而言，大海就意味着财富。

威尼斯地处亚得里亚海（Adriatic Sea）的北端，原来只是南欧近海环礁湖上荒芜的小岛群，后来逐渐发展成为罗马帝国的一个省份。5世纪中期起到6世纪，为了逃避日耳曼民族的入侵，北意大利的一些城市居民纷纷逃离居所，前往威尼斯避难。久而久之，避难变成迁徙，他们在情感上与生活上成了威尼斯人。这些难民带来了罗马的先进文明，如技术和理念等，开始了威尼斯的建设。

最初，他们靠经营海盐、咸鱼的贸易起家。威尼斯没有淡水，没有食物，没有其他资源，但是海盐资源丰富，有关食盐的贸易使威尼斯摆脱了初期的贫困，海盐“给威尼斯带来的财富不可胜数”。当然，海盐为威尼斯打下财富的基础，但是真正带来财富与权力的却是“贸易”。

在早期威尼斯的商业史上，与拜占庭帝国的东罗马人及伊斯兰教的阿拉伯人两个完全不同的社会之间的联系极其重要。威尼斯初期扩张的动力来自和拜占庭的密切关系，这使得它有利于与地中海东岸地区做生意。威尼斯因而逐渐发展强大。后来，威尼斯人对于拜占庭帝国限制其活动的做法感到恼怒——因为这会直接影响到威尼斯的利益——他们决定自谋出路，用现在的话说，就是建立自己的自治地位。

992年5月左右，拜占庭帝国与威尼斯共和国签订一项条约，承认威尼斯的共和国地位，再次确认威尼斯共和国隶属于拜占庭帝国，以及继续享有拜占庭帝国境内的商业活动自由，一些进出港口费用近乎减半的优惠条件是其他商业城市所无法享有的。

当然，威尼斯在享受优惠条件时，也必须尽一些义务。土地辽阔的拜占庭帝国，由于东边有塞尔柱（Seljuq）这个土耳其的敌人，南边又担心萨拉逊（Saracens）的侵略，于是希望威尼斯担任亚得里亚海西边的防御工作。对于威尼斯而言，这并不是个义务，它本来就想驱逐斯拉夫和萨拉逊的海盗，以控制亚得里亚海的制海权，就算拜占庭不要求，威尼斯也会这么做，因为控制这个海域对于它的商业而言太重要了。拜占庭的要求等于是给了威尼斯担任拜占庭帝国在亚得里亚海的警察地位，以后的行为更是师出有名。

▲ 传统的威尼斯船只。

由于承担了这项义务，威尼斯在亚得里亚海的东边（西边为意大利）沿海建立了据点，设置坚固堡垒、修理船只的船厂与仓库，一直到今日还可以在当地看到昔日的遗迹。威尼斯就靠着这些建在陆地上的防护，以及海上的船舰，成功地掌握了亚得里亚海，取得了制海权。从那时候开始，一直到18世纪末威尼斯共和国灭亡为止，亚得里亚海一直被称为“威尼斯湾”（Golfo di Venezia）。“亚得里亚海”这个名称，在古老的地图中是不存在的。

在意大利和西西里沿海，不只是威尼斯，其他大大小小的一二十个港口都非常活跃，致富的路线就是成功地完成一笔三角贸易：前往富有的伊斯兰沿海城市或君士坦丁堡，取得埃及和叙利亚的货币——第纳尔（Dinar）和金币，换取拜占庭的华丽丝绸，再转运到西欧出售。这些小港与小城，原本是在经济世界的边陲地区，但是通过贸易，为欧洲的中心服务，提供中心所需要的木材、小麦、麻布、食盐和奴隶。

以上路线就是十字军东征前的经贸路线，威尼斯就靠着这样的三角贸易，在不同的信仰文明与大国间穿梭，开创自己的文明与财富。威尼斯通过中世纪欧洲的两个最富饶的首都——君士坦丁堡和埃及的亚历山德拉城进行东西方贸易，在威尼斯的商人看来，只要他们的顾客能够付钱，其宗教信仰没有什么多大关系。

具体而言，威尼斯转运贸易的内容主要有以下三个方面：

第一是香料贸易（spice trade）。香料贸易是一种在文化和经济方面都具有重大意义的行业，在人类历史上有着举足轻重的作用，尤其是中世纪的欧洲，对香料的渴望直接催生了地理大发现。从遥远的东方运送香料到欧洲的贸易线路被称为香料之路。香料作为当时最贵重的商品之一，价值几与黄金相当。英语中“spice”（香料）一词来源于拉丁语“species”，常用来指贵重但量小的物品。

▲ 当时各种香料。

西欧对于来自东方的香料有很大的需求量。当时香料运往欧洲的路线有两条：一条由阿拉伯人和威尼斯人控制，先是阿拉伯人船运香料至埃及亚历山德拉港（Alexandria），再由威尼斯人从亚历山德拉港将货物运到欧洲销售；另一条从东方运抵波斯湾后，再经美索不达米亚平原陆运到地中海东部港口。后一条商路在13世纪末蒙古帝国崩溃时中断，于是所有的香料几乎都由前条商路运往欧洲。威尼斯人通过埃及的亚历山德拉港将来自锡兰、苏门答腊、印度西部的胡椒、肉桂，来自马来西亚和摩鹿加群岛（Kepulauan Maluku，又译为马鲁古群岛，位于现在的印度尼西亚）的豆蔻和丁香，来自印度、中国的姜，高价卖给西方贵族。“运载的方便和昂贵的售价，使香料有了无比的优越性”，香料贸易给威尼斯带来了巨大的财富。

第二是奴隶贸易。对利润的追求，原来被教会所诅咒且污蔑为贪欲，在威尼斯这里则以最露骨的方式表现出来。威尼斯商人从现在克罗埃西亚的南部达尔马提亚（Dalmatia，包括中部沿海地带和沿亚得里亚海的一系列岛屿）海岸掳取或购买年轻的斯拉夫人（Slavs），输出给埃及与叙利亚的后宫妇女们（Harems）。这样的奴隶贸易，无疑大量地增加了财富，正如同18世纪的奴隶贸易给欧洲商人带来利益一样。1000年左右，威尼斯是欧洲最大的奴隶市场，奴隶贸易十分兴盛。

买卖斯拉夫人为奴隶在欧洲的历史上并不陌生。早从1世纪起，日耳曼人开始接触南方的罗马文化，最初是日耳曼人自己充当罗马人的雇佣兵和仆役，继而，他们又将大批被俘获的斯拉夫人售予罗马人作为奴隶（Slave）。久而久之，Slavs这个名称反过来成为对斯拉夫民族的称谓。

第三是经营木材、铁、铜的贸易。木材与铁都是伊斯兰各国所没有的。虽然木材可以用来建造船只，铁则用来铸造武器，而且用来对抗基督徒，甚而对抗威尼斯的航海者。威尼斯的商人在乎的是贸易的利润，只要目前有利可图，就会从事这项贸易。不过，威尼斯人也懂得要留一手，对于船只，威尼斯人了解到这是国力的基础，因此，除了老旧船只外，威尼斯人均不得将其卖给外国人。法律还规定威尼斯人购买船只时，必须购买国内生产的。

没有意识形态的贸易：商人共和国

尽管这种与“异教徒”的商业行为遭到罗马教皇及东罗马帝国皇帝的反对，但是威尼斯人几乎无间断地进行。因为贸易

背后的利润实在太丰厚诱人了。据统计，一般商船来回一次，利润额可达1200%。因此，威尼斯商船成为新月旗世界与十字架世界之间的桥梁。

威尼斯商人在9世纪时从亚历山德拉偷偷运回圣马可（St. Mark）的遗物。圣马可是圣经中《马可福音》的作者，威尼斯人为其骸骨建了圣马可教堂，认为可以从圣物中得到保护，并且视其追求之财富为敬神的公正报酬。自此，威尼斯为其商业行为的正当性创造了传说与理论基础。

追求财富的动机，驱使这个海水包围的城市用尽一切手段，以惊人的力量与活力来发展它赖以生存的海上贸易。威尼斯全部人口均从事并依赖海上贸易，因此由土地而来的农奴制度并没有在威尼斯形成。城市中水手、工匠与商人的社会地位差别由命运的冒险决定，与法律上的等级无关。从很早的时期开始，商业利润已经造就了富裕的商人阶级，他们的经营方式几乎具有资本主义性质。

当欧洲其他地区的教育还是由教士控制时，威尼斯能够从事运算的人已经很多。计账员（clerk）成为每艘出口商船的必要配置，不只一般商人，连城市的总督都以身作则，可谓“举国皆商”，这样的城市行为是当时伊斯兰教或基督教的领导人无法想象的。到了11世纪末，威尼斯的街道上到处都有富裕的贵族，这个原本的不毛之地，已经成为地中海的一颗明星。

威尼斯经营的是国际贸易，它是个十足的重商主义国家。威尼斯政府所有的商业政策都是以威尼斯的商业兴趣与经济利益为考虑。有人曾说，历史上的威尼斯是“一个没有领域的城市”和“一个商人共和国”，“它的政府就是一个股份公司；它的总督就是它的总经理；而参议院，就是它的董事会；它的人口，就是它的股份持有人”。这样的比喻虽然有些夸张，但是颇为传神。

威尼斯人因经济和政治上的自私自利而闻名。当大部分基督教世界的人忙于残酷的武装争斗时，威尼斯人却在与穆斯林往来。威尼斯人留下一句传世的话："先做威尼斯国民，再做基督徒。"这句话的意思是，只要能够做生意，管它是不是基督徒，威尼斯没有那种心思去为这种事伤脑筋。

威尼斯从一开始就是一个商人国家，威尼斯人无论是水手、手工匠、资本持有者，或是商人，几乎都与商业有关。自976年起，威尼斯人打破了共和国总督的君权，取得了参加政治生活的权利，开始参与城市的行政事务和财政管理。由于中世纪的威尼斯并未形成真正的农奴制，社会结构是以商业活动而不是以土地所有权为基础，因此始终不存在封建的阶级。

一切为商业服务：独树一帜的宗教与政治制度

相对于其他地区，虽然处于中世纪，威尼斯的政权已经高过神权。虽然名义上信奉天主教，但不受教皇约束。威尼斯有六七十个教区，每个教区的神父由区内房产所有人推举，然后由主教任命。主教及其他高级的僧侣，由参议院提名后，由总督通知教皇，教皇可以不同意，却不能自推候选人。圣马可教堂与总督的官邸毗连，附属于政府。教会在威尼斯没有构成强大的政治势力。正如一位现代学者所说："威尼斯处置教会事宜，好像罗马不存在似的。"

威尼斯的社会阶层是流动的。在威尼斯，有参政资格的贵族占据了政府中的重要职务，但贵族与平民之间具有流动性。很多贵族的祖先就是靠经商起家，贵族与平民可以通婚，平民可以通过经商或军功升为贵族，贵族也可能沦落到贫困潦倒，靠救济维生的地步。

威尼斯不设陆军，在陆地作战通常以雇佣军为之。威尼斯实行征兵制，征兵全部用于海战，长期实行战时体制，商业舰队与海军差别无几。威尼斯对工商业者则通过同业公会加以管理，会长由同业推举，并向政府特派的法官负责。威尼斯的抽税以间接税（如关税、货物转口税、食盐公卖等）为主，避免了占有土地的贵族和新兴绅商间的冲突。

威尼斯的政治基本上符合现代的民主精神。威尼斯的总督虽为终身制，最初由拜占庭帝国任命，但是从11世纪以后则都从当地的豪门贵族中选举产生。总督是威尼斯政府的最高行政长官，选举以秘密投票的方式进行，投票的过程极为复杂而繁琐。威尼斯人有默契，最高的权力不会为一个家族所垄断。

为了防止总督滥权，往往在就职的誓辞中就具体规定总督的权限。例如1229年对总督狄波罗（Giacomo Tiepolo）的誓辞就规定：除了薪水和附近城市所进贡他份下所得的苹果、樱桃和螃蟹之外，不得在职务内有法外收入；可主持自由捐款；尊重国家秘密，不能单独与教皇、东罗马帝国的皇帝或其他国王有私人文书往来；接收的礼物有极严格的限制；不能提出总督的继承人等。大议会是威尼斯政府的最高立法和监察机关。1297年通过立法，只有列在“金册”（Golden Book）的贵族才有资格当选大议会成员，大议会有议员480人。行政大权由120名议员组成的元老院掌管，元老院的半数由大议会选举，其余半数由上届元老院选举，经大议会认可。

▲ “十人委员会”的两位委员。

相当于现代议会的元老院决定国家的大政方针，决定战争与和平的问题、制定条约、掌管税收、管理财政并批准一切法令。1335年后“十人委员会”（Council of Ten）成为常设机构，可以干预一切事情，乃至罢免总督。以上机构互相牵制，没有一个机构能独立行事，使得所有独裁的企图化为乌有。

威尼斯政府体制的许多特点受到包括法国大革命时期以及更近代的西方政治思想家的注意。哈瑞顿（James Harrington）在他的《大洋洲的富裕》（*Commonwealth of*

Oceana）一书中借鉴了许多威尼斯的特点，通过他的这一作品，威尼斯人的宪法实践也为北美洲仿效与吸收，成为西方民主的一部分。这或许是我们在讨论威尼斯的崛起中值得特别注意的地方。

威尼斯以上述独特的社会阶级结构和政府体制，在重商、民主、贸易之间取得平衡。也因拥有一个稳定的政治局面和安定的社会环境，从而为其工商业的发展和经济的繁荣提供有利条件。

不过，从现代的标准来看，威尼斯民主后来的发展是不及格的，“十人委员会”到了后来变成更为严格寡断的“三人委员会”（Council of Three）。为了维持这个至高无上的地位，并同时防止民众反抗和个人独裁，暴政与残酷成了这个国家统治的方式。莫里斯（Jan Morris）在她为威尼斯写的传记中写道：在露天市集上经常有被定罪的叛徒全部头朝下地被埋在市集的旗柱边，一些将军因为声名太盛而被下狱或绞死。威尼斯在某种程度上成了极权国家，运用各种极端残酷的手段，消灭可能的对手，让共和国的独立持续到18世纪末期。

军事力量：争取商业特权的工具

威尼斯通过经济实力，以海军力量为后盾，不断地向拜占庭与伊斯兰寻求特权。992年，威尼斯向拜占庭皇帝巴西尔二世（Basil II, 976—1025）取得贸易优惠；1001年，威尼斯参与拜占庭帝国对达尔马提亚地区的战事；1004年，他们再次根据协议派遣舰队帮助拜占庭军队渡海支持在巴利（Bari）的驻军抵抗阿拉伯人入侵。次年，巴西尔二世将威尼斯总督请到君士坦丁堡，热情款待，并为他迎娶拜占庭贵族小姐，从而加强两国的同盟关系。

1000年左右时，威尼斯人面对的是斯拉夫与萨拉逊的海盗，但是到了1081年，对手则变成了征服南意大利到西西里一带的诺曼人。这一个来自诺曼底（Normandy），征服南意大利的民族，虽然人数不多，但是军事力量强大，其中一支前往英格兰，将其征服。在西西里的诺曼人也不以征服南意大利为满足，奢望征服整个拜占庭帝国。

拜占庭疆域的西岸为希腊的西岸，诺曼人从统治下的亚得里亚海西岸城市巴利，渡过亚得里亚海出口附近的狭窄海面，在对岸——现今的阿尔巴尼亚领土杜拉索（Durazzo）——上岸。拜占庭皇帝派人送信给威尼斯总督，要求阻断诺曼人在杜拉索的登陆。

对于威尼斯而言，如果亚得里亚海出口附近的狭窄海域被诺曼人占领，那么威尼斯以后根本就不必做生意了，因此威尼斯本来就会出兵，应允拜占庭皇帝的要求等于是顺水推舟。不过，精明的威尼斯人还是向拜占庭皇帝提出条件，包括容许威尼斯将商业据点设在君士坦丁堡，以及威尼斯商人可以与拜占庭商人享有同样的待遇，用现在的话说，就是享受国民待遇。

舰队从威尼斯港出发，在这场激烈的杜拉索攻防海战，也是第一次真正的对外战争中，威尼斯取得胜利。相较于1000年承诺当“警察”对付海盗，1081年的这次海战，威尼斯扮演的是拜占庭的“国防军”。以前威尼斯要的是“优惠”，这次要的是“特权”。以前要的是进出港口费用近乎减半的优惠，现在要的是“国民待遇”。

拜占庭帝国允许威尼斯商人在帝国内享有完全的通商自由，涵盖范围包括色雷斯（Thrace）、马其顿（Macedonia）、希腊，以及小亚细亚到叙利亚的整个东地中海地区。在这些区域中，威尼斯商人获准享有与拜占庭商人一样的关税全免待遇。

不只这些特权，皇帝还允许威尼斯人在君士坦丁堡的中心，即金角湾（Golden Horn）沿岸设置威尼斯人居留区。那里不仅有商店、仓库和领事馆，甚至还有威尼斯船专用的码头。居留区内还可以享有治外法权。威尼斯公司行号的分店，开始陆续在君士坦丁堡出现。可以说，从1081年开始，威尼斯的海上商业王国开始运作了，特别是当时著名的“利凡特贸易”（Levant，以亚得里亚海的利凡特群岛命名，东地中海区最重要的贸易网。用于小亚细亚沿海地带和叙利亚，有时也包括希腊和埃及之间所有沿海地区。该词也是中东或近东的同义词）。

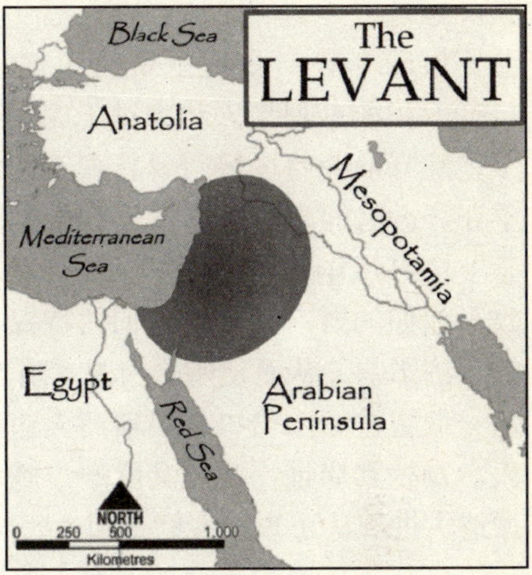

▲ 利凡特是历史上一个不精确的地理名称，指的是中东托罗斯山脉（Taurus Mountains）以南、地中海东岸、阿拉伯沙漠以北和上美索不达米亚以西的一大片地区。

威尼斯获得在拜占庭帝国的贸易特权，有助于其海上势力的发展，使其在利凡特贸易中处于优势的地位。威尼斯的贸易特权对拜占庭的商业经济产生了深远的负面影响，破坏了传统的拜占庭贸易体系，瓦解了拜占庭帝国的重要基础，也开了西欧商业势力瓜分拜占庭帝国商业权益的先例。此后，热那亚（Genova）等其他意大利城市共和国也获得了和威尼斯同样的商业特权。

1082年，拜占庭皇帝阿莱克修斯一世（Alexios I，1081—1108）授予威尼斯人更多商业特权，使他们获得了在君士坦丁堡建立威尼斯商业区、征收部分关税，以及在科林斯（Corinth，位于希腊，该城在圣经中译为哥林多）等拜占庭帝国重要海港自由进出的权利。这些特权对拜占庭国际贸易产生了极为不利的影响，引发了后来威尼斯与拜占庭的冲突。

我们在看这一段历史时，好像看到了清末列强如何要求特权，以及如何瓜分中国的历史。历史似乎都有着相似的轨迹，衰败的大国会做回光返照的反扑，但是，现实又迫使它们低

头。

1151年，拜占庭皇帝马纽尔一世（Manuel I, 1143—1180）担心威尼斯人势力过于庞大，故授予热那亚人在君士坦丁堡建立商业特区等贸易特权。此后，热那亚人与威尼斯人为争夺拜占庭的商业权益展开了激烈的斗争。

1171年年初，马纽尔一世将威尼斯人逐出君士坦丁堡，没收了他们的财产，限制他们的特权，缩小他们在拜占庭帝国内的经济影响，从而使两国的关系陷入紧张状态。同年3月，马纽尔一世更进一步借口威尼斯商人违法，突然逮捕大批威尼斯商人，查抄其店铺，没收其财产。威尼斯人并非省油的灯，立刻派遣大批舰队进攻拜占庭帝国。

1175年双方重订商约，拜占庭帝国重新给予威尼斯人各项贸易特权。同时，拜占庭帝国也给予热那亚及比萨等其他意大利城市同样的商业特权，以使它们相互竞争。

威尼斯这个地图上的小虾米，绝不以此自满，它在等待机会，一举鲸吞这个提供不断财源的古老帝国。这个几乎不可能的事，却在1204年成为事实。

只有向钱看：发十字军东征财

威尼斯的命运一开始就与拜占庭及伊斯兰脱不了关系，它的崛起自然也难以脱离两个文明间的恩怨情仇。历史很具讽刺意味的是，属于基督教文明的威尼斯竟然成为基督教一支的拜占庭灭亡的催命者，而成就了伊斯兰的霸业。

7世纪开始，耶路撒冷被穆斯林统治。最初，基督教的朝圣者与伊斯兰教徒之间的关系还算和平，穆斯林商人还会提供朝圣者食物、运输工具，以及其他生活必需品。平和的贸易往来有助于当地经济的发展。

到了11世纪，这种关系开始发生转变。当时统治埃及的法蒂玛哈里发（Fatimid Caliphs of Egypt）被塞尔柱土耳其人推翻，新的统治者比以往更具侵略性，前往圣地变成了危险的朝圣之旅。

塞尔柱土耳其人的势力逐渐增长，对西欧人是一种警讯。他们在耶路撒冷的统治，令拜占庭帝国感到忧心。1095年，皇帝阿莱克修斯一世终于不顾一切写信给教皇，请求协助对抗土耳其人入侵。

同年底，教皇乌尔班二世（Urban II，1035—1099）在法国西南部的克莱蒙召开一场大型的宗教会议（Council of Clermont）。会中拜占庭皇帝阿莱克修斯一世的使者说明基督教的圣地已落入土耳其的手中，请求西方帮助希腊抗击土耳其穆斯林，并要求基督徒前往解救圣地，于是会议决定发动第一次十字军东征。教皇表示，十字军东征是神的旨意，如果死在战争中，他们的罪将会被赦免。东征的告示在现场信徒高呼“天主所愿”中落实，一场历时近200年的十字军东征就此开始。

从1096年第一次十字军东征开始，后来的200年中，也只有一次行动达到了目的，收复圣地耶路撒冷，建立耶路撒冷王国。可是伊斯兰英雄萨拉丁（Saladin，1137—1193）却在1187年对整个十字军给予致命的打击，取得极为辉煌的胜利。10月2日这一天，被法兰克人占领了88年的耶路撒冷向萨拉丁的军队投降。当年基督教徒征服耶路撒冷时，对城内居民进行野蛮的大屠杀，使圣城化成一片血海，而萨拉丁的军队入城后极为文明，对百姓彬彬有礼。耶路撒冷王国至此亡国，距第一次东征建立耶路撒冷总共88年，一切又回到了原点。

十字军东征的荒诞冒险加速了基督教地区与威尼斯的商业往来。北方人纷纷来到地中海，带着马匹登上前往意大利城市的船只，为了缴纳渡海开支，甚而可能破产也在所不惜。不只是威尼斯，在比萨、热那亚的运输船只吨位也愈造愈大，深怕带的东西不够多，买卖做得不够。东方的胡椒、香料、丝绸、药材，无一不是西方基督教国家所需要的。

对于威尼斯而言，第四次十字军东征（1202—1204）是一次决定性的转折。这一次东征是由教宗英诺森三世（Innocentius III，1198—1216）发动。原本是要攻占穆斯林所控制的埃及，作为日后行动的基地。当时盛行一种说法：要收复耶路撒冷，必须先征服埃及。故此后若干次十字军东征均以埃及为主要目标。

▲ 第一次十字军东征时，1097—1098年在地中海东岸收复Antioch城的胜利情景。图为中世纪时之油画。

第四次十字军东征时，企图经由海路前往埃及，因此要求威尼斯商人提供援助，代运法兰克人的军团到巴勒斯坦。一名特使对丹多罗（Enrico Dandolo，1170—1205）总督说："我奉最高贵的男爵之命而来，全世界没有人可以像您这样协助我们。因此，他们以上帝之名恳求您悲悯圣地，以船只和其他必需品加入他们，为耶稣基督受到污辱而报仇。"丹多罗总督回以典型的威尼斯式语言："按什么样的条件？"

丹多罗总督丝毫不让基督徒的良心困扰他的国家利益思考。最后谈成的报酬是大量的现金，分四次付清，再加上所有战利品的一半。以此代价，威尼斯将3.35万人运至圣地，另外再加上马匹和足够的补给品，同时还提供自己的军人和战舰参战。

十字军从威尼斯出发，他们的领袖所购买的大量补给品，让威尼斯人足足忙了一整年。威尼斯人所准备的粮食，可以供3.3万人与4500匹马使用。但是，当威尼斯准备就绪，十字军却状况百出。到了出发之日，答应要来的人只有1/3出现。但是威尼斯已经交货，十字军应该付款。丹多罗总督在确保岛上的船只已经被严加看守，无法偷偷开走后，要求十字军领袖进宫议事。

崛起之路：征服拜占庭

十字军看到的是一位几乎全盲的老人（据很多记载，丹多罗已经年逾八十），他并不是要放弃对十字军的借款，而是提供了交换条件。他要求在前往耶路撒冷的途中，先攻打位于亚得里亚海东岸威尼斯的商业劲敌，亦属于基督教城市的扎拉城（Zara，今克罗埃西亚的扎达尔Zadar），为威尼斯消除宿敌，以确保威尼斯在亚得里亚海的贸易通路。十字军为满足威尼斯的要求，在攻克扎拉城后，竟不顾“收复圣地”的使命，又出其不意地将矛头转向信奉基督教的拜占庭。

▲ 绘于1876年的圣索菲亚大教堂（作者不详）。

拥有财富的威尼斯不仅是十字军战力的提供者，也成为君士坦丁堡内部权力斗争的寄托者。拜占庭的王子亚历克斯（Alex）向丹多罗表示，流亡的他才是真命天子，如果十字军愿意帮助他取回政权，他愿意还清十字军的欠款。他说：“如果让我加入大军，替我和父王夺回王位，我们就会和你一同前往圣地，为你们开启宝库的大门，让你们的军队增加一倍，我会给你们数万精悍的骑兵。”丹多罗认为机不可失，抓住了这一个千载难逢的历史机会。

丹多罗心中想着威尼斯的国家利益，他希望通过征服君士坦丁堡，可以将热那亚在拜占庭的利益势力驱逐出去；丹多罗也有着个人的恩怨情仇，他曾经是派驻在该城的外交官，据传说（有关威尼斯的传说特别多），他的眼睛就是拜占庭的皇帝弄瞎的，他决心向拜占庭皇帝报仇。

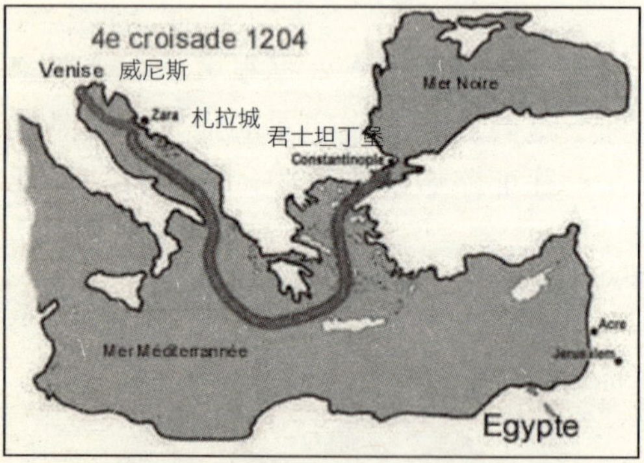

▲ 第四次十字军东征路线。在丹多罗总督的要求下，从威尼斯出征后，先攻打扎拉城，再进取君士坦丁堡。

对于大部分十字军将领而言，君士坦丁堡是一个富甲天下的城市，一个耳闻且梦想的地方。十字军的一名士兵写道：“我敢说，没有见过君士坦丁堡的人，一定无法想象，世界上竟有如此美丽的城市。耸立的城墙和围绕的高塔，富丽的宫殿和崇高的教堂，就算是最勇敢的男子汉，也会不由得撼动。”当军队靠近这座华丽的城市时，十字军的将领们再也忍不住一窥究竟了。

亚历克斯王子告诉十字军：“不需要费劳战斗，君士坦丁堡会展臂欢迎我。”但是当他们驶过城墙，亚历克斯站在船首时，城民报以垃圾、辱骂。无法进城的十字军，只能被迫城外扎营，身无分文、进退两难。

▲ 丹多罗总督画像。

丹多罗决定进攻比他们强大十余倍军力的君士坦丁堡。他知道情势的险峻，告诉亚历克斯王子说：“阁下，我比你们还清楚状况，因为我在这里待过，现在进行的是有史以来最危险的行动。”十字军的骑兵从陆上，威尼斯从海路进攻。根据十字军东征编年史家所言，年老目盲的丹多罗总督对手下呐喊威胁，如果他们想要活命的话，就要把他送上岸。在丹多罗总督的亲自率领下，猛攻市内的400座塔楼，经过两次战役三场火攻，君士坦丁堡终于被攻陷。

十字军把亚历克斯拱上皇位，但他立即被政敌绞死，于是十字军索性罢黜拜占庭皇室，丹多罗总督进驻皇宫，手下士兵大肆掠城。当时的君士坦丁堡是世界上最富庶、最华丽的城市。十字军的进驻，就像蝗虫入境一样，掠夺教堂、夺取黄金圣像，熔掉了不少金子。因为在他们的眼中，这些并非艺术品，而是金块。整个城市被搜刮一空。这可以说是世界史上西方文明的一次最大的灾难。

第四次十字军东征不是丹多罗的本意，作为威尼斯的领导者，他并没有料到拜占庭皇帝会被废除，更没有想到会被迫用武力来解决君士坦丁堡，他所有的反应都是以威尼斯共和国的利益为考虑。可以说他是一个机会主义者，也可以说他是冒险家，而威尼斯人对他的盖棺论定就是："他是有史以来最杰出的总督。"

十字军最后没有抵达圣地，满怀金银扬帆回到欧洲时，由于十字军违约，威尼斯人大加剥削，成了"罗马帝国大量的贵族和主子"。他们取得了拉凯达依蒙（Lacrdaemon，斯巴达的古称）、杜拉索、基克拉底斯（Cyclades，希腊一州）、斯波拉提群岛（Sporades，希腊所属的爱琴海群岛）和克里特岛（Crete）的统治权，同时也巩固了利凡特贸易的主导权。

丹多罗总督把最好的东西带给威尼斯，大多珍藏在圣马可教堂的宝库里，威尼斯也因为分得的拜占庭文物而变得雍容华贵。君士坦丁堡竞技场上的装饰物——镏金的铜驷马被运回威尼斯，成为圣马可教堂正门的装饰物。

威尼斯一举攻陷了君士坦丁堡，成为海上霸主。君士坦丁堡被洗劫后，拜占庭的大部分城市也被攻克。十字军将拜占庭帝国更名为"拉丁帝国"（1204—1261）。依照规定，必须选

出一位拉丁人为代表，十字军与威尼斯双方各推派六位代表，投票选出皇帝。呼声最高的丹多罗总督以老迈为由拒绝提名，其实他担心如果同时担任皇帝，对威尼斯的共和制度会有影响。任何会撼动威尼斯立国基础——共和制度的事，他都不愿做。在威尼斯的主导下，新的皇帝产生。在领土的分配方面，八分之三的帝国疆域授予各诸侯、骑士，四分之一保留给皇帝作为帝国的主权中心，其余的八分之三则分给了威尼斯。不过，丹多罗总督并没有对新皇帝效忠，十字军对此也没有表示意见，威尼斯人因此成为在获得的领土上唯一名实相副的主权者。

从此以后，威尼斯的最高领导人，不仅保有原来的“总督”与“达尔马提亚公爵”称号，还加上了新的“东罗马帝国八分之三的主权人”的头衔。在辅佐大臣中，也规定一定要有威尼斯人的保障名额。

不仅如此，如果再加上攻城前威尼斯在协约中所加入的“在帝国境内，凡威尼斯认定为敌对国家的商人，均不得从事商业”条文，威尼斯等于成功地将强敌热那亚排除在外。就这样，在拉丁帝国统治期间，威尼斯夺取了拜占庭人的全部商业利益，控制了整个爱琴海和东地中海航道，以及进入黑海的水路通道，并在君士坦丁堡建立了繁华的商业特区。

至于丹多罗总督，却没有再回到威尼斯。他偏好冒险生涯，舍弃政位，随着十字军征讨逃逸的拜占庭人，年逾九十岁的他，在一次征讨过程中死于战伤。丹多罗总督长眠于君士坦丁堡圣索菲亚（Hagia Sophia）大教堂的南廊，有尊大理石刻着他的名号。

历史未来的发展是，由于拜占庭的失败反而加强了伊斯兰教的兴盛。不过，这从来就不是参与十字军东征的威尼斯所在意的，在他们的眼中，只有威尼斯的财富才是最真实的。

击败热那亚：成为唯一的霸主

成为威尼斯手下败将的拜占庭，将希望寄托在地中海另一个强权——热那亚。1261年拜占庭的流亡政府在临时首都南菲宏与热那亚签订了反威尼斯的条约，两国成为长期盟友。热那亚提供舰队供拜占庭皇帝指挥，拜占庭则让热那亚享有过去所有的商业特权，并增加若干城市作为热那亚的商业区。末代帕列奥列格（Palaeologl）王朝在热那亚人的帮助下重新夺取君士坦丁堡，热那亚在此后的半个世纪迅速成为东方的贸易强国，其商业势力范围远及黑海沿岸，进而引发威尼斯与热那亚在地中海的武力争夺。

1284年热那亚舰队击溃比萨舰队，使热那亚成为利凡特贸易中另一股强大的力量。热那亚在君士坦丁堡郊区、多瑙河中下游流域、黑海与爱琴海都建立了商业殖民地，威尼斯与拜占庭帝国的关系变得不稳定。衰落中的拜占庭帝国力图在威尼斯、热那亚和比萨强大的势力中寻求平衡，在它们的争夺中保持中立。因此，拜占庭忽而与威尼斯结为盟友，忽而与热那亚订立盟约，企图在双方的对抗中得到利益。

▲ 马可·波罗东游去回程路线图。1271年出发，1295年回到威尼斯。

1296年威尼斯与热那亚因为在君士坦丁堡的商业区发生冲突而开战，双方的舰队在地中海，从君士坦丁堡一直打到黑海与爱琴海，直到1299年5月25日双方无力再战，签订和约，所有损失费用却由拜占庭帝国赔偿。

这一场海战，意外地成为欧洲人认识中国的开始，在这场战役中，诞生了一部伟大的旅行作品，让西方人对中国产生了好奇。海战中，出身威尼斯的马可·波罗（Marco Polo，1254—1324）自己花钱买了一条战船，亲自驾驶参加威尼斯的舰队。结果威尼斯打了败仗，马可·波罗被俘，关在热那亚的监牢里。热那亚人听说他是个著名的旅行家，纷纷到监牢里访问，请他讲东方和中国的情况。

跟马可·波罗一起关在牢里的有一个名叫鲁思梯谦（Rustichello）的来自比萨的作家，把马可·波罗讲述的事都记录下来，编成一本书，这就是著名的《马可·波罗游记》（一名《东方闻见录》）。在这本游记里，马可·波罗把中国的著名城市，像大都、扬州、苏州、杭州等，都作了详细的介绍，称颂中国的富庶和文明。这本书一出版，就激起了欧洲人对中国文明的向往。马可·波罗因为出了名，热那亚人把他释放回国。

▲ 马可·波罗画像。

热那亚在1379年8月取得基奥贾（Chioggia），这个小渔港是扼守威尼斯通往亚得里亚海的门户，基奥贾一失，从亚得里亚海威尼斯湾向东向西向南的各条航线加上陆路水道，即利凡特贸易线，就会被切断。骄傲的威尼斯几乎垮台了。但是在一次出人意外的挣扎中，1380年在基奥贾战役中背水一战，威尼斯一举消灭热那亚舰队。热那亚舰队以后再也不在亚得里亚海出现。威尼斯从此在东地中海没有对手，而热那亚在放弃利凡特贸易后，被迫转而将贸易重心放在西地中海。此时的威尼斯独占了往东方的贸易，财富自然也就源源而来。

威尼斯击败了热那亚，但是同时也必须面对新兴土耳其的挑战。1299年鄂图曼土耳其帝国建立，1365年将首都从小亚细亚的布尔沙（Bursa）迁到三年前占领的亚得里亚堡，这等于向世界宣布土耳其民族将从亚洲移往欧洲。君士坦丁堡又开始紧张，因为土耳其已经进入巴尔干半岛，离君士坦丁堡不远了。当时的威尼斯正忙着与热那亚海战，根本没有多余的心力来理会土耳其。不过，1402年土耳其的大军在小亚细亚的安卡拉（Ankara）却败给了由帖木儿率领的蒙古军，苏丹被俘，土耳其内部统治阶层分歧，君士坦丁堡的压力解除，取得20年的平静。

由于土耳其的威胁暂失，劲敌热那亚已遭击败，威尼斯趁机掌控地中海制海权的既有优势，全力开动商船船队，致力于经商。不仅如此，威尼斯还向意大利“本土”扩张，实施建国以来从未尝试过的扩张政策。

“本土”原文为“静止的土地”（Terra Ferma），指的是当时威尼斯与意大利北部接壤的地区。威尼斯自己的土地是流动的，在经济发展以后，它需要一些能够提供稳定粮食与经济发展的土地。另外，威尼斯已经有了与东方贸易的航线，还需要一条安全的西欧交通管道。这时的意大利北部，包括米兰与佛罗伦萨内部都有家族之争，对于是否扩张领土有不同意见，威尼斯正好抓住这个机会推动本土扩张政策。

威尼斯的本土扩张政策并非依靠武力镇压，而是利用经济优势促使各地主动臣服。在扩张的地区，只要求市长和警察长由中央任命，其余几乎全由当地人民自治，与过去专制的米兰公爵要求全面纳入自己的统治完全不同。这也使得威尼斯的“本土”属地在短短五年间，从柏加摩（Bergamo）扩张到夫利乌利（Friuli）。原本15万多的威尼斯人口，立刻成长到十倍以上。让威尼斯共和国享受完全的海陆通商自由，经济实力也

▲ 图为1499年威尼斯与土耳其Zonchio海战，为一不知名的威尼斯画家所绘。该画目前存于大英博物馆。

▲ 1570—1577年的威尼斯杜卡特金币。

在15世纪前半叶达到高峰。

完全的通商自由给威尼斯带来了高度的经济利益。要维持威尼斯的利益，就要保持一个和平的环境。威尼斯著名的总督莫契尼哥（Tommaso Meocenigo）在1457年政治遗嘱中告诫他的臣民要避免战争。这位精于数字管理的总督，先是精确地讲述威尼斯现有的进出口值、船舰船员数量、居民收入、房价……然后说：“这样下去，威尼斯极有可能成为基督教世界中排名第一的经济大国。有鉴于此，必须避免无谓的战争。因为如果一直处于战争的状态，今日拥有一万杜卡特（Ducat，一个杜卡特金币含3.55克黄金）的人，将成为只有一千杜卡特；而拥有十幢房屋的人，则会减少为一幢；有十件衣服的将只剩一件……相反的，如果维持和平，你们将看到，基督徒的黄金将归你们所有。”

面对兴起的土耳其：妥协

莫契尼哥总督的话没有错，因为威尼斯可以从商业贸易中获得的利益太丰厚了，但是他死后的世界已经不是威尼斯能够控制的了。无论是15世纪的土耳其，还是16世纪初期崛起的西班牙和法国，都是不需要他国土地就能够生存的陆地国家，而且这些在经济成就上纵然不如威尼斯的国家，却拥有十倍于威尼斯的人口。

以牧羊起家的土耳其人，对商业的熟稔并不如另一个伊斯兰国家阿拉伯。在土耳其人眼里，威尼斯人前来做买卖并无不妥，威尼斯也相信，双方有共存共利的可能。只是威尼斯没有料到，1451年继承苏丹王位的19岁的穆罕默德二世（Muhammad II）却不是这么想，他想征服拜占庭帝国，让整个拜占庭帝国成为鄂图曼帝国。

15世纪中叶，鄂图曼土耳其人在东部蚕食着拜占庭帝国，开始遏制意大利城邦往东方的贸易生命线。帖撒罗尼迦（Thessalonica，现为希腊第二大城）于1430年陷落，君士坦丁堡于1453年失守。土耳其人进一步的推进促使威尼斯人在东部领土上进行防卫，最初受打击的是热那亚。热那亚人在东地中海区域经营的货物多为体积大价值低的商品，如明矾、粮食、食盐、棉花、羊毛等。扩张中的鄂图曼帝国先是于1475年占领卡发（Cava），封锁热那亚人的黑海贸易，后来把他们赶出爱琴海。15世纪末，热那亚人只得舍弃东方，全力经营西地中海商业，并向大西洋扩展。历史的偶然，热那亚的转向，促使了地理大发现，改变了欧洲的经济版图。

威尼斯用外交与谈判来解决威尼斯面对的困境。1454年威尼斯与土耳其签订通商友好条约。威尼斯谈判的首要目标就是争取在土耳其国内的自由通商及航行权利与派驻常设代表的权利，最终获得首肯。威尼斯就这样成功地保住了以往在拜占庭所享有的权益，唯一没有达到的，是无法享受以往在君士坦丁堡居留区内的治外法权。

相较于土耳其只有需要的时候才会派出特使，威尼斯却是第一个派遣常驻大使的国家。从15世纪，一直到18世纪共和国瓦解时，威尼斯的外交始终由最优秀的人担任。对于一个以商业立国的国家而言，充分掌握国际环境与对手是多么的重要，威尼斯充分了解这一点。这些大使冷静观察所写的政情报告，当然也成为后人研究地中海，甚而全欧洲重要的第一手史料。

土耳其要扩张，威尼斯要商业，就这样，打完就谈，谈完再打。土耳其人口多，可耐战，威尼斯要做生意，也不可能一次消灭土耳其。专门研究意大利历史的日籍作家盐野七生对威尼斯与土耳其的七次战争（1470、1499、1538、1571、1645、1684、1714）所下的结论是：“在对土耳其的战争中，决定胜负的关键不是能力，而是数量。”土耳其采取的战略很简单——“先攻后守，以商逼和”，也就是土耳其先攻击威尼斯的某一个重要殖民地据点，然后守住，并且封闭国内市场，等到威尼斯受不了贸易通路长期断绝的时候，土耳其便以重开市场为条件，要求威尼斯放弃已经被土耳其占领的殖民地。土耳其占领的据点愈多，威尼斯就愈需要让步。

新航线的发现：梦魇的开始

称霸东地中海的海上强权威尼斯，虽然与土耳其这个“旱鸭子”屡屡发生冲突，但是基于一个要商业，一个要土地的大原则，威尼斯商船队的航路图与利凡特东方贸易并没有受到多大的损伤。

威尼斯的商业精神创造了共和国的繁荣，凭借着努力取得利凡特东方贸易。利凡特贸易其实就是国际长途转运贸易。最初的贸易路线是从地中海东部到意大利北部，再从陆路往北分别到达香槟集市（Champagne fairs，法国历史和文化地区，范围包括今法国东北部）、布鲁日（Bruges，现位于荷兰）和日耳曼内地。后来又增加了经过直布罗陀海峡进入大西洋、北上到英国和尼德兰的直航海路。

海上运输贸易有极大的风险性。威胁来自两方面，一是海上风暴，二是海盗的袭击和劫掠。为了分担风险，威尼斯人的办法是合伙经营。每艘出海的商船都有许多合股人将资金投入其中，在往返半年以上的出海期间，投资者们牵肠挂肚，船只回港时则皆大欢喜。利凡特贸易虽使威尼斯致富，但财富却因风险大而极不稳定。由于风险大，谁也不愿意进行长期固定投资，所以威尼斯并无特大的商人家族出现。为对付海盗的进攻，威尼斯和热那亚还分别建立了巨大的舰队来护航，或者建造兼具战船性能的长形商船（galley），这也增加了航海贸易的代价。

对于商业立国的城邦而言，这些都是可以纳入成本的，但是商业地理路线的根本改变，是他们无法控制的。威尼斯利凡特东方贸易受到的真正打击，是来自16世纪初的葡萄牙人。当15世纪末葡萄牙人发现并占领通往东方的新航道后，威尼斯这一传统贸易便受到严重挑战。

1501年8月24日，一艘满载印度卡利库特（Calicute）胡椒和肉桂的葡萄牙商船，徐徐驶进安特卫普（Antwerp，现于比利

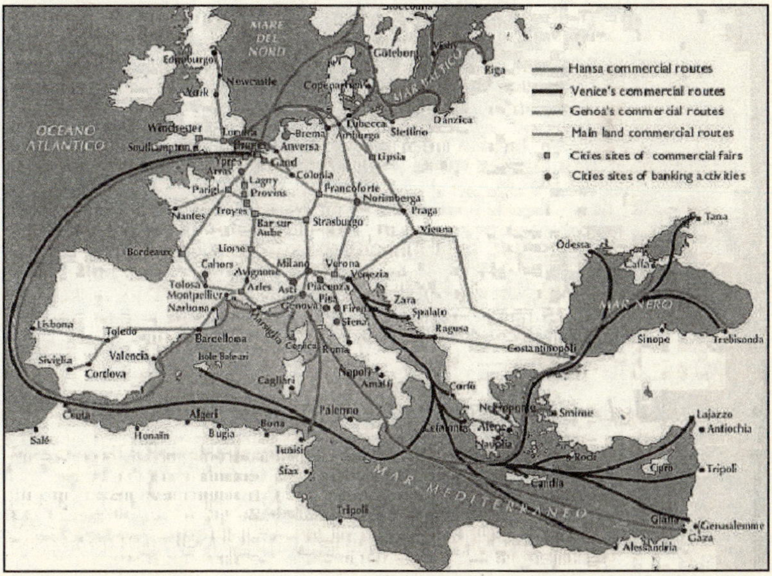

▲ 欧洲商业路线图。

时）港口，从此结束了意大利商人独霸西欧香料市场的历史。16世纪初葡萄牙从好望角航路运回胡椒，以成本少、价格低廉的优势，夺走了威尼斯香料的传统消费者。

香料虽然是威尼斯贸易的大宗，但是毕竟不是全部。威尼斯还是转运业的龙头，业务包括生活消费品、工业生产原料、矿产资源、工业制品等。通过威尼斯商船的转运，不论是佛罗伦萨的轻型优质毛纺品，威尼斯的书籍、玻璃，热那亚的纸张，还是米兰的武器甲胄，斐拉拉（Ferrara）和萨沃纳的彩陶（Savona faience），甚至西班牙的各色陶品，都在地中海有广阔的市场，也都属于威尼斯人的贸易范围。有的远销到亚洲内地和印度，也有的往西北进入英国市场，即使如日耳曼南部城市制造的火枪，也是靠威尼斯船只送往利凡特。整个16世纪，地中海的贸易实际上还是控制在威尼斯与意大利其他城市手中。

城市工业的发展：资本的流动

除了继续投资贸易以外，意大利商业所累积的资本，基本上向两个方向发展，一是城市工业，一是金融。长久的宿敌威尼斯与热那亚正好分别扮演这两个主要角色。

当“工业区”这个特定的概念在西方其他地方还没有普及之前，威尼斯人已经开始把他们的小区按照功能进行划分，有专门居住的小区，也有造船、军需品和玻璃制造小区。威尼斯不仅成为西方世界的贸易商，也是西方的生产基地。到了14世纪，从事各种工业的人数超过1.6万人。

意大利城市工业也在16世纪中叶出现新的发展高潮。这次工业高潮的到来，与16世纪初远程贸易的暂时低落有一定关系。正是由于利凡特东方贸易的收缩，投入贸易中的大量资本回流到城市转向工业领域，从而加速城市各工业部门的发展。如在威尼斯，工业从来没有取得如此重要的地位。该城的毛纺业原料系来自西班牙的次等羊毛，呢绒质量中等，适合亚洲人爱好而进入东方市场，生产一直呈上升趋势。15世纪威尼斯总督在列举该城的富人时，没有提到工业富翁，表明该城主要是商业城市。但在16世纪中，特别是1580—1620年间，手工业组织成为城内相当活跃的力量。1586年威尼斯的15万居民中，工业劳动力为33852人，平均每个家庭有一人从事手工业。

随着工商业复兴，城市的经济政治实力以及吸引力再度增强。16世纪后期，威尼斯造币厂每年约造出价值200万杜卡特的金银币，通过威尼斯的货币流通量要达到400万杜卡特以上。大量的财富投入，使得16世纪威尼斯的建筑事业和艺术事业异常发达。军事上，威尼斯还和西班牙几度结盟，共同对付土耳其人。工业发展需要更多的劳动力，从而吸引大量人口迁移至城市，因此16世纪的大部分时候，威尼斯人口都呈增长趋势。1500年时约为11.5万人，1550年约为16万人，1576年人口达到顶点，将近20万人，表明城市经济已经开始成为威尼斯的特色。商业与工业的结合使得这时的威尼斯变成欧洲最富庶的城市。

这时威尼斯的海军力量，无论在吨位、火力、效率，均为欧洲之最。它的兵工厂有如世界最大的船坞，受到严密看守，围墙长达两英里，每月所发的薪水超过1.1万个杜卡特。在16世纪对土耳其的作战中，连续100天，每天早上都有一艘新的单层甲板大帆船开出船坞前往战场。

热那亚的选择：从贸易转向金融

城市经济的强化，为意大利带来了另一番风貌。在海战中输给威尼斯的热那亚，一方面为欧洲的金融开创新的一页；另一方面，它的商业转向带动了后来新大陆的发现。

热那亚与威尼斯一样，没有肥沃的土地。依据法国人所写的游记，热那亚“从摩纳哥到马赛的这段海岸沿线约有30里，

▲ 热那亚的市徽。

朝米兰方向有七八里平原可供发展，剩下的就是一道荒瘠的山丘”。

热那亚市内可供盖房的地皮不够，建筑只能向高处发展，街道狭窄。这么一个先天不足、虚弱多病的躯体，很难养活自己，也不易抵御外敌。城市地点易攻难守，敌人从北面进攻，就能势如破竹地直达城市的制高点，只要敌人在制高点上架起大炮，城市便束手待毙。

生存环境的困难，使得热那亚的经济史绝大部分都发生在边界外。11世纪，热那亚人击退阿拉伯人，控制了撒丁岛，自此逐渐掌握了西地中海的海权。12世纪与13世纪，热那亚在欧洲所进行的商业革命中起了主导作用。它成为拥有约10万居民的市镇，具备以平等条件和最大的君主国打交道的海军力量，只有威尼斯可以与它争夺贸易。

1284年热那亚海军在梅洛里亚（Meloria）彻底击败比萨人，1298年在居尔佐拉（Curzola）小胜威尼斯人，以及随后在接连发生的遭遇战中的胜利，标志着热那亚的政治处于全盛时期。与此同时，海上贸易达到顶峰。

13世纪与14世纪，热那亚与威尼斯在欧洲经济世界中到处争地盘，或是捷足先登，或是排除异己。14世纪以前，热那亚以希俄斯岛（Chiox，爱琴海上的一个希腊岛屿）为基地，开采明矾，并在黑海发展贸易。它的大帆船远航布鲁日与英格兰。1380年的基奥贾战役（Battle of Chioggia），使热那亚失去了东地中海的地盘。15世纪中叶鄂图曼土耳其人的推进，开始遏制意大利城市生命线——利凡特贸易，最先受到打击的就是热那亚。热那亚从拜占庭皇帝中得到的商业特权，都随着鄂图曼帝国的扩张而化为乌有。土耳其人先是封锁了热那亚人在黑海的贸易，后来又把他们赶出了爱琴海。

▲ 哥伦布画像。Sebastiano del Piombo（1485—1547）绘。

15世纪末，热那亚人只得舍弃东方，全力经营西地中海的商业，并向大西洋扩张。怪不得发现新大陆的哥伦布（Cristoforo Colombo, 1451—1506），不是别的地方的人，而是热那亚人。也难怪，当瓦斯科·达·伽马（Vasco da Gama, 1469—1524，澳门译作“华士古达伽马”，葡萄牙探险家，也是历史上第一位从欧洲航海到印度的人）东航印度时，热那亚人早已聚集在里斯本探听消息，兴致勃勃地讨论此趟航行的商业意义了。

经济史学家布劳岱对于热那亚有着很高评价，他认为，处于资本主义中心的热那亚，“灵活、机敏、随时待命和不抱成见”，有高度的能力，“往往能见风转舵，每次都能接受必要的变化，根据自己的需要安排一个外部世界。当后者变得不堪居住或不再有用时，便断然抛弃，然后再建设另一个外部世界”。例如，15世纪末舍东方而取西方，舍黑海而取大西洋，甚而到了19世纪，为了自己的利益而实现意大利的统一。这就是热那亚的精神面貌，表现出比威尼斯更大的动能与灵活。“贸易”之后，它选择“金融”作为操纵商业的工具。

东方贸易的衰落，也打击了许多与此息息相关的其他城市，诸如伦巴底大多数城市，本就是以向阿尔卑斯山以北转运威尼斯香料为重要生计的。更严重的是，16世纪上半叶，西班牙、法国和日耳曼人在意大利打了一场旷日持久的战争，城镇乡村遭到严重的破坏，经济陷入全面衰落，工商业出现前所未有的大倒退。

热那亚时代：掌握欧洲金融七十年

热那亚却在这个低迷的时刻，创造了欧洲经济史上70年的热那亚时代。

1522年，热那亚被西班牙及其盟友占领。为了生存，热那亚作了一个重大决定，不再在政治上企求独立性，也不选择与意大利的城市结盟，而是毫不掩饰地接受与西班牙的盟属关系。1528年制定宪法，确定成为西班牙的扈从，以期确保自己在西地中海的商业霸主地位，以及在幅员辽阔的新大陆上，取得新西班牙帝国的开发者特权身份。这个在政治上看起来好像是屈辱的决定，却使得热那亚在16世纪和17世纪在经济方面得到部分的复兴。

热那亚商人的西地中海贸易也在16世纪前中期形成了高潮。摩洛哥、里斯本，以及西班牙的巴塞隆纳、瓦伦西亚（Valencia）、塞维亚（Sevilla），到处都有热那亚人的身影。在葡萄牙，热那亚人完全控制了里斯本的批发贸易，实际上也掌握了由当地人经营的零售商业，甚至对葡萄牙在非洲西海岸和大西洋岛屿的开发也有相当的贡献。

1551年，在安特卫普从事商业经营的93家意大利商号中，热那亚拥有37家，占了40%。热那亚的几个重要家族，都介入了西班牙的金融业。1557年西班牙财政破产，原本向西班牙国家放款的日耳曼城市奥古斯堡（Augsburg）的福格尔（Fugger）家族受到严重波及，而结束了它在欧洲百年的金融霸业。热那亚人乘机取而代之，成为西班牙国王的主要债主与西班牙当地的银行家。

热那亚开始从贸易业转移到金融业，黄金交易、白银买卖、汇兑往来是当时商业往来的金融三重体系。按照他们自己的说法，透过种种开支、失误或损失，从借贷放款中得到的获益并不多，但是依照天主教神职人员的说法，放款人可有30%的利润，热那亚的金融收益是相当可观的。

西班牙政府要依靠热那亚银行家提供财政支持，便将秘鲁白银的部分销售权赐给了热那亚。正是主要通过热那亚银行家，西班牙在美洲的白银才得以大量流入尼德兰。反过来，也正是西班牙的银块孕育了16世纪最后二三十年热那亚金融业的复兴和繁荣。

热那亚人将白银卖给威尼斯的商人或其他从事利凡特东方贸易的意大利城市及葡萄牙，威尼斯等意大利城市用北欧的汇票买下白银。由于威尼斯等城市相对北欧城市的贸易而言处于顺差地位，热那亚人将他们的款项汇往安特卫普，而该城又是西班牙当时军队发饷的商埠，依西班牙查理五世的规定，汇票只能用黄金支付。因此，热那亚人给意大利城市的白银转换成能够在尼德兰支付的黄金。

热那亚不只依靠西班牙在美洲的财富，也仰仗了意大利本身的财富。通过意大利北部城市皮亚琴察（Piacenza）交易会，热那亚吸收了意大利各城市的资金。一方面，它掌握了汇兑及海上保险业务；另一方面，又将集资的资金，再转向西班牙等地放款。

热那亚人在马德里被称为“商业巨贾”的有二三十人，但是他们的下线，却有千百个热那亚人，包括普通的店员、铺主、中间商与经销人，他们遍布热那亚城、意大利、西西里，更深深地扎根在西班牙的土地与国家经济的每一个层次上。无论在格瑞那达或是塞维亚，如果说他们已形成国中之国，或许夸张，但是热那亚人的金融体系已经建立，却是明显，寿命也很久。甚而一直到18世纪，热那亚人在西班牙城市的营业额和英国、荷兰或法国与殖民地的贸易不相上下。

热那亚的地理位置与地形限制，使它必须走出去，无论是航海或是投资都不是在自己的家里，而是在别人的地盘上求生存。直到18世纪，热那亚的资本只有一半留在市内，剩下的一半，在全世界各地流动。地理位置迫使热那亚的资金外出冒险，热那亚要解决的问题就是如何确保放在他国的资金的安全。

商业自然有冒险的成分在内，在那个资本主义还不完全成熟的时代，热那亚的资金流动当然有高度风险，但是，如何夺取外国的经济地域，本来是一个城市或国家崛起与发达的先决条件。威尼斯侵占拜占庭、热那亚进入西班牙、佛罗伦萨进入法兰克帝国，或更早地进入英国、荷兰进入路易十四的法国、英国进入印度，甚而西方进入中国、日本进入东北，都是同样的逻辑。

无怪乎布劳岱说，自1557至1627年的70年，可称为“热那亚时代”，热那亚城和热那亚的银行家是这个时代欧洲的世界经济体系之核心。在16世纪中叶安特卫普衰落之后，16世纪末阿姆斯特丹和伦敦崛起之前，热那亚就是这一个空档期里西欧最重要的金融中心，扮演着前如安特卫普、后如阿姆斯特丹所担任的角色。热那亚的成功转型崛起应该被高度肯定，很可惜，我们对于热那亚却是相对的陌生。

热那亚人灵活、弹性，能够审时度势，开创了热那亚的时代，但是仍有心理障碍，因而无法面对历史情势的转变。

热那亚控制西班牙的财政，进而控制西欧的财政长达近70年。1627年西班牙政府破产，热那亚尽快抽出资本，转移到其他金融活动，因此并没有给自身带来灭顶之灾。灵活的热那亚商人早在西班牙财政出问题以前就已经做好了金融世界的布局，对投资方向作了大规模的和彻底的调整，不再把“鸡蛋”都放在西班牙。从1617年起，热那亚在威尼斯进行投资。自17世纪开始，他们取代了佛罗伦萨银行家在罗马的地位，推动教廷革新公债。在法国，他们最早的投资在1664到1673年间。到了18世纪，投资朝奥地利、巴伐利亚、瑞典、奥属伦巴底（现在的北意大利）、里昂、都灵（Torino，意大利西北部的工业城市）、色当（Sedan，法国东北部的城市）等城市延伸，遍及整个欧洲。

令人感到惊讶的是，热那亚在扩大投资时，竟然脱不了过去鼎盛时期的地理观。与荷兰及日内瓦相反，热那亚不向英国发展，而在法国大量投资，布劳岱说："难道这是因为信奉天主教的热那亚在北欧与基督教银行势不两立吗？还是因为旧习惯终究限制了热那亚商人的思想和想象？"

总之，这一个选择，随着法国大革命的爆发而使热那亚蒙受无比大的灾难。热那亚在关键时刻做错了选择，因此付出了沉痛的代价。热那亚在欧洲的金融舞台不再独领风骚，但是热那亚的精神并没有消失，到了下一个世纪，热那亚再次成为意大利半岛上最活跃的原动力。在意大利复兴运动时代，热那亚建立了制造蒸汽机轮船的造船工业和强大的现代化远洋舰队，它也为意大利银行的建立作出了重大贡献。一位意大利历史学家说："热那亚缔造了意大利的统一。"但又补充说："为着自己的利益。"

衰落：抵挡不住民族商业

威尼斯与意大利城市经济的真正衰落，是从16世纪末开始的。顺序亦与16世纪中叶的经济复苏相类似，先是贸易，再是工业。

威尼斯在欧洲的衰落，不能够将所有责任都归咎于大西洋的新航线，其实利凡特东方贸易一直都不是威尼斯衰落的重要原因。以威尼斯的商业性格，完全可以周旋于土耳其与阿拉伯人之间，因此在整个16世纪，利凡特的贸易并没有受到多大的影响。

真正给予意大利商业地位致命打击的，是16世纪后期，来

自西北欧的新兴民族国家——尼德兰、英国和法国在地中海的角逐。

西北欧新兴国家进入地中海的整个过程可分为三个步骤。第一是提供意大利城市发展所需要的基本生活必需品，第二是全面进入地中海区域和利凡特贸易，第三则是改变了地中海贸易的内涵，使之成为尼德兰与英国世界贸易体系的一部分。

在基本生活必需品——粮食方面，由于威尼斯与意大利其他重要城市的工商业活动多属于外向性，城市又无意于将这种活动扩展到周围农村，未能积极地把乡村的劳力调往城市工作。大城市与农村间缺少一个传送城市影响的中介点，未能刺激农村产生相应的变化。16世纪中叶后工业虽从城市向外转移，但在乡村和小城镇发展的只是低水平的地方性工业，无助于经济的振兴。工商业过度繁荣和城市人口的急剧增长，远远超出了周围农村所能提供的服务能力，意大利的大城市便主要靠进口来解决这一困难。简而言之，威尼斯与意大利其他城市人口基本生活的维持必须依赖外部因素。

16世纪80年代，西北欧的商人乘虚而入，尼德兰、汉撒城市以及英国人的船只，载着波罗的海的谷物和桶装鲱鱼，运到了意大利港口。鉴于粮食贸易形势的变化，1593年，托斯卡纳（Toscana）公爵费迪南德宣称每年都有2500艘商船光临利佛诺（Livorno）港。这些船大多属于尼德兰、英国及汉撒商人，利佛诺因此而成为北方粮食在地中海最重要的集散中心。

在船运技术方面，威尼斯和热那亚的传统的商船一般都很大，载货500吨以上，甚至千吨，而且速度慢。新的情况则有利于小船，因为原有的谷物贸易方式已被破坏，香料贸易也因土耳其人的阻隔而时断时续，以往那种固定的直航模式已不能继续，必须从各处港口收集货物，这种事当然更适合于轻便灵巧的小船，而善于制造小船正是尼德兰、英国等北方国家的优势。

威尼斯人不是不会造小船，只是他们造船所需材料多来自阿尔卑斯山区和阿迪杰（Adige）河上游一带。到了16世纪中期，这些地方的造船用木材已经砍伐殆尽，向其他地方购买又有运输上的困难，因此，为了有效运用材料，只能建造大船。不过，无论理由为何，威尼斯已经赶不上时代的脚步了。商船的小型化便利了荷兰、英国等北方商人加入地中海贸易，导致了一场地中海的商业革命。

经济总是随着政治而改变。在国际环境改变方面，1585年安特卫普陷入西班牙之手，欧洲香料交易市场转移到了阿姆斯特丹。1600年以后，尼德兰和英国相继建立东印度公司，逐渐取代葡萄牙而成为东方香料产地的占领者。1590—1630年利凡特过境贸易再次被封锁，尼德兰人抓住机会扩张自己的商业势力。在16与17世纪之交，北方商人已全面加入东方贸易。

17世纪的来临，好像在宣告持续了五六个世纪之久的威尼斯利凡特东方贸易也该换人了。威尼斯从原来欧洲商业中心变成了尼德兰与英国所建构的全球贸易体系的一环。

北方人的入侵不仅夺走了地中海的运输业，也夺走了地中海的市场，最终使意大利东方贸易落入他人之手。地中海的财富并没有枯竭，只是转到别人手中，最后的赢家是英国。

外向型的经济：缺少经济共同体的认知

问题来了，面对新兴民族国家，威尼斯难道没有因应的措施？威尼斯为什么不与意大利其他城邦共同创造一个大型的经济体？这个经济体在政治上可以叫做联盟或同盟，用20世纪的政治经济术语来说，可以叫做共同市场或共同体。

威尼斯是一个以外贸为取向的共和国，与意大利其他的城邦一样，经济发展具有高度的外向性。由于经济活动的重点是国际市场，所以城市对国际市场的关心甚于国内市场，注重海外利益甚于国内利益，在国际市场的投入多于对国内生产的投入。即使在国内有某些投入，也只是将其作为国际转运贸易的附属物。意大利几个大的商业城邦既然无兴趣于国内的经济活动，那么也就不会产生建立国内统一市场的要求。

在国外市场上，意大利各主要商业城邦之间也相互竞争，甚而互相排斥。例如，威尼斯在东地中海打击热那亚商船，热那亚则在西地中海排挤威尼斯人，两个城市甚至还不断开战，直到基奥贾战争时达到高峰。在16世纪上半期的安特卫普商场上，其他地区的商人多是以“国家”或“民族”称呼，可是意大利的商人则是以“城市”为名。结果，虽然意大利商人的贸易总量在安特卫普占有很大比例，但是由于力量分散，每个意大利商人集团都只是整个商场的小部分而已，因而不能集体争取权益。

当西北欧商人在国家政策的保护和鼓励下，在国际市场上显示出咄咄逼人的态势时，仍秉守旧传统的个别行动、缺乏国内强有力政治依靠的意大利商人，只有节节败退了。

当时意大利很多的精英都看到了这一点，文艺复兴的代表人物几乎都在呼吁意大利民族的团结和国家的统一，但是数百年来形成的商业习惯实在不容易改变。城市经济的外向性特点，使意大利不具备实现政治统一的经济前提，各个城市依然是我行我素，直到拿破仑出现以后才开始思考国家的统一。

当然，威尼斯的衰落绝非只是因为上面几个技术性或国际环境变化的客观因素而已。首先，威尼斯的政治结构僵硬，无法因应时代的改变。

曾经提出“霸权稳定理论”的经济学者金德格伯格（Charles Kindleberger）认为，威尼斯的成功，很大一部分应该归功于市政委员会与选举产生的总督共同领导制和高效率的共和国政府。政府毫不犹豫地对贸易与工业进行管理，起初非常成功，后来就不那么有效了。在政治上，原本具有开放性质的政治体制，也逐渐形成了寡头制。在对热那亚精疲力竭的海战以后，30个新家族加入了大市政委员会，新家族有别于老家族，在后来的两个半世纪，没有一个老家族获得过总督的职位，共和国一直由一个数量有限的家族寡头集团居于首要位置，二三十个大家族垄断了大部分的职务。寡头政治变成了结党营私，把大多数的贵族排除在公共事务之外。这样一个统治集团已经没有能力与期望来因应其他民族经济体的挑战了。

爱上土地：资金失去弹性

另外一个根本的问题，就是当一个以贸易转运为基础的商业民族也爱上土地时怎么办？财富让威尼斯不只在创业的态度上产生了消极性，在资金的运用上也出现了保守性。

在威尼斯，1570年至1630年间，城市贵族纷纷退出商业活动而投资土地。此期间，热那亚和佛罗伦萨等城市，也有大量投资土地获取地租的普遍倾向。不论哪种情况，资本从商业活动中被大量抽出，不是影响了商业贸易的持续发展，就是加速了已出现的商业衰落过程。

资本淡出冒险的贸易是可以理解的，由于远程贸易风险性强，商人资本又是很脆弱的，资本容易产生转移的倾向。当事业成功时，商人常将资本转移到土地上，演化成食租者。从经济角度看，这种做法类似中国古代商人“以末致富、以本守之”的心态，创立土地基础，既能避免商业风险带来的收入不稳定，又可惠及后代。从社会角度看，拥有土地可加入贵族阶层，从而提高自身的社会等级。

理由虽然可以理解，但是当一个以商立国的城邦也爱上土地时，所有的资金只是在自己有限的土地中打转，很难再与其他的新兴经济体抗争。更何况，威尼斯等意大利城邦的对手，都是集全部民族之力进行商业活动的国家。对一群分崩离析的意大利城邦而言，他们彼此之间相互竞争、争相食租，已经削弱了自己的能量。他们面对的不再是已经风烛残年的拜占庭，而是逐渐兴起的西欧民族国家。威尼斯没有积极地参与这一场经济竞逐盛会，自然也只能告别世界经济舞台。还好，它留下

了一座美轮美奂的梦幻城市，供世人感叹曾经的伟大。

致命伤：富裕后的保守

在商业心态方面，威尼斯也逐渐丧失开放性。利凡特贸易的受惠者威尼斯是依靠着香料等物资的转运而获得利益，自然希望中介角色能够长存。在环境改变时，可以有两个选择：一是尽量维护自己的角色，不让别人取代；另一是自我调整。可惜威尼斯并没有选择后者，它没有加入西方地理大发现的行列，也没有改变它既有的贸易路线。威尼斯犯了一个商业王国最不应该犯的错误，就是保守。相对于热那亚的灵活，威尼斯却由于它的富有、胜利而显得故步自封。僵硬的政策，导致了最后的失败。

威尼斯对待贸易同伴日耳曼商人的态度就是一例。在威尼斯强盛时，它仿照拜占庭对付穆斯林商人的做法，用集中隔离的方式来限制外商活动。规定来威尼斯的日耳曼商人必须住在指定街区，在指定地点存放货物，在威尼斯人的监督下出售，再从威尼斯人手中购买东方商品带回日耳曼。同时不能插手东方贸易，否则要没收货物。威尼斯当局对日耳曼商人的多次抗议充耳不闻，而且还禁止自己的商人去日耳曼进行直接交易，让对方非来威尼斯不可。同样也强迫辖内城镇必须依附。凡是进出口贸易，甚至是从东方运抵西西里或者英格兰的商品，也得先绕道经过威尼斯港口，辖内其他城镇皆不得自行参与东方贸易。

这种做法，最终将贸易伙伴推给了对手而损害了自身利益。因为威尼斯的没有弹性，伦巴底商人离开了威尼斯转移到意大利中东部的安科纳（Ancona），日耳曼商人则跑到了西班牙的萨拉哥萨（Zaragoza）。在葡萄牙人将东方商品送到安特卫普后，日耳曼人立刻涌向那里，舍弃了意大利商路。既然威尼斯不能待，商业天地之大，自有生存发财之处。从这个方面来看，威尼斯的后人忘掉了原来威尼斯先辈们对于商业是如何地有弹性。

威尼斯到底犯了什么错，或者说中世纪的意大利富有城市出了什么问题？没有赶上西欧发展的列车，是地理位置限制了他们，还是他们成功后忘掉了先人的开拓精神？

总而言之，威尼斯一开始就因为成功而故步自封。威尼斯的真正主宰不是总督，而是市政会议。后者反对各种变革，要求遵循以往的先例，犹如摩西《十诫》不可挑战一样。一位经济史学家说："笼罩在强盛威尼斯之上的阴影，恰巧正是威尼斯的强盛本身。"事实的确如此，这样的理由对20世纪的英国不是也同样适用吗？在经济世界领域里的领导权是对强权的一个考验，往往也成为其他国家的经验，胜利迟早会让强权变得盲目，看不清正在前进与即将实现的历史。

共和国结束：美丽的死亡

莫里斯（Jan Morris）在她所写的《威尼斯的世界》（*The World of Venice*）书中，用感性的文字描绘威尼斯陨落时的面貌："虽然失去了在贸易中的崇高地位，威尼斯仍然是一个本土强权。在它保持独立地位的最后一个世纪，它仍是所有城市中最欢愉和追求名利的，那是永恒的面具和欢闹，没有什么事显得大胆和格格不入，也没有什么事堪称无耻放荡。它的嘉年华仍然持续，周旋于达官贵人间的社交名媛仍然备受礼遇。半截式的面具和扑克牌中的黑桃A是它最具有代表性的象征。西方的放纵、剧场和牌桌上的情色与逸乐成为主流，在勤奋的西欧人眼中，威尼斯像极了《圣经·创世纪》中的所多玛（Sodom）与蛾摩拉（Gomorrah）这两座罪恶之城。"

没有任何一个国家像威尼斯在如此狂热的逸乐主义中死亡。拿破仑率军攻占，结束了这个华丽的千年王国。最后一位即第120任总督迈尼（Ludovico Manin）于1797年5月12日被黜，他将总督的冠冕交给仆人说：“拿走，我们不需要它了。”仆人按照他的指示，把它当作纪念品留下来。圣马可教堂内的金马，广场上的狮子，教堂内的珍宝，总督府内的大量绘画、珍贵的书籍和文件等，全部被运回巴黎，数量不下于他们最早从君士坦丁堡劫掠的。圣马可教堂宝藏室的一些钻石成了拿破仑妻子约瑟芬后冠上的装饰。威尼斯海军的最后一艘船被拿破仑派往地中海，在一场著名的尼罗河战争（1798年）中，被英国的纳尔逊（Haratio Nelson）将军击沉，威尼斯从此再也没有战船。

取代共和国政府的是一个临时民主市政府，但是1797年10月威尼斯被交给奥地利；1805年又由奥地利手中移交给法国。滑铁卢战役后，1814年再度被奥地利占领。1848年，像大多数欧洲地区一样，威尼斯也爆发革命。革命领袖马宁（Daniele Manin）设立了一个临时共和国政府，只是第二年就垮台了。

▲ 威尼斯面具文化是欧洲独一无二的文化传统，据称起源于11世纪，至今仍是欧洲最著名的威尼斯狂欢节。

1861年意大利统一，威尼斯仍旧属于维也纳。1866年普鲁士击败奥地利，俾斯麦为了酬谢意大利在普奥战争中的支持，将威尼斯赐予意大利。从此，威尼斯成为意大利的一部分，它作为一个王国的崛起与衰落，正式结束了。

尼德兰◎◎

以商立国的全球公司

欧洲北方经济的兴起：一条不归路

中世纪的欧洲有两个重要的商业中心。一个在南方，由北意大利及地中海所组成；另一个在北方，以尼德兰与北海、波罗的海为范围。欧洲大陆处于这两个中心中间。大约从9至10世纪，两大经济区逐渐形成。北方经济区形成非常迅速，几乎没有遇到什么抗拒；南方地区，历史悠久，经济复兴的起步较晚，但是随后的脚步较快，特别是意大利在拜占庭帝国及伊斯兰世界的互动下，更是突飞猛进，因而两地发展不相上下。

在交通并不发达的那个年代，两个地区几乎互不相关。一些零星城市，透过集市交易转运，扮演着连接南北两个经济中心的角色。

尼德兰（The Netherlands，荷语Nederland），土地面积

只有4100平方公里，处于莱茵河、马斯河（Maas）、斯凯尔德河（Scheldt）下游及北海沿岸一带，相当于今天的荷兰、比利时、卢森堡和法国东北部的一部分。尼德兰原意为“低地”，意指“低地之国”。可能谁也没有想到，在17世纪，这个北海堤岸上的沼泽，却变成了一个世界性的帝国。

以威尼斯为代表的是欧洲南方经济区，在16世纪以前始终处于领先地位。但是在1600年以后，欧洲的重心逐渐向西北方偏移，一方面是因为威尼斯失去了竞争力；另一方面，也有着全球新航线发现的因素。

自1492年哥伦布发现西印度群岛之后的37年间，西班牙、葡萄牙及英国的海外探险相继成形。新的航海路线，代表着一个新的商机出现。除了非洲内陆、南极地区，欧洲人几乎已经知道了通往全世界的通路，新航线引发新的商业革命。尼德兰也抓住了这个历史的机会，在17世纪创造了荷兰人的世纪。

“地理大发现”新航路的发展，让地中海暂时褪却了光环，经济核心从威尼斯到阿姆斯特丹的崛起，绝对不是简单的“中心城市”的转移。阿姆斯特丹所取代的，不仅是以往连接欧洲南北集市与转运贸易的布鲁日（Bruges）、安特卫普（Antwerp）两个大城，还包括由威尼斯、热那亚时代所主导的地中海。尼德兰的崛起，所代表的意义更在于，欧洲经济从此只剩下了北方一个中心，一直延续到今天。

中世纪，在政治的归属上，尼德兰大部分地区属于神圣罗马帝国。尼德兰各省具有一个明显的优势，就是处于帝国边缘的地理位置，因而避免了中世纪日耳曼皇帝与罗马教皇间因斗争而引发的许多麻烦。但是与当时欧洲其他地方一样，低地国家被逐渐分裂成众多的公爵领地、伯爵领地、主教区，并且兴起许多城市。

独特的地理位置和众多的河流，以及把它们与大陆分离开来的内海，给了这些城市相当大的安全感，也使居民们熟悉了水上的生活。虽然农业是当时中世纪吸纳大多数人口的行业，但是当时原材料的匮乏，迫使城市的剩余人口寻找农业以外的其他行业。因此城市的大多数居民从事商业贸易，用小船把货物从欧陆转运到英国和波罗的海沿岸。

11世纪以后，这些封建诸侯领地对神圣罗马帝国不感兴趣。12世纪便从语言上与帝国分离。分离并没有使它们建立共同的君主，反而是各行其是。由于每一个小国都是临河靠海，不满的臣民可以很容易地乘船逃走，并在附近的城市过新生活。这些商业贸易所带来的小城市，不只反对权贵们的强硬统治，权贵们也很担心，太激烈的管理，将会迫使商业人口转移阵地，因此，只好谨慎地对待他们的臣民，尽量给人民平静的生活。这种由于特殊地理环境而形成的自由的精神，成为尼德兰地区后来经济发展最大的动力来源。

16世纪前半期，尼德兰已经有300多个城市。南部城市安特卫普是欧洲贸易的一个中心，每天往来的外商有五六千人，港口可以同时停泊大小船只2000多艘。商人们运来美洲的金银、东方的香料等奢侈品，运走西欧、北欧的纺织品，金属制品，船舶用具等等。安特卫普有发达的纺织、玻璃制造、制糖、印刷等业，银行、汇兑、信贷业务应运而生。北部农业发达，荷兰和西兰（Zeeland，古译为热兰遮）两省渔业、造船业、麻织业、毛织业都很兴旺。整体来说，在中世纪的末期，尼德兰地区已经相当繁荣。

联姻下的命运：成为西班牙的属地

罗马人征服时期，尼德兰地区居住着塞尔特人（Celt）和日耳曼人的部落。在罗马人的统治下，贸易和工业繁荣发展，但到了3世纪中叶，罗马势力已经衰落了。406—407年间日耳曼人的入侵结束了罗马的控制。罗马人之后是法兰克帝国的梅罗文加王朝（Merovingian dynasty，476—750），但在7世纪时被加洛林王朝（Carolingian dynasty，750—887）取代，加洛林王朝将该地区转变成基督教（Christianity）地区。

814年查理曼大帝死后，该地区成为维京人日益频繁袭击的目标。它成为中世纪洛林王国（kingdom of Lotharingia，洛林位于现在法国的东北部）的一部分。洛林王国授予主教具有神圣权力的修道院院长之职，建立起一个帝国教会，从而避免了并入神圣罗马帝国。

在12至14世纪里，荷兰—乌特勒支（Utrecht）沼泽平原的大片土地都可以用于从事农业生产，并大规模修筑堤坝；法兰德斯（Flanders，中世纪时欧洲西南部的低地国家，土地分属今法国、比利时及荷兰）发展成一个纺织业中心。14世纪晚期，勃艮地（Burgundy）公爵取得了控制权。

从中世纪以来，尼德兰地区就形成了一种地方议会制度。15世纪，勃艮地公爵将这一地区大部分的领地联合起来，形成了勃艮公国，并产生了统一的统治者。在勃艮公国里，各省的地方议会制度得到了保留，并有相当大的自治权，各省之间又建立了联合议会制度。看起来，尼德兰的历史似乎有机会往统一而独立的国家迈进，但是两次王室婚姻改变了尼德兰的命运。

15世纪后半叶，奥地利哈布斯堡的亲王（也是神圣罗马帝国皇帝）马克米连一世（Maximilian I，1459—1519）娶了勃艮地公爵的女继承人为妻，这使得勃艮地公爵成为哈布斯堡王的一部分。两人后来所生的儿子再娶西班牙的公主玛丽为妻，然后又生了两个儿子，查理与费迪南德。

1516年，玛丽的父亲西班牙国王过世，查理（1500—1558）继承了外祖父的西班牙王国王位（1516—1556年在位，为查理一世），1519年被选为神圣罗马帝国皇帝（1519—1556年在位），号称查理五世（Charles V，德文Karl），而且也从父亲那里得到了西西里，以及祖母的尼德兰。从此，尼德兰成为西班牙的属地。在欧洲的版图上，西班牙与奥地利及奥地利统治下的中欧、尼德兰和意大利得以连在一起。

16世纪处于西班牙统治下的尼德兰，保存了一定程度的政治自由权，最高统治者是总督，总督以下设有由大贵族组成的国务会议，各省有省长和省议会。议会享有一定的自治权。例如，假若西班牙国王要征收新税，必须得到省议会及等级议会批准，使王权受到一定程度的限制。

1535年，西班牙已经成为美洲大部分地区的殖民统治者，占有北非的突尼斯与亚兰（Alani）等地，是一个拥抱欧、美、非的大帝国。对西班牙而言，尼德兰就是王冠上的珍珠。为了帝国的需要，每年从尼德兰搜刮200多万佛洛林（Florin，即“荷兰盾”，Dutch Guilder），比从殖民美洲搜刮的还多三倍，占帝国总收入约500万佛洛林的一半。

尼德兰资本市场的形成，自然也使得社会结构发生变化。富有的资产阶级的形成，路德、卡尔文（Calvinist）等大量的教派在宗教改革过程中先后进入尼德兰。卡尔文教派的影响最为广泛，接受者有资产阶级和新贵族，也有一般工作阶层的人民，成了反对信仰天主教的西班牙统治者的强大力量。而旧有贵族为了力图保持封建土地所有制和各种既得利益，也仿效日耳曼路德派诸侯的做法，没收教会的土地财产来扩大势力，以加强自己的经济地位。

查理五世在位40年，挫败了法国人对西班牙在意大利属地的侵犯，确保了西班牙在意大利的统治，也抵挡了土耳其占领欧洲的企图。但是对于宗教信仰他有自己的坚持。在他任内，压制新教自由思想，设立宗教裁判所，残酷迫害新教徒。1550年颁布的敕令规定禁止传抄、保藏、散发、买卖路德教或卡尔文教派的文章。凡是新教徒，除被迫害外，财产2/3归国王，1/9归教会，这段时间大约有5000到10000人死于宗教迫害。

查理五世尝试在欧洲地区恢复天主教的愿望终究没有实现，失望之余，他在1556年退位，把尼德兰和西班牙赐给儿子菲利普二世（Philip II of Spain，1527—1598），而把神圣罗马帝国的封号给了他的弟弟费迪南德一世（Ferdinand I，

1503—1564），自己隐居到西班牙的一座修道院。

追求独立：拒绝宗教压迫与经济剥削

菲利普二世继位。他期望依靠武力与天主教统治整个欧洲，进而成为全球霸主，因此他更需要尼德兰的财富，只得继续榨取。权力的贪婪者往往也是信仰的偏执狂，菲利普二世对打压新教徒，毫不手软。

在宗教方面，新教中的重要一支——卡尔文教派的神学中心论点是上帝的绝对权威和伟大，将人视为无足轻重的罪人，人只希望以日常艰辛的劳动来荣耀上帝以求得上帝的恩惠。卡尔文（John Calvin,1509—1564）的《基督教原理》第一个尼德兰文译本出版的时间是1560年，这也是卡尔文教派在尼德兰广泛传播的年代。卡尔文教派的传播主要是通过卡尔文教派信徒在公众中布道、在露天做礼拜。

卡尔文教派的教义不仅对下层阶级，对知识界和中产阶级也具有感染力。政府将卡尔文教派运动视为对其统一和集权计划的威胁，（天主教是支持政府统一和集权计划的）于是采取严厉措施镇压卡尔文教派。

卡尔文教派信徒武力劫狱、救助被监禁的教友，有时甚至攻打修道院。这类团体厌弃教堂中的圣像、绘画、雕塑及其他贵重物品。1566年8月11日，南方的法兰德斯（Flanders）地区发生人民暴动，人民冲进教堂与修道院，捣毁圣像、十字架祭器，焚烧教会债券及地契，历史上称此次行动为“破坏圣像运动”。

宗教的迫害与经济的压榨，让尼德兰富有的新教徒及贵族再也受不了了。1566年贵族同盟成立，先是请愿，但被西班牙大臣们辱骂为乞丐。后来的独立运动者即自称为“乞丐军”（Geuzen），贵族同盟即以乞食带为标记，以表示西班牙把尼德兰压榨成乞丐了。

西班牙对此进行疯狂反扑，派新任总督阿尔巴伯爵（Duke of Alba，即托莱多将军Fernando Alvarez de Toledo）来到尼德兰。在阿尔巴“宁愿把一个贫穷的尼德兰留给上帝，也不要把富裕的尼德兰留给魔鬼”的信念下，成千上万的尼德兰人被迫害，财产被没收。宗教的白色恐怖笼罩着整个尼德兰。在经济方面，继续掠夺尼德兰人的财产。仅是提高各种动产与不动产1%的税率，就让西班牙一年搜刮了330万佛洛林，使得尼德兰经济受到严重的打击。

1759年1月6日，信奉天主教的南方各省成立阿拉斯同盟（Union of Arras），主张与西班牙和解。1579年1月23日，北方七个省——荷兰、西兰、格尔德兰（Gelderland）、乌特勒支（Utrecht）、弗里斯兰（Friesland）、上塞尔（Overijssel）与格罗宁根（Groningen）和南方若干城市成立乌特勒支同盟（Union of Utrecht），宣布彼此为一整体以为对抗。

建立同盟的本意是为了进行独立战争，最终加强布鲁塞尔中央政府的地位，可是事实上乌特勒支同盟却成为在尼德兰北部建立另一不同国家的基础。

1581年7月26日，乌特勒支同盟正式宣布废黜菲利普二世，由北方七省成立“尼德兰联合七省共和国”（The Republic of the Seven United Netherlands）或简称“尼德兰联合省”（United Provinces），脱离西班牙独立。因荷兰省最大，经济最发达，所以也称为“荷兰共和国”（Dutch Republic），并选举奥伦治·威廉（William of Orange, 1533—1584）为领袖。

从此之后，人们开始称尼德兰北方人为荷兰人，南方居民继续被称为佛莱明人（Flemings）。英语则开始用“Dutch”一词指称荷兰人，之前此词指所有说德语的人。“Netherlander”（尼德兰人）一词不再被外国人使用或仅限于指北方的人们。自此北方人和南方人之间历史同一性的纽带消失，到了19和20世纪分别被称为荷兰人和比利时人。

▲ 沉默者威廉，是尼德兰反对西班牙统治的英雄，欧洲最富有的贵族之一。

西荷双方战斗近20年，直到1609年，西班牙被迫与尼德兰签订12年的休战协议，实际就等于承认了荷兰共和国的独立。尼德兰南部地区仍旧在西班牙的统治下。1621—1648年荷兰共和国与西班牙再启战端，一直到1648年在西伐利亚明斯特（Munster）与西班牙进行和谈，签订条约，尼德兰才正式被接受为一个独立国家。尼德兰南部（现在的比利时、卢森堡及法国北部地区）地区转归法国所有。从1568年到1648年，历史称之为“八十年战争”。

由于尼德兰联合省的独立，是在奥伦治家族的领导下成功的，而且在共和国时期，国家元首（护国主）一直由奥伦治家族担任，今日的尼德兰王国国旗，也是蜕变自奥伦治家族的徽章。“奥伦治”（Orange）一词的原义为“橘色”，因此，在共和国时期，尼德兰的国旗一直采用橘、白、蓝（orange-white-blue）三色。1630年后，由于在海上橘色不易辨识，以及部分人民对奥伦治家族的独裁统治感到不满，国旗颜色逐渐由红色取代橙色，并将蓝色加深。世足赛中，荷兰队的主场队服就是采用橘色。

不过，这位领导革命成功的奥伦治家族的威廉一世〔又名“沉默的威廉”（William the Silent），因为在出使法国时，法王亨利二世讲述了把新教徒赶出尼德兰的计划，威廉听到以后大为震惊，但是缄口不提反对的意见，从而获得沉默者的绰号〕，在1584年7月10日遭一名狂热的天主教青年近距离对其胸口开了一枪。许多历史学家认为威廉一世是世界上第一个被用手枪近距离暗杀的国家领袖。

荷兰省：独立与建国的推手

在政治上，尼德兰联合省共和国的制度也是独一无二的。它是否为现代意义上的“国家”，其实都是值得争议的。严格来说，它正处于历史的过渡阶段，具有一种模棱两可的地位。经济史学家布劳岱（Fernand Braudel）即认为“确实不能说不存在着荷兰政府，它是一个纯粹的经济力量，而不是什么政府”。

在欧洲各国中，曾经存在过其他形式的共和国，从古代雅典和斯巴达，到后来的威尼斯和瑞士联邦。但是，历史上从来没有出现过由资产阶级商人所建立并居于统治地位的共和国，它不能算是一个真正的民主体制。联合省自始至终都带有这种起源的特征，代表贵族阶级的奥伦治与代表资产阶级的富商们共同治理这个世界上唯一的“共和国”。

新生共和国的军事威力在于荷兰省的财富。缺少荷兰就不会有独立的“共和国”。荷兰非常不简单，在战时还能维持并发展与全欧洲的贸易，并在17世纪初将贸易扩展到东亚，阿姆斯特丹取代安特卫普成为全欧主要货运和贸易中心。

荷兰经济繁荣的基础在于渔业和航运。荷兰的渔民已在北海捕鱼达数世纪之久，咸鱼广泛营销于西欧和中欧。尼德兰的贸易，正如过去法兰德斯的贸易一样，得利于该国位于欧洲北—南和东—西两大贸易路线的交会点。

除此之外，17世纪初期这里还有通向东印度群岛的航线。阿姆斯特丹和荷兰、西兰两省较小的港口，都已成为向欧洲供应波罗的海地区粮谷和松脂制品的场所，而这些港口又从南方运来制成品和葡萄酒以供应波罗的海地区。由于荷兰港口取代日耳曼北部汉撒同盟（Hanseatic League）的城镇，日耳曼主要出口货物也开始沿莱茵河顺流而下。法国的出口货大多是荷兰船只运载的，甚至西班牙和葡萄牙也依赖荷兰人供应谷物和松脂制品，因此荷兰人才有钱资助独立战争。

17世纪期间尼德兰人在向地中海地区国家供应谷物及其他北方商品上扮演重要角色，他们也是东方香料及其他奢侈品的主要进口商，即使英国也在很大程度上依赖荷兰的航运。荷兰人的优势不仅在于位置，而且还在于他们庞大的平底快船（fluiten）精巧而效率高的设计。这种船配备船员的人数少，运输成本较任何其他同类船只都低。

现代银行业机构为适应当时飞速扩大的贸易需要而发展。阿姆斯特丹为按照固定汇率提供货币汇兑，于1609年设立汇兑银行。不过该银行为了结账安全，很快改为存款银行，既不经营国家货币，又不作为放款机构运作，向政府提供紧急贷款除外。私人银行家满足了信贷的需要，而且在金融交易中充当经纪人。出口贸易的需要以及国内人口的不断增长，刺激许多城镇的工业兴起与发展。一般说来，这时尼德兰的工业仍保持在手工业生产的水平。

与当时欧洲城市明显不同的是，荷兰的阿姆斯特丹并没有控制在贵族与牧师之手中，而是处于唯利是图的商人和工业技术人员之下，精明的荷兰人被17世纪的英国作家描写成“尼科青蛙”（Nick frog），“只崇拜金钱的泥浆之子”。撰写《全球城市史》的作者科特金（Jorl Kotkin）也把阿姆斯特丹定位为“第一个伟大的现代商业城市”。

独特的联合省：联而不合

我们看看，这个以荷兰为主体的政府如何运作。

联合省的政治结构基本上是从古老的时代留传下来的，七个省不但各自享有主权，而且下面还分有许多不大的城市共和国。这个“共和国”与真正的民主政体没有关系，可以说它是两个利益团体的权力分配，也可以说它是不同利益团体的权力安排。

七个省各派出代表组成一个等级会议（Estates

General），为各省派驻在海牙的常设代表机构，每个省在其中有一个投票权，决定必须是一致决。还有一个是并没有实权的联合省的中央机构国务会议（Raad van Staat，即 Council of State），一切重要的决定还是要交由各省，在取得一致决后才可通过实施。由于各省利益不同，尤其沿海各省与内陆各省利益差距更大，该制度固然可以防止贵族阶级垄断，但是在运作时也容易缺少效率，联合省其实是“联而不合”。

1647年葡萄牙的一位大使到荷兰的首府海牙进行谈判，并试图打通对方可以被收买的任何政府官员。据他说，该政府“群龙无首，各持己见，即使是对他们最有利的事，政府代表也很少达成一致意见”。

所辖下的七个省的内部政治结构也不同，但是均有强烈的自治色彩。以荷兰省议会（States of Holland）为例：省议会共有19张选举票，其中18票属于18个主要城市，一票属于旧贵族的七个代表，贵族不得不集体投票。因此，城市控制了省议会。虽然每个城市都可以尽可能地多派出代表，但是每个城市只有一票。至于小城市和乡村地区，根本没有自己的代表，只有含糊地希望贵族能够代表他们的利益。各联合省没有君主，“Stadeholder”是各省地位最高的“行政长官”，我们可将其视为该省的“摄政”。奥伦治通常是多个省（不是全部）的行政长官。而西兰省则是七名省议会成员，六名属于城市代表，一名属于贵族。总之，联合省内各省没有任何形式的普遍制度，他们也坚决反对任何统一的形式。

按理来说，国务会议是讨论战争、媾和、条约、陆军、海军、宗教、税收等大事的，但是这个“联而不合”的共和国，即使在极端危急的时刻，还是小心翼翼地避免中央集权的形成。

从正面的角度来看，这个分权的制度运作得不错，与英国和法国两个国家相较，社会内部不容易因为统治阶层的内部决定而造成分裂，下层组织也不那么具有反叛性。但是当一个强大的民族国家，如英国、法国，集国家之力向联合省挑战时，联合省的高度分权制度，重要事情需要“一致决”就很容易显露出弱点。特别是国家极度富有或开始衰弱时，看得更为明显。

这个分权的结构其实掩饰着另一个真正的结构。由于在财政上，荷兰提供将近60%的政府开支，而阿姆斯特丹又占了其中的一半，因此，担任荷兰省最高的行政长官的“摄政”几乎就成了国家的“摄政”（Land Advocate），这个官职后来改名为国务会议长（Council Pensionary），被外国人称为“大议长”（Grand Pensionary），可以看成是联合省真正的国务总理。

联合省因此有两个重要的领导，一个是奥伦治家族的亲王，另一个是荷兰的“大议长”。等级会议与荷兰议会都是在海牙的同一幢建筑中召开，“大议长”长年留驻海牙。

这种“联而不合”的制度，有它的传统、优点，但是也有其问题。尼德兰的历史上有三次荷兰省与奥伦治家族统治上的冲突。

第一次爆发冲突是荷兰“摄政”奥尔登巴内费尔特（Johan van Oldenbarnevelt）与“沉默者”威廉一世次子、亲王莫里斯（Maurice of Nassau）之间的冲突。奥尔登巴内费尔特可以算是与威廉一世并列为独立建国的两位重要领导，他最大的成就是1596年与英法缔结全面的三国联盟以对抗西班牙。1609年他与西班牙达成“十二年停战协议”，重申荷兰在共和国中的统治地位，是仅次于威廉一世的第二位荷兰独立之父。独立以后，奥尔登巴内费尔特代表的是荷兰的利益，与亲王莫里斯发生冲突。

在宗教事务上，当时在莱顿大学（Universiteit Leiden）的两位神学教授，一个是严格的戈马尔（Franciscus Gomarus），他所阐明的严格的正统宗教观，要求召开一个“全国性”，即跨省的宗教会议，这个会议将建立一个卡尔文模式的教会，这个教会将完全独立于所有世俗之权威，而世俗的权威价值及统治权都将由神职人员裁判。另一个是阿米尼乌斯（Jacobus Arminius），主张应采取温和与宽容的宗教政策。奥尔登巴内费尔特站在阿米尼乌斯这一边。

莫里斯亲王花了一年左右的时间来加强他在联盟中的地位，直至1618年8月29日突然逮捕了奥尔登巴内费尔特和一些他最亲密的合作者，其中包括国际法之父格劳秀斯（Hugo Grotius）。

在荷兰历史上，省与联盟的尖锐对立从未像在如何审判和由谁来审判奥尔登巴内费尔特这个令人头痛的问题上表现得更为显著。奥尔登巴内费尔特自己的看法至少在理论上是无懈可击的，即他作为拥有主权的荷兰省的人民公仆，他只对荷兰省的司法部门负责。另一方面，他的政敌则要判他背叛联盟罪。然而由于没有联盟的司法部门，唯一可行的权宜办法是成立一个由24名法官组成的特别法庭，但他们并非都是合格的律师，其中不少人不但是奥尔登巴内费尔特的政敌，而且是对他怀有私愤的人。

▲ 奥尔登巴内费尔特，是继威廉一世之后的第二个尼德兰独立之父。

尽管如此，经过半年多监禁和审问，将他判处死刑的罪名并非刻意对公众宣传的叛国，而是破坏这个国家的宗教和政策。1619年5月，他在海牙被斩首。他的死刑比这个国家的任何其他事件都更使荷兰的历史学者，甚至是荷兰的政治学者感到困惑。

第二次是1650年到1672年的“第一次无执政时期”。起因是1650年7月，威廉二世（William II，1626—1650）曾下令拘禁荷兰省议会六名主要成员，并向阿姆斯特丹进军，结果以失败而告终。11月初，威廉二世因染患天花去世，一个星期后其遗腹子威廉三世（William III，1672—1702年在尼德兰联省共和国执政）诞生。对奥伦治派势力极其不信任的荷兰省领导者们抓住这一次机会，从无领导人的敌对方接管国家政权。他们管理国家20多年。在这段时日里，由于五个主要省都未任命威廉二世的继位人，因而被称为“第一次无执政时期”。在这段时间，为了政府有效地运作，不依靠宪政改革而是依靠荷兰省在政府中的优势主导。由于英国颁布《航海条例》（*Navigation Acts*，凡是由欧洲国家输入英国的货物，只能由英国船只或产地国船只载运，目的在于打击荷兰）而引发的第一次英荷战争（1652—1654）就是由荷兰主导与英国对抗。

第三次是1702年威廉三世逝世，无嗣。荷兰省再次带头建立无执政的政府，其他各省群起仿效，这次各省比1650—1651年那次的兴致更大，因为威廉三世用严厉手段统治尼德兰达30年之久，百姓积怨很深；现在亲王没有成年继承人的事实意味着无执政政府，又无有力的反对力量。这次“第二次无执政时期”长达45年，尼德兰国家领导权都由荷兰省“大议长”承当。

由于荷兰是所有荷兰人的经济文化中心，阿姆斯特丹又是最重要的商业城市，因此，荷兰其实是“将这个国家黏合在一起的水泥”，而外交政策是根据从属贸易利益制定的。奥伦治亲王们从未能够取代荷兰的富豪政治。这也是为什么大家都将联合省俗称为荷兰的原因，因为在政治与经济上，荷兰几乎就是真正的主宰者；这也是为什么称尼德兰是一个“商人共和国”的原因，因为商人阶级是这个国家的真正灵魂。

自由开放：创造了富裕繁荣

从安特卫普城市的兴衰，我们可以了解到尼德兰这个小国崛起的秘诀与关键。

1585年，尼德兰南部最大的城市安特卫普落入西班牙手中，几乎一半以上的人口逃离到北方，数千名手工业者、商人、银行家逃往荷兰的阿姆斯特丹，欧洲的香料市场也就转到了阿姆斯特丹，从而加速了阿姆斯特丹的发展。从1565年到1590年，安特卫普的人口从10.5万人降到4万人。相对的，1585年到1622年，阿姆斯特丹的人口就从原有的3万人增加到10.5万人。安特卫普的一位商人在1594年4月23日写道："安特卫普把这里变成了阿姆斯特丹。"的确，安特卫普的商人再次造就了一个新的商业城市。

安特卫普，这个15世纪崛起，在当时的繁华程度类似今日的伦敦或纽约的城市，就这样轻易地将宝座拱手让给了阿姆斯特丹。为什么？因为尼德兰对于宗教信仰有着较大的宽容与包容。

在1609年与西班牙签订停战协议后，联合省就算独立了。独立革命应该算是新教徒的成功，卡尔文派新教徒曾经尝试把共和国改造成为日内瓦式的新教国家，由于国内的天主教徒仍然众多，并没有取得完全成功，因此并未形成国教。宗教宽容就成了最后的选择，并为自始至终所贯彻的政策。宗教宽容一旦立足生根，个人自由也就随着政治分权而有所加强。

宗教宽容对所有人都有效，因此，无论是工人、商人或是流亡者，都可以来到这个地方。来到联合省的人，有的是资产阶级的富豪，有的是拥有劳动力的工人。资金与劳动力，助长了联合省的繁荣。

一名英国人在1672年写道："在这个共和国，人们没有任何理由抱怨自己在信仰问题上受到束缚。"又一名荷兰人在更晚的时候（1705年）也写道："世界上各国的人民在这里都能根据自己的信念和信仰侍奉上帝，尽管新教占统治地位，人人都能自由地依据自己信奉的宗教举行仪式。当地天主教堂达25所之多，祈祷与弥撒可以公开举行，与罗马无异。"

在尼德兰的南部地区由天主教西班牙统治、欧洲其他各地

正在进行宗教战争（1618—1648）的时候，联合省的宗教自由吸引了大量的富商与劳力前来。对这些人来说，联合省是避难所，是救生艇，因此“就像挪威沿海鱼群察觉鲸鱼靠近逃逸一样，大批人前来这里躲避战祸”。

联合省还允许并鼓励受宗教迫害的外国商人和政治上受迫害的流亡者前来居住，在这里可以发表反对自己敌人的著作。宗教门户开放政策为联合省的商业注入了相当大的活力。独立之初，西班牙所属尼德兰各省富商、工业家及资金雄厚的犹太商人因为不满西班牙的政策，大批移民到荷兰，为荷兰的商业及海外冒险事业提供了雄厚的资金。

1685年法国国王路易十四撤销了《南特诏书》〔所谓《南特诏书》，是指1598年法国国王亨利四世在法国西部港口城市南特颁布的法令，给予胡格诺教徒（Huguenots）政治上一定的权利〕，要求全国上下信奉天主教，禁止其他教派组织活动，使天主教成为法国的唯一宗教，大肆迫害胡格诺教徒。法国大批信奉新教的工业资本家，带着技术、资金从法国来到荷兰，使荷兰的丝织与手工业得到迅速的发展。

不只是新教徒，还有伊比利亚半岛的犹太人，也带着雄厚的资本前来。葡萄牙的犹太教徒更是对荷兰的兴盛作出了特殊的贡献。他们还给阿姆斯特丹带来了资本主义的工具，在汇兑与交易所的投资方面给城市提供有力的支持。另外，他们还帮助荷兰人建立到美洲新大陆与地中海的商业网络。

联合省的“宽容”在外国人看来，似乎只是一个吸引外资的政策。17世纪一位英国杂文作家即怀疑，阿姆斯特丹是完全出于商业利益的考虑才吸引他们前来，因为“犹太人和其他外国商人（来了以后）也向阿姆斯特丹商人开放了自己的贸易体系”。不论这位英国作家的动机论是否正确，但是，结果必然是如此，“开放”给荷兰带来的不只是资金、劳力、经验，还带来了经济发展所需要的全球网络，这对于联合省要成为一个全球的商业霸主是不可或缺的。

不少学者纷纷避居荷兰，例如法国的笛卡尔（Rene Descartes, 1596—1650），长期留居荷兰，在荷兰完成了他的主要著作。由于有一定的言论自由与和平稳定的环境，荷兰还出现了尽其一生精力反抗传统宗教的伟大哲学家斯宾诺沙（Baruch Spinoza,1632—1677）。此外，惠更斯（Christiaan Huygens, 1629—1695）的自然科学，以及世界著名的现实主义画家林布兰特（Harmenszoon van Rijn Rembrandt, 1606—1669），使得17世纪的荷兰处于文化兴盛时期。

“宽容”与“开放”使得阿姆斯特丹这个城市，在1650年左右，人口已达到20万人，佛莱明人（Flemings）、瓦隆人（Wallons）、日耳曼人（Germans）、葡萄牙人和日耳曼的犹太人、法国的胡格诺教徒变成“真正的荷兰人”。市内1/3以上居民有外国血统或者是外国人的后裔。成立于1609年的阿姆斯特丹的银行，第一批存款中有一半是来自西班牙统治的尼德兰南部。

今日的荷兰，毫无疑问仍然承续着宽容与开放的传统。国民多数能讲多种语言，对于国家的全球商业无异是如虎添翼。荷兰是全球社会风气最开放的国家之一，无论是色情行业的红灯区或是在其他国家被视为违反善良风俗的同性婚姻在当地均属合法，甚而在商店可以买到合法的大麻。就是这一股自由的气息，让荷兰能够在17世纪崛起，也让荷兰在今日成为一个拥有多元色彩的国度。

经济史学家布劳岱认为，想要成为世界的经济中心就必须实行宽容。联合省做到了这一点，“宽容”带来了“移民”，而“移民”也的确给联合省带来了财富与繁荣。

以商立国：转运起家

一直到现在，从荷兰政府对外宣传的小册子中可以很清楚地看到荷兰如何定位自己：“荷兰以商立国。”

▲ 格劳秀斯及其《战争与和平法》专书。

商业，毫无疑问是荷兰崛起的最重要因素。在传统的描绘中，当时的联合省主要从“波罗的海运往阿姆斯特丹的大宗货物贸易（mother trade）中获取利润”。16世纪末，荷兰在激烈的竞争中战胜了汉撒同盟，从波罗的海经过卡特加特海峡（Kattegut）和斯卡格拉克海峡（Skaggerak）运来粮食、造船用木材和海上补给品，使用在莱顿（Leiden）染色的英格兰和佛兰德斯（Flanders）的羊毛制品、在哈勒姆（Haarlem）纺织的西里西亚（Silesian）亚麻纤维制成的亚麻制品、来自比斯开湾（Bay of Biscay）和伊比利亚半岛（Iberian peninsula）的盐和酒进行支付，另外还使用白银结帐。

不过，联合省在当时全球的商业布局当然不只是欧洲的南北贸易而已。学者伊斯雷尔（Jonathan Israel）在他的著作中认为，荷兰的真正优势在于与远东和西属美洲的奢侈品贸易（luxury trade），也就是当时17世纪英国派驻海牙公使乔治·唐宁（George Downing）爵士所说的“富有贸易”（rich trade）。荷裔历史学家房龙（Hendrik Willem van Loon）也认为，“共和国的最大利润来自殖民地”。

值得一提的是，荷兰不只是开创了贸易，还在国际法方面为人类留下了遗产。现代国际法之父格劳秀斯（Hugo

Grotius），在中国的第一本国际法译本《万国公法》（同治三年，1864年）的书中，将他译为“虎哥”。这位“虎哥”应荷属东印度公司（Vereenigde Oostindische Compagnie，V.O.C.）的要求，撰写一篇法学论文。1609年出版《海洋自由》，主张一切国家都拥有自由出入公海的权利，目的当然在为荷兰突破西班牙和英国对海权的垄断提供理论基础。如前所述，1618年他卷入了奥尔登巴内费尔特与莫里斯的宗教政治之争，被判处终身监禁，关押于卢文斯坦（Loevestein）城堡。1621年3月22日，这位国际公法大师藏在书箱中越狱成功。“虎哥”先到安特卫普，后去巴黎，在那里受到路易十三世和许多政治家的盛情款待。1625年发表法学巨著《战争与和平法》（*De Jure Belli ac Pacis*），这部著作确立了国际法的相关原则。“格劳秀斯”学派也成为当今国际公法的重要论述者。

荷兰人的船只在17世纪控制了世界的运输贸易。它从1500年到1700年增长了十倍，1670年，荷兰人处于全球经济最颠峰的时候，所有船只吨位是英国的3倍，比英国、法国、葡萄牙、西班牙、日耳曼各地的吨位总和还多。荷兰人利用当时英国陷入内战的时机，建立了“在世界运输贸易中无可争议的霸权”。

不仅是波罗的海、北海，甚而到法国、英国、位于地中海的威尼斯，甚而更遥远的地方，海上贸易几乎都为荷兰人所控制。荷属东印度公司还掌握了欧洲与东方之间、欧洲与美洲之间的海上贸易。东方的香料，多半是由荷兰转运到西方各国。17世纪因此成为荷兰人最骄傲的年代，“挪威是他们的森林，莱茵河两岸是他们的葡萄园，爱尔兰是他们的牧场，普鲁士、波兰是他们的谷仓，印度和阿拉伯是他们的果园”。荷兰人像蜜蜂一样穿梭其间，富裕自己，也活络了世界的经济。

荷兰的商业利润绝大多数来自它的远距贸易，但是，仅仅如此仍不足以让荷兰成功。为何荷兰的远距贸易可以成功，是值得讨论的问题。

领先欧洲的技术：重商主义的要件

经济史学家华勒斯坦（Immanuel Wallerstein）在谈到1600到1750年这个被称为“重商主义”的时代时认为，不论重商主义的定义为何，要想成功，首先要提高生产率，而所有重商主义国家政策的中期目标就是在生产领域的整体效率。联合省就是一个例子。

▲ 正在捕鱼的鲱鱼横帆船。

荷兰人的生产效率首先展现在他们的捕鱼业。腌鲱鱼（Salted herring）就是“荷兰人的金矿”。荷兰人在1400年左右就发明了鲱鱼横帆船（haringbuis或 herringbuss），这是一种长宽比很高的渔船，提供了“更大的机动性，更耐风浪和更大速度，而载货空间没有多大的损失”。这种可以使用大拖网来捕鱼，而且可以在甲板上腌晒的工厂船（factory ship）设计，可以使荷兰的船只在海上待上六到八个星期。如果有需要，可用快船将捕获的鲱鱼立刻送往海岸。

荷兰人不只控制着北海的鲱鱼业，即所谓的“大渔业”（Grand Fishery），还控制着冰岛的捕鳕鱼业，与史匹兹柏根（Spitzbergen）群岛的捕鲸业。鲸在当时并不是用于食品，而是一种工业产品，提供鲸油，用于肥皂与灯油。荷兰的人口有相当的比例都投入捕鱼相关商业。在17世纪，令英国人恼怒的是，荷兰人在英国的外海捕鱼，并在英国港口有竞争力地将其出售。由于渔业的高效率，荷兰等于在波罗的海建立了他们的

“本国贸易”。而波罗的海贸易的控制，又有利于荷兰的造船业，这种螺旋性的循环优势，为荷兰创造了庞大的利益。

不只是渔业，在农业方面，尼德兰地区的表现也很杰出。因为尼德兰大部分土地不适合种植谷物和其他农作物，当地人用两个方法来克服困难。首先，利用抽水创造土地的填海造地工程，导致了风车的发明和工程科学的繁荣，因此，在很多方面荷兰成为“木制机械时代的中心”。其次，改良农业的生产技术，使得面积小而产量高成为荷兰农业的写照，相对于欧洲其他地区的农业技术停滞，无怪有人称1590年到1670年为“荷兰农业世纪”。

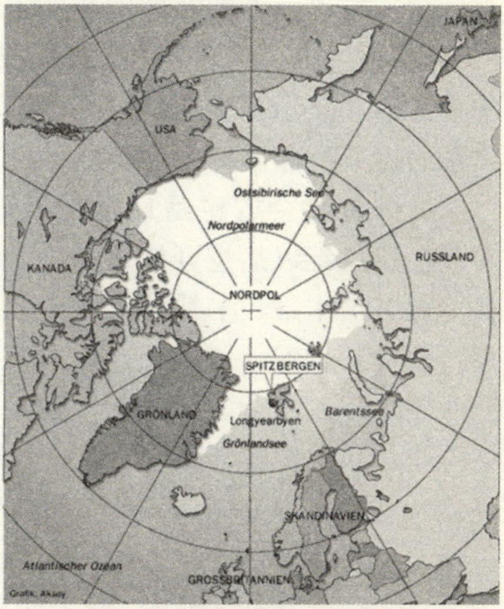

▲ 史匹兹柏根群岛位置图。

一直到今天，荷兰的农业技术在世界上仍然居于重要地位。第二次世界大战结束以后，荷兰依据本国自然资源和环境条件确定农业发展战略。经过几十年的努力探索，走出了一条适合本国国情特点的农业发展之路。由农产品进口国成为出口国。到20世纪60年代后期净出口值排在世界第四或第五，1989年以来稳占世界第三，仅次于美国和法国。每年农业净出口值保持在130多亿美元水平，占世界贸易额的7.5%—10%。

由于大量的居民从安特卫普逃往尼德兰北部，荷兰的纺织业与手工业快速发展。在100多年的时间内，工业生产一直快速前进，在1660年达到高峰。如果以1584年一年的指数为100计算，1664年为545，而1795年又回到108。荷兰的工业实力可以1617年的一件事说明。当时，荷兰从英国进口未经染色的呢布，染色后再卖给英国。英国禁止出口“原白色的”呢布，而荷兰以禁止进口成品货物作为报复，英国再以禁止出口羊毛反击。这一场“巨人的赌博”在三年后画下句号，英国出口下降1/3，受不了了。这反映出，仅仅依靠政府控制进口的重商主义是不够的，决定胜负的是生产效率。17世纪上半叶，没有一个国家比得上联合省。

另外，联合省也是17世纪以前煤矿业的主要中心，蒸馏酒业在17世纪以后也开始繁荣，并持续了一个世纪。其他如造纸工业、锯木厂、书籍业、制砖业和石灰业，都在16世纪初扩张，到了18世纪，依然相当地繁荣。其他如陶器业、烟草业、烟斗制造、制革业、酿酒业、油脂和肥皂的生产、化学工业的染料业，联合省都可以高效率地运作，并领先于全欧洲。

▲ 荷属东印度公司的商船。

毫无疑问，联合省贸易的基础是船运。十六七世纪，荷兰人的造船工业其实已经相当现代化，有着标准化、重复性方式的强烈趋势，高度机械化与使用许多省力的技术，例如风力锯木厂、有滑车的动力送料机、搬运重木材的起重机，都增加了荷兰造船的产量。

除此以外，荷兰人将造船业发展成一个工商复合体，例如，一艘战舰需要200棵生长一个世纪的橡树，200棵橡树在当时需要50英亩树林。这些木材的主要来源是波罗的海地区。荷兰人原来依靠纺织业的生产效率来垄断波罗的海贸易，后来因为造船业的生产效率，荷兰人更能够控制波罗的海。另由于造船以外的其他工业完全依赖水路供应，因此，造船业变成生产手段的生产，不只是为造船而造船，也为其他的商业需要而造船。华勒斯坦认为，高度的生产效率“是荷兰人能够控制世界贸易的原因”。

华勒斯坦认为，荷兰人能够取得商业霸主地位的原因，与他们的农业—工业效率有关，这主要是通过船运费、保险费和一般性经常开支转化为商业效率。荷兰船运费之所以能够低廉的因素为：技术优良、材料经济、节省劳力的设备、大规模标准化的生产、大量的购买材料、用荷兰船只便宜地运送建造材料。一直到17世纪中期，荷兰制船只的造价比最接近的竞争者英国便宜40%—50%。

荷兰造船的高效率同样可以在港口与海上可见一斑。荷兰船只拥有“较优的坚固性与速度”、“清洁便宜与安全”。这个事实有着螺旋上升的效果：便宜的船运导致对波罗的海贸易的控制；由此可以带来便宜的木材，再带来更便宜的造船费用，又使得船运更为便宜；更清洁、更便宜、更安全的船只也意味着总船运量的增加，使得保险费用更低成为可能；而较低的保险费用又导致更低的船运费，促进在规模和在交易技术上的发展，这又反过来导致更低的保险费用。

这些工业效率的来源与活力，可以从大量移民进入来解释。透过大量人口与技术流入尼德兰，16世纪晚期，北部尼德兰走上了生产效率的道路。到了17世纪，联合省已经成为欧洲世界经济主要的生产中心。由于在纺织业与造船业的主导作用，在高技术的农业生产方面也获得高额利润，通过欧洲南北与全球贸易转运的商品，联合省成为当时的世界货仓，荷兰变成一个巨大的货仓，阿姆斯特丹成为欧洲大宗产品大贸易中心。

从贸易走向金融：信用制的商业王国

如果贸易的基础是船运，那么最大的利润应该是透过市场和大宗产品在阿姆斯特丹的世界大贸易中心取得。荷兰人发展出一个比其他国家“更简单的商业组织”，也就是股份制。首先是将股份扩展到一个人数不多的商业贵族阶层及大量的中小商人。这意味着创造了一种保护制度，减少了商人的风险，也使商人在出售时能够得到投机性的利润；另外，等于创造出一个委托人的网络，它为生产者寻找顾客，通过寄卖得到货物，接受购买者委托付给生产者汇票。

荷兰从贸易转向金融，基本上是资本主义的必然趋势，阿姆斯特丹的股票交易可以看成是“17世纪的华尔街”。1609年世界第一个城市银行出现在阿姆斯特丹，阿姆斯特丹维塞尔银行（De Wisselbank van Amsterdam），即外汇银行，也是世界上的第一个近代银行。这个银行经营一般银行业务，最重要的是，它以政府信用作为银行存款的担保。

▲ 阿姆斯特丹维塞尔银行。

资本主义许多基本观念虽然是文艺复兴时期意大利人的发明，但荷兰人在17世纪初将资本主义更加现代化，阿姆斯特丹人是其中的先驱。1609年的阿姆斯特丹银行，是依照威尼斯银行的模式建造，在吸收金属货币存款时，先进行称量与检验，然后再据此发给“银行票据”。由于这种票据有保证，因此通常具有超过金属货币的溢价。阿姆斯特丹银行的成功，导致类似的银行在联合省其他省份与日耳曼地区建立。

阿姆斯特丹市要求超过600荷盾的汇票兑付必须在阿姆斯特丹银行进行，因此，该行以“维塞尔银行”而得名。该行经常根据硬币存款以银币的形式发放贷款。通过这些途径，阿姆斯特丹发展成为欧洲经营外汇、黄金与白银的中心。他们把银行、证券交易所、信用、期货、保险及有限责任公司，整合成一套相辅相成的金融及商业制度。

由于提供了在17世纪银行业历史记录上少有的安全与方便，阿姆斯特丹立刻成为欧洲储蓄与交易的大中心。在这个世纪中，存款从不到100万荷盾上升到1600万荷盾。当阿姆斯特丹拥有足够的金银和货币时，就掌握了可以说是欧洲的国际支付体系和锁匙。由于有大量通货，阿姆斯特丹因而发展出一种汇票制度，使多边的结算得以扩展。到了1660年，阿姆斯特丹已经成为多边支付体系无可争议的中心。不但为荷兰创造庞大的财富，也因此让这个蕞尔小国很快成为欧洲强权。

一般国家对于重商主义的普遍思维是尽量抓住金银不放，限制其出口，荷兰应该算是个例外。金银流出联合省可以像流入一样容易，这正是为什么如此多金银流入的原因。阿特曼（Artur Attman）在研究1550—1800年间世界贸易中荷兰企业的角色时就说，在当时的重商主义时代，荷兰这种独一无二的政策“有助于创造财富”。这正是另一种螺旋形的现象，每个行动都有助于下一个行动更为可行，直至最后达到高峰。联合省对于股份、金融的开放，使得市场发挥了公共物品的效用，也为荷兰创造了商业王国的高峰。

尼德兰的经济崛起顺着技术、贸易、金融三个路径，尼德兰的衰败则是从这个路径逆流回去，从金融、贸易到技术。尼德兰制胜的关键在于他们独特的商业精神以及对于利润的追求，尼德兰失败的关键也是如此。

东印度公司：第一个全球公司的成立

17世纪大航海时代，当时的欧洲各国兴起海上冒险，探寻世界地理，更发展外海的商机。16世纪的葡萄牙在东南亚地区已有殖民地与商业发展。1595年4月至1602年间，荷兰也陆续成立了14家以东印度公司贸易为重点的公司，为了避免过度的商业竞争，这些公司合并成为一家联合公司，也就是荷属东印度

▲ 荷属东印度公司标志。

公司，由当时的荷兰“大议长”担任主要领导人。

东印度公司改变了荷兰以往对东方贸易，从此它成为一个“国中之国”，对亚洲的商业活动，只有一项政策、一种意志和一个领导，东印度公司作为一个真正的权威，从此一帆风顺地不断发展。

荷兰人在政治与商业中都喜欢委员会，能够由一个委员会完成的工作，就绝不会由一个人去完成。东印度公司也不例外，董事会由70多人组成，但真正握有实权的只有17人，被称为“十七绅士”（Heren XVII），分别是阿姆斯特丹八人，西兰省四人，其他地区各一人。

荷属东印度公司的垄断是经过联省议会批准的，当时的联省议会授权东印度公司在东起好望角，西至南美洲南端麦哲伦海峡具有贸易垄断权。它是第一个可以自组佣兵、发行货币，也是第一个股份有限公司，获准与其他国家订立正式条约，并对该地实行殖民与统治的权力，但是全部事务都掌握在荷兰省与西兰省手中。其他地区的人民可以通过股票参与，但是国家却为该公司服务，换言之，荷属省是所有联合省的主导者，而荷兰的大股东又是控制者，毫无疑问，掌握整个联合省的就是商人。17世纪，联合省可以说是一个举国皆商的国家。

▲ 热兰遮城。来源：Thomson, *The Straits of Malacca, Indo-China and China* (London: Sampson Low, Marston, Low, & Searle, 1875) , p.21.

台湾对于东印度公司应该不会陌生，它曾经参与了台湾历史的过程。1607年荷属东印度公司由葡萄牙手上攻下安汶（Ambon）岛，并设置商馆。1619年在爪哇的巴达维亚（现印度尼西亚的雅加达）成立东印度地区的海外总部。1622年再度占据澎湖。

1624年，荷属东印度公司选定大员——现在台南的安平，建造城堡，初名奥伦治城，后改名热兰遮城（Fort de Zeelandia，即西兰城）；尼德兰人另一个塔斯曼（Abel Janszoon Tasman）船队，在1642年登陆的岛屿，就是现在叫做纽西兰的国家。郑成功的父亲郑芝龙曾经出任东印度公司的翻译，后来还成为它在台湾的最大商业对手。东印度公司利用台湾的地理位置，全力发展转口功能，使台湾成为中国大陆、日本、南洋、欧洲等地货物的转运中心。东印度公司在台湾进行了总共38年的殖民统治，直到1662年郑成功登台为止。

当然，当时东印度公司在非洲与亚洲的贸易转运，除了印度尼西亚与台湾以外，还包括了日本、斯里兰卡与南非。

东印度公司的股利主要是通过对于香料贸易的严格垄断取得。原始资本只有650万盾（当时的10盾约等于1英镑，而17世纪60年代荷兰一位教师的年薪约280盾），其中一半以上是由阿姆斯特丹的商人认购。从一成立，东印度公司就大发利市，成立五年后，公司已经支付了本金75%的股息，都是通过残酷掠夺新殖民地的财富而来。到了1669年时，荷属东印度公司已是世界上最富有的私人公司，拥有超过150艘商船、40艘战舰、5万名员工、1万名佣兵的军队，东印度公司存在的180年中，平均每年股息达到21%。

鉴于东印度公司的成功，1621年成立的荷属西印度公司（West India Company）主要的经营目的，是对西班牙和葡萄牙进行经济战争，打击它们在西印度群岛、南美洲和非洲的贸易。西印度公司的创立资本比东印度公司雄厚，达700万盾，阿姆斯特丹占其中的4/9。荷兰与西兰省仍旧控制着西印度公司。由一个19人组成的董事会负责公司的管理。

西印度公司获得美洲东海岸、非洲西海岸以及两大洲之间所有岛屿的贸易垄断权。这意味着西印度公司将像东印度公司把印度洋当作自己的内湖一样，把大西洋当作是自己的私有财产。

然而从一成立，西印度公司就是不成功的。东印度公司控制每一件事。它在印度的早期开拓工作已经由西班牙人和葡萄牙人做好了，当地的人民都已经有相当的文明，而且已习惯在田地与种植园中劳动，把西班牙与葡萄牙驱逐以后，这些人马上可以为荷兰所用。可是，西印度公司的领土位于赤道以南，可以生产热带作物，然而这里缺乏有经验的工作人口，必须先捕俘当地人民，然后加以训练，才能使之从事正常的劳动。种植园必须经过开垦，大约要经过20年才可以有收入。但是，作为信用股份制的西印度公司来到这里，只是为了眼前的利益，而不是将来几代人的利益，为子孙致富而开垦殖民地的观念是

▲ 1626年（明天启六年）西班牙人所绘《台湾岛荷兰人港口图》。图中热兰遮城（今安平古堡）沿海而建，上有四尊大炮。荷兰人占台以后，在原来的砦城旧城址上，重新兴建规模宏大的城堡奥伦治城（Fort Orange），1627年根据西兰省命名为“热兰遮城”（Zeelandia），至1632年始完成首期堡底工程。当时，这座城堡是荷兰人统治台湾全岛和对外贸易的总枢纽。 来源：台南市政府文化观光局网站。

不会得到股东们的同意的。他们殖民不是为了母国的产品而开拓市场，而只是想从新征服的土地上的产品销售中获得股息。

问题来了，这也是荷兰未来要成为强权一个无法克服的难题。即使西印度公司想以现代方法去开展殖民活动，他们也没有足够的人口定居在如此庞大的殖民地。整个联合省的几百万人口还不足以应付国内事务，当国内以较小的开支就能提供舒适的生活时，他们对于到一个遥远的未开化地区去谋生是没有兴趣的。1626年西印度公司以极少的代价买下曼哈顿岛，即现在的纽约，当时称它为“新阿姆斯特丹”，他们并不是没看到这个哈得逊河（Hudson River）沿岸的前景，而是这个国家已经从事了远远超过它的能力所能做的事，而它的资产阶级政治体制又无法解决长远可能发生的政治问题。

▲ 荷兰西印度公司的大帆船协和号。

西印度公司也曾经有一段美好的时光，但是却是依靠着武装舰队截获西班牙运输财宝的船队，或掠夺葡萄牙的殖民地，这种“合法的海盗”行为，确实带来了丰富的股息。但是由于没有稳定的收入，这些抢夺的横财并不能够为西印度公司带来持久的利润，它又不足以筹集资金来对西、葡、英三国防务严密的地区发动攻击。该公司因而在1672年就走向破产。虽然破产只代表着垄断的结束，其他私人公司仍然往同一条路线去赚取利润，但是正如前所述，荷兰人口太少，对于商业利润短期重于长期的基本认知，使得荷兰逐渐失去在大西洋的市场。整体而言，荷兰“在亚洲成功、在美洲失败”。

创造了纽约：荷兰商业精神长存

西印度公司在1672年就破产了，但是因缘际会，荷兰人为这个世界创造了纽约。

1624年，荷属西印度公司用24荷盾向北美印第安人买下曼哈顿岛，在今天的纽约市建立了第一个欧洲定居点。纽约市与众不同的地方很多，其中之一是美国唯一曾修筑过城墙的大城市。荷兰当时派驻在新阿姆斯特丹的总督是史都维山特（Peter Stuyvesant），他是行伍出身，行事常带有军事考虑。他由于担心英军来自陆地的攻击，因此沿着城北修筑了一道防御高墙。

▲ 1717年的纽约曼哈顿下东河。

第二次英荷战争（1665—1667）前一年，1664年英格兰发动攻击时，不是从城北的陆路进攻，而是派遣一支舰队从南边炮轰新阿姆斯特丹堡，兵力远优于荷兰军队。荷兰总督史都维山特为免城内百姓的生命财产付之一炬，在百般不愿下终于接受包括他儿子的陈情，向英军投降。第二天，新阿姆斯特丹成为“新约克”（New York），也就是所称的“纽约”，作为查理二世（King Charles II）幼弟及继承人约克公爵（Duke of York）的生日礼物。

城北的木桩长墙没有抵抗的功能了，年久失修后，1698年终于被拆毁。同年，第一座三一教会在城墙西端落成。城墙后方有一块宽一百英尺的保留空地，专供部队移防之用，不得作为建筑用地。当曼哈顿的交通越来越繁忙后，这块空地成为连接主要道路的街道，也自然而然被称为“城墙街”，音译则是“华尔街”。拜荷兰人之赐，这条小街后来成了全世界最知名的金融大道。

虽然英格兰接收了纽约，但是荷兰人热衷于赚钱的精神不曾稍减，虽然在表面上，荷兰人殖民哈得逊河40年来似乎只留下一些地名，如布鲁克林（Brooklyn），还有一些惯用语，如饼干（cookie），及一些人名，如罗斯福（Roosevelt）。最重要的是，荷兰人也留下他们的重商精神。不只当时荷兰总督史都维山特的后世子孙在19世纪成为巨富，今日在纽约这个超级大都市的深处，每个人都忙着做生意的新阿姆斯特丹的影子还无处不在，赚钱——不论是正大光明还是不择手段，都是这个城市的最爱。

独特的商业价值观：既是助力又是阻力

尼德兰能够在17世纪崛起成为世界的海上强权，但是在一个半世纪后又衰弱，原因在那里？简单地说，它成功的要素也是它失败的原因，先从独特的商业价值谈起。

▲ 西印度公司1655年在新阿姆斯特丹第一次拍卖奴隶的油画。

整个17世纪，无论是在有利还是不利的环境下，荷兰始终是维护商人的基本利益。对于荷兰来说，商业利益高于一切、压倒一切，不论是宗教感情（如在1672年以后）或是民族情感（如在1780年以后），都不能够超越商业利益的价值。

▲ 荷属西印度公司旗帜。

如果我们看到以下事情的风貌，或许更能够了解荷兰商人。一些荷兰人在受到荷属东印度公司的压迫时，妒嫉其特权，会用他们的资金去帮助和支持英国、丹麦、瑞典、法国的印度公司。他们会出资扶植法国私掠船，而这些私掠船有时会掠劫他们同胞的船只。1629年在哈瓦那（Havana）附近截获西班牙的大帆船（gallons）后，西印度公司的股东们要求立刻分配战利品，这一要求为公司开了一个恶例。荷兰商人还会与在北海行动的所谓“巴巴瑞尔”（Barbary）海盗（这些海盗其实是乔装的荷兰人）串通。

同样，葡萄牙人于1654年把荷兰人逐出巴西的累西腓（Recife），法国路易十四于1672年进攻联合省，都是使用从荷兰人那里买来的武器。就在西班牙王位继承战争期间，法国在意大利的部队却经由阿姆斯特丹发放军饷，这使得当时与荷兰合作、反对法国人的英国气愤万分。这一切都是因为，在荷兰“商人是国王，商业利益是立国之本”。法国大使的一封信说：“赚钱是这里的唯一行动指南。”

荷属东印度公司为荷兰人带来大量的财富，但是就在同一时期，东印度公司的董事们却在1644年主张：“‘十七绅士’在印度夺得的要塞和堡垒不应该被当作是国家的战利品，而应当看成是私人的产业，商人有权把这些产业卖给他们愿意的任何人，即使是西班牙的国王或是联合省的其他敌人。”这种在其他国家看来匪夷所思的开创性商业思想，对于荷兰商人来说，好像一切都是那么理所当然。

一名法国人说：“在荷兰，国家从贸易获利，也使个人获利，两者并行不悖。（也就是说，国家与商业公司是一件事。）贸易绝对自由，绝对没有任何东西对商人是禁止的，他们只要遵循利润法则就够了。在国家看来，利润法则是基本的行动准则。因此，当个人因为经商而似乎违背了国家利益时，国家便闭上眼睛，装作没有看见。这从1693年和1694年发生的事情中，可以作出判断。法国当时缺少小麦，饥荒遍及各省……荷兰曾发布命令严格禁止商人及其控制的船东以任何借口前往法国。然而，这并不妨害荷兰商人与法国商人保持联系，使用各个国家的船向法国输入货物，包括瑞典和丹麦的船只，或者用中立国旗号作为掩护的荷兰船，甚至更糟糕的，干脆打着荷兰旗号的荷兰船。”

到底是“贸易剥削”，还是“生产力剥削”能够带来更大的利益？前者属于一般的商业贸易，在殖民时代，后者就是一种以殖民地生产为基础的殖民地贸易，前者需要船运，后者还需要殖民地据点。初期，东印度公司的股东们认为，远航船的目的是为了进行贸易，而不是建造堡垒或拦截葡萄牙大帆船。尤其从1609年联合省与西班牙签署12年的休战协议开始，荷兰在欧洲的贸易都是采用商业贸易，后来基于需要与英国和西班牙争夺海外殖民地，但是荷兰人的基本心态并没有根本改变。他们没有兴起深根殖民地的念头，而只是将其作为转口贸易据点使用，一切都以眼前利益为优先。

布劳岱引用史料指出，1624年，西兰省驻台湾的要塞司令讷茨（Pieter Nuyts），这个贪财之徒即大言不惭地宣称，他“前来亚洲，怎么会甘心当一个有财不发的傻瓜”！东印度公司的这些人在海外各据点，由于掌握港口，因此“巨额利润使他们热衷于各种可能的诈欺行为”。

17世纪初的投机商美尔（Isaac Le Maire）的违法犯罪行为，暴露出来一连串的贪污舞弊事件，并没有受到任何人的严厉谴责。在外国人看来，这个国家，任何事都可能会发生。第二次英荷战争期间（1665—1667），与联合省同盟的法国大使埃斯特拉德伯爵就认为：“这个国家有向英国人屈服的危险，国内有一大堆人筹划投降。”

利益当头，一切都可以暂时放下，荷兰人在北美洲建城“新阿姆斯特丹”，开始开店做生意时，忙着赚钱，竟然忘记盖教堂，一忘就是17年。这大概是所有在北美的开拓者难以想象的事。唯一可以解释的，就是荷兰人来的目的就是要赚钱，本来就打算捞一票就走。

在短期利益的召唤下，荷兰人没有耐心教化当地人民。荷属东、西印度公司成立以后，荷兰人对殖民地的掠夺是极其残酷的。为了掠夺殖民地的财富，他们野蛮地屠杀当地居民，或者把他们变为奴隶，利润往往高达百分之几百。在全盛时，荷兰奴隶贸易量占世界奴隶贸易额的一半以上。马克思说：“荷兰——它是10世纪标准的资本主义国家——经营殖民地的历史展示出一幅背信弃义、贿赂、残杀和卑鄙行为的绝妙图画。”

这就是荷兰的商人本色，他们的最高道德就是利润。这种价值观让荷兰人成为经济的强权，但是或许是因为缺少对于社会群体或其他社会价值的强烈认同归属，也让荷兰人的商业社会出现问题。在面对英法等民族国家竞争时，也显得有些无力。

分权或自私：政治影响经济

没有一个单一的中央权威领导，是联合省能够经济快速发展的重要原因之一。但是，当这个分权的制度出现了效率不足的问题时，也就给联合省带来了隐忧。

荷裔历史学家房龙特别举保护商业贸易往来的联合省舰队作说明。他认为，从1715年以后，联合省就忽视了海军军舰的建设。17世纪是荷兰人的世纪，他们拥有强大的舰队。在17世纪晚期，联合省还保有120艘军舰的舰队，其中90艘是运输船。50年后，还剩下不到50艘军舰，而且其中只有12艘是有作战价值的。1696年，联合省还有8艘装备90多门大炮的“无敌战舰”，到了1741年只剩下一艘这种战舰，而且已经服役了42年。缺少适当的武力装备，联合省的商业自然受到影响。

是什么导致这样的结果？当然不只是人的问题，更重要的是制度的问题。17世纪后期的长期战争耗费了联合省的大量财力，两位主张保持一个强大舰队的重要人士相继离开人间，一个是29岁就担任荷兰“大议长”的维特（Johan de Witt，1625—1672），1672年退职，在群众暴动中被杀害；一个是威廉三世，于1702年去世。当联合省缺少了强迫各省服从的强人时，那么各省也就努力捍卫自己的特殊利益，拒绝为整体利益出钱，海军部因而面临倒闭。

当1706—1711年乡村各省都不为舰队建设提供任何经费

时，维持海军舰队的经费全部由荷兰与西兰两个省负担。有爱国商人愿意以9%的利息提供贷款，但是三位海军上将还是在“西班牙王位继承战争”末期欠下了1000万盾的债务。战争结束末期，荷兰、西兰两省已经失去建造舰队的兴趣。军官与士兵离开军中，不是回归平民，就是迁移到有钱支付工资的外国海军中当佣兵。

荷兰与西兰一直保持着舰队并避免被解散，但是难以想象，从1713年到1770年大约50年间，其他六个省没有一分钱是用在维持舰队上的。西兰省在1700—1746年的46年间，只建造了4艘没有作战价值的小型军舰。而只有阿姆斯特丹在荷兰省议会的支持下保留了6艘军舰，能够保护它的商人免受非洲海盗的劫掠，但是在战争期间，这些军舰是不可靠的。所有以前留下的军舰都任由停泊在港口中被逐渐腐蚀，曾经得到精心维护的海军却陷入受人屈辱的境地。

没有海军，无论在大西洋，或是在波罗的海的渔船都陷入任人捕捉检查的地步。英国经常以各种理由扣押荷兰的船只。荷兰商人怨声载道，向联合省议会请愿，但是所得的答复经常是“马上考虑”，而这种“考虑”常常需要五年之久，时间到了，答复却是含糊其词。整个18世纪，联合省根本没有什么时候认真地面对改善舰队的问题。由于不愿意强化陆军与海军，因而历史学家房龙说：“18世纪的荷兰人只带着感激的心情接受给予他们的一切，当今天能够遇上舒适的生活时，他们决不会考虑后天的事”，“共和国没有充分的理由埋怨其他敌对国家破坏了它的繁荣，实际上，荷兰共和国是自杀的”。

全国变成食租者的天堂：全球第一个金融投机

联合省的人民真的如此愚蠢吗？或许可以说，当荷兰人有了钱以后，国家对于追求权力的看法不同了，人民对于追求钱财的方式也改变了。

17世纪的荷兰是富裕的。荷兰的繁荣造成了资金过剩，这反而使荷兰陷入了困境。即使向欧洲各地的商人提供贷款，荷兰仍然还有充裕的资金。荷兰于是向各个国家放债。阿姆斯特丹的旧贵族们，逐渐抛离了仓储贸易可以得到的实际利益，而走上与热那亚一样，向欧洲王室放款的道路。

17世纪初，荷兰对北欧国家提供贷款，紧接着对日耳曼城市提供贷款。1688年英国光荣革命爆发后，废黜信仰天主教的詹姆士二世，英国议会邀请詹姆士二世的女婿，即荷兰“执政”奥伦治亲王威廉来英国，与信仰英国国教的詹姆士二世的女儿玛丽共同统治英国，称威廉三世和玛丽二世。这一个因为宗教事件而引发的意外连结，促成了英国与荷兰之间一个金融紧密联系的新时代。后人可能会发现，光荣革命不只造就了英国的民主，也造就了英国的金融。

1689年到1697年，英国人与荷兰人联合对法国人和西班牙的“九年战争”中，英格兰银行曾经使用汇票资助英国在欧洲大陆上的开支。战后英国拒绝支付，荷兰银行家帮助英格兰银行偿还该行声明拒付的汇票款项。在英国的英格兰银行、东印度公司、南太平洋公司的股票认购中，都可以看到荷兰人的名字。

到了18世纪，特别在阿姆斯特丹开放了对英国的贷款市场以后（最迟从1710年起），借贷行业越来越盛。各国纷纷向荷兰借款，其中包括神圣罗马帝国皇帝、萨克森选侯、巴伐利亚选侯、再三举债的丹麦国王、瑞典国王、俄国的皇室、法兰西的国王，甚至还包括当时荷兰对外贸易的强劲对手汉堡，还有正在美洲进行独立战争的美国“爱国者”。

当然，所有这些投资到国外的资金都意味着联合省国内工业的直接损失。繁荣的联合省的生活开支高于周边国家甚多，工人工资也比其他地方高。商业航运如果支付高工资，工业就必须付出更高的工资来吸收劳动力。高的工资又降低了投资的利润，减少了投资的意愿。18世纪的荷兰，人们对于利润的追求是超国界的，他们不愿投资在国内获取4.5%或5%的利息，而是投资到国外获得6%或7%的利息。这表示，18世纪来自国外的竞争开始激烈并影响联合省国内的市场，荷兰的制造商已经无法适应新的竞争挑战。

人们对于致富的看法也逐渐改变了，商业贸易与工业被看成为“不流行的行业”。脱离商业活动意味着现有的资本不再增值了，但是随着生活开支的增加，以及奢侈品的引进，为了追求时髦的生活方式，人们必须获得更多的收入。要增加收入，除了直接参与劳动以外，另一种方法可以增加资本，就是从事投机活动。

在当时的荷兰，没有人会反对投机。几种炒作股市的手法都是荷兰人的发明。例如，放空（卖出借来的股票，期望股价下跌后获利）、杀多（公司内部放空股票，引起外界恐慌也跟着卖出持股，造成股价下跌）、联合炒作（一伙人彼此互相买卖股票，借以操纵股价）、锁定筹码（一个人或一个集团私下取得某种商品在外流通的筹码，迫使所有买家必须依照前者所定的价格）。

历史上第一个最有名的金融泡沫即发生在荷兰。16世纪中叶，郁金香从土耳其引进西欧，立刻引起风潮。到了17世纪初，有钱人竞相使自家花园内争奇斗艳，珍贵品种的郁金香价格更是一飞冲天。17世纪30年代初期，郁金香价格虚涨已是典型的投机风潮。郁金香球茎的价格不以品种是否特殊或漂亮来决定，而是价格会继续上涨的预期心理作祟。这就是投资学中“总是有比你更笨的傻瓜”的理论。

1635年，“查尔德”（Childer）这种郁金香的价格是1615荷盾。17世纪初的荷兰，一头公牛只卖120荷盾，1000磅奶酪也只需120荷盾。郁金香球茎的价格仍然马不停蹄地飙涨，翌年，一个特殊品种的球茎（当时全荷兰只有两个）竟然叫价4600荷盾，外加一辆全新马车、两匹马及一套马具。

所有的金融泡沫最后一定会幻灭，郁金香球茎泡沫也不例外。因为投机炒作无法创造财富，只能移转财富。只要有人开始倒货，其他人跟进，价格崩跌的速度就会和当初飙涨的狂热一样。于是，郁金香球茎的价格一泻千里，成千上万的人一夕之间倾家荡产。

银行也破产：最终失去国家

在对外方面，由于荷兰已经借款给每一个国家，与英国、法国的战争都意味着在这些国家中的利息可能中止，从而损害自己的经济繁荣。更糟糕的是，不论与哪个国家战争，都是在与自己的资本作战，为此，它必须不惜代价避免与任何一个国家发生战争。

“七年战争”（1756—1763）是欧洲两大军事集团即英国、普鲁士同盟及法国、奥地利、俄国同盟之间，为争夺殖民地和霸权而进行的一场大规模战争，其中汉诺威、葡萄牙为英普的盟友，法奥俄的盟友则为西班牙、萨克森、瑞典。

“七年战争”对于保持中立的荷兰来说，是一个再一次繁荣的时候，但是事后看来，却只是回光返照。战争期间，“荷兰几乎包揽了全部法国贸易，特别是与非洲和美洲的贸易，与非洲和美洲的贸易数量大，利润往往高达100%，乃至200%，荷兰的几位大商人都从中发了财”。

荷兰人抓住这次商机，大肆推展信贷活动，通过对其他商行签发新的汇票，以承兑和偿付到期的汇票。除了转帐汇票的空前膨胀以外，还有一系列通融汇票交易。正常信贷、强制信贷以及虚幻信贷，一位当时的莱顿商人夸张地形容：“数量之多，竟超过荷兰现金的15倍。”

不管数量是否这么多，但是当贴现银行拒绝接受期票贴现，或者无力贴现时，灾难开始了。一连串的连锁效应，整个欧洲金融为之震动，阿姆斯特丹受伤最深。一场金融危机的来临，阿姆斯特丹有35家银行破产，首先是阿伦约瑟夫（Arend Joseph）银行倒闭，接着是向英格兰银行求助的诺伊弗维尔斯

（De Neufvilles）银行倒闭。一直从事荷属东印度公司股票投机生意，具有150年历史的克利福德公司（Clifford & Co.）在1772年也宣告破产。荷兰的剩余资本从此转移到伦敦。1763年的危机成为荷兰衰落过程中标志性的一步。

当然，对荷兰金融业最致命的是第四次英荷战争（Anglo-Dutch War，1780—1784）。当时荷兰人停止向英国贷款，并将自己的资本转移到法国，而当法国发生革命导致战争，以及拿破仑打败联合省并要求巨额赔款时，荷兰人不仅失去了转移到法国的资本，还失去了整个国家。

英法民族经济崛起：幸运结束了

16世纪的尼德兰是幸运的。历史给了他们一个绝佳的机会。日耳曼遭受了三十年战争的破坏，战争使人口骤降，至少破坏了三个世纪的经济繁荣。英国经历了一系列的内战，严重影响到它的经济发展。法国在16世纪上半叶经历了持续的宗教战争和几次严重的内部动乱。西班牙被一套政治的经济制度折磨，全部黄金储备被掏空了。尼德兰的旧殖民对手葡萄牙被西班牙统治多年后也衰落了。陆地与海上的斗争愈激烈，对波罗的海谷物和军需品的需求就愈大，尼德兰垄断这些供应所累积的利润也就愈大。

尼德兰联合省在1602年与西班牙签署停战协议以后，共和国是自由的。荷兰与西兰这两个主要商业省几乎有20年没有遭受敌人的破坏，能够在完全和平的环境下发展自己的经济。

尼德兰内部除了1672年持续几周的骚乱外，没有真正的流血冲突。虽然联合省内发生过政治与宗教为了控制政府而进行的斗争，但是商业活动从来没有中断。联合省与英国的确在17世纪发生过三次重大的“英荷战争”（1652—1654，1664—1667，1672—1678），但是这些战役都是为了经济的目的，而不是为了宗教利益或王权利益。这三次“英荷战争”，双方互有胜负。

自17世纪起，整体来看，联合省能够把全部力量用于发展贸易新商业和工业。1621年与西班牙重新开战时，联合省没有遭遇到损失，只是支付雇佣兵的费用而已。相反，重新引起的敌视使得不同的贸易公司同仇敌忾，攻击西班牙与葡萄牙的殖民地，并取得了新的殖民地。

然而，到了18世纪，国际环境完全不同了，邻近的国家都改变了。经济史学家布劳岱认为，荷兰阿姆斯特丹的发展也象征着“帝国建制的城市”时代的结束，因为尼德兰的历史正是历史上资本主义两个截然不同时期的分水岭，“处于两种经济霸权的转折，一方面是城市的时代，另一方面是现代领土国家和民族经济的时代，伦敦以整个英格兰经济为依托兴起，正预示着一个时代的到来”。

16世纪末，1588年英国击败了西班牙的无敌舰队，开始了商业与一直到20世纪的殖民活动。1688年英国完成“光荣革命”，创造了继1215年“大宪章”以后最重要的一个法律，即《权利法案》。从此，未来的英国国王必须服从议会的法律，议会成为国家最高的权力机关，这对于未来英国的发展产生了无与伦比的影响。国会至上和习惯法中所包含的所有权将政治权力置于急于利用新经济机会的那些人手里，并且为司法制度保护和鼓励生产性的经济活动提供了重要框架，从而为未来英国工业革命带来了丰沃的土壤。

一个君主立宪并且议会至上的国家一旦成形，联合省无论在内聚力与正当性方面，都无法再与英国相比。17世纪的三次“英荷战争”，虽然双方都各有胜负，但是双方的国力对比已在缓缓改变。两国和平相处100年后，18世纪的第四次“英荷战争”（1780—1784），尼德兰已经不再是英国的对手了。到了18世纪后期，英国的工业革命开始，伦敦当然也就顺理成章地取代了阿姆斯特丹的世界霸主地位。

阿姆斯特丹的放款，推动了伦敦的繁荣，使得伦敦在后来的竞争中获胜。阿姆斯特丹似乎也别无选择，就像17世纪初的热那亚也别无选择一样，阿姆斯特丹与热那亚都没有能力去阻止其他国家的崛起。伦敦与阿姆斯特丹不一样的地方在于，英国是在工业革命的基础上开创金融王国。20世纪初，伦敦再一次因为资金过剩而在当地用不完，如同阿姆斯特丹一样，伦敦把资金送到国外，但是它出借资金往往采用向国外出售英国工业产品的形式，即外国向英国借钱买英国的工业产品，从而反过来又促进了英国的经济发展与生产。阿姆斯特丹没有办法做到这一点，因为它只有信用性的商业资本主义，却少了像英国一样蓬勃发展的先进工业。

法国的财政大臣科尔贝尔（J.B.Colbert, 1619—1683）在17世纪开始实行重商主义，通过制定《商法典》促进国内的流通，以最大限度地增加国家财政收入。制造业开始发展，同时进行大量的殖民活动。法国开始走向强国之列，而它的人口与土地面积是联合省难以企及的。简单地说，当英国与法国解决了内部的纷争而走上强国之路时，联合省的挑战也就艰难重重。

法国希望把产品销往殖民地，但是法国初期没有必需的商船，因此不得不利用荷兰的商船。在瑞典、丹麦与英国都在与荷兰争取转口贸易的情形下，为了保住在法国的有利商机，18世纪，荷兰逐渐被迫脱离与英国的友谊而变成法国的盟友。最后，荷兰甚至被法国裹挟到美洲去冒险，导致与英国直接发生战争，从而使联合省的商业被摧毁。

法国最后再给荷兰一个致命的打击，1795年法国拿破仑的军队进入荷兰，建立多年的共和国就轻易地被瓦解了。最后一位世袭的“执政”威廉五世离开荷兰逃往英国，原有的土地上出现了新的巴达维亚共和国（Batavian Republic），它成为法兰西的政治附庸之一。依照房龙的说法，“对于这个商业王国而言，董事会和董事长带头跑了，股东们却心甘情愿地在全新的基础上被董事会重新组合，高呼新主人许诺的自由、平等、博爱”。原因无他，不论是宗教、民族主义，只要能够赚钱，荷兰人都不在乎。

再崛起的策略：与大国区域统合以借力使力

1795年成立的巴达维亚共和国，只维持了11年，1806年拿破仑决定将尼德兰直接并入由许多附庸国组成的“大帝国”中，任命拿破仑之弟波拿巴（Louis Bonaparte）为君主。没有想到波拿巴玩起真的，把尼德兰的利益放在法国之上。在拿破仑看来，荷兰是1807年“大陆封锁”的关键部位，他希望以此切断英国向大陆的出口而使英国就范。波拿巴对其兄所作的努力予以反抗，他拒绝将法国利益置于尼德兰利益之上，这使得拿破仑于1810年决定废黜波拿巴而将荷兰并入法兰西帝国。1812年拿破仑在入侵俄罗斯战争中伤亡惨重，1813年法军撤回法国，1814年尼德兰脱离法国，翌年成立尼德兰王国（1830年比利时脱离荷兰独立），1848年成为君主立宪国。

第一次世界大战期间荷兰学习瑞士，实行中立政策。因为荷兰人了解到，无论是西边的英国、南边的法国，还是东边的德国，都不是荷兰能够得罪得起的国家。大战后，荷兰虽然成为国际联盟的一员，却重申它中立国的地位。

但是，即使宣布中立，荷兰仍旧无法逃过地缘政治的宿命。1940年5月被德国军队侵占，王室和政府迁至英国，成立流亡政府。以中立作为国家定位的方式也被证明了不可行，荷兰人开始思考另一条路。

英法两个民族国家在17世纪末的崛起，使得荷兰人失去了昔日的世界霸权。英国让联合省失去了贸易与金融的霸权，法国让荷兰变成法国的一部分。第二次世界大战期间，来自东边的德国希特勒的闪电坦克踏平了尼德兰。有强国为邻是荷兰的宿命，但也是机会。

1943年，荷兰与它历史上的同胞——比利时与卢森堡两个国家的流亡政府达成货币政策的协议，1944年协议建立关税同盟，1950年协议共同商业政策，以一个共同体的方式对外，这个方法对荷兰人来说并不难，以前的联合省不就是这样运作的吗？

二战后，欧洲在反省，有没有方法可以促成欧洲的土地上不要再发生战争，又有什么样的途径可以使欧洲的经济快速地复兴繁荣。要成立一个仍是以民族国家为主体，类似国际联盟的欧洲组织，还是一个超越每一个国家主权的欧洲联邦？站在荷兰的角度来说，如果是前者，不只对欧洲的和平没有保障，未来仍是一个强权政治挂帅的欧洲，经济发展也还是各国各行其是。如果是后者，欧洲变成欧洲合众国以后，欧洲只有一个领导，这与荷兰17世纪留传下来的分权传统又是互不相容。

在两者之间，第三条路在欧洲形成，那就是兼顾国家主权与超国家组织的欧洲共同体出现。在创立欧洲共同体的过程中，荷兰等小国起了推动作用，它们认识到，用“分中有合、合中有分”的方式与大国相处，最适合自己的未来。

1951年4月18日，荷兰、比利时、卢森堡与其他三个大国德国、法国、意大利签署《巴黎条约》，次年成立“欧洲煤钢共同体”。1957年3月25日，六国外长在罗马签订了建立“欧洲经济共同体”与“欧洲原子能共同体”的两个条约，即《罗马条约》，于1958年1月1日起生效。1965年4月8日，三个共同体的机构合并，为“欧洲共同体”。

战后，荷兰以选择区域统合来解决它在17世纪以来没有办法解决的问题。对于荷兰来说，参加欧洲共同体符合荷兰的最大利益。在欧洲统合的架构下，德国、法国，以及后来的英国，都不再是敌对的竞争者，反而是荷兰再度崛起的支撑者。在欧洲共同市场区域内，这些大国不再是荷兰的国外市场，反而变成了内部市场。荷兰经济从此有了更强烈的国际导向。特别在1987年欧洲单一市场成立，欧洲内部壁垒被完全消除后，荷兰更可以大显身手。在欧洲共同贸易政策下，荷兰不需要再有自己的贸易政策，转到强化自己几个世纪前就具有优势的转运功能，荷兰将服务业的潜能发挥得淋漓尽致。

1991年12月，欧洲共同体所有会员国在荷兰的古城马斯垂克（Maastricht），原意为马斯河的渡口，一个罗马时代建立的要地签署《欧洲联盟条约》，从此欧洲开始了除了经济共同体以外的政治外交、司法整合。荷兰正是一个见证者。

荷兰充分利用优越的地理位置，利用阿姆斯特丹、鹿特丹港的海运优势，航空机场优势及发达的道路系统和公共运输网络，促使货畅其流，使荷兰成为欧洲大陆分销中心。荷兰似乎又回到17世纪初期扮演欧洲南北，以及欧洲与全球贸易的角色的时候。

以往荷兰人最多只能依靠血缘关系取得其他国家的领导权，就像“光荣革命”后，威廉三世成为英国的国王一样。但是在现在的欧洲联盟，荷兰一方面可以在欧盟（部长）理事会取得捍卫国家利益的一席之地，另一方面也可以透过欧盟轮值主席的机会，成为欧盟向前发展的主导者。

战后的欧洲，17世纪的海上强权尼德兰终于再一次地崛起，虽然不可能再成为世界的霸主，但是没有人会怀疑荷兰这个国家不是多元的开放社会，没有人会担心它再度被邻近的大国并吞，也没有人质疑它的富有，更没有人会畏惧在这个地方生活，这不就是小国的目标吗？

我们可以大胆地说，荷兰17世纪崛起的秘诀在于它的宽容、开放与自由；而20世纪以后再度崛起的关键，一方面是继续坚持“以商立国”的原则，另一方面就是妥善地处理国家定位的问题，欧洲共同体毫无疑问地为它带来足够的崛起能量。

瑞士◎◎

创造需要的山中传奇

财富：从佣兵开始

几乎没有人会不感叹瑞士的美丽与富有。似乎很难想象，瑞士的财富一开始是靠一群青年，冒着生命危险，出外担任佣兵的血泪累积而来。

▲ 瑞士的国家格言：“我为人人，人人为我。”

在瑞士的琉森（Lucerne），有一座狮子纪念碑（Löendenkmal），诉说着一群瑞士人出外为人打仗的悲凄故事。18世纪末法国大革命，法国国王路易十六及皇后被送上断头台，保护路易十六的卫队，就是当时在欧洲鼎鼎有名的瑞士佣兵，后来全部阵亡。后人为了纪念这786位瑞士佣兵，在琉森的一片山壁上，雕刻一只垂死的狮子，前面是一个水池，狮子的胸膛被一只箭矛刺穿，头部下垂，盾牌上镶着瑞士国旗，狮子脸上痛苦的表情像是在嗟叹，前右爪依然紧抓着法国皇室的百合花徽盾，似在诉说佣兵的忠诚，但是又无奈的凄凉。马克吐温说：“这是世界上最悲伤、打动人心灵的岩石。”

我们现在看到的瑞士是世界的花园、度假休闲的胜地，但是中世纪的瑞士，却全然不是这样面貌，风景不能为瑞士带来财富，反而因为多山，土地贫瘠，人民生活困苦。

▲ 位于瑞士琉森的狮子纪念碑。

正当地中海的威尼斯人享受着奢华、北方波罗的海的城市开始繁荣之际，瑞士却依然贫穷。14世纪的大饥荒（1316—1317）、大瘟疫（1348—1349），以及15世纪上半叶的几次内战，使得瑞士地区的人口更是减少。16世纪虽然人口有回升，但是在那个需要劳动力的时代，瑞士的人口根本不足以因应工商经济发展的需要。瑞士多山，自然条件恶劣，农地有限，乡村贫困促使人民只能出外谋生。山区居民原来生性刻苦耐劳强悍，在那个佣兵制度盛行的年代，瑞士人出外担任佣兵也就成为必然的选择，军饷也几乎是他们唯一的财务来源。瑞士的发展就是从这一群对外军事上的“外劳”开始。

中世纪的欧洲各个王室、各派宗教之间互相厮杀，彼此都有瑞士的佣兵，因此，在战场上偶尔会有瑞士佣兵各为其主互相争战。从1515年到1859年，据估计，大约有200万瑞士人曾经在欧洲当过佣兵。

正如同现在有中介外劳一样，中世纪开始，瑞士各个地方政府与邻近各国签署招募合约，地方政府可以得到对方的订金与各级别的军饷。领导军团的军官往往是当地的名流显贵，由他们出面经手招募，装备普通士兵，付给微薄薪水。这些权贵因而致富，地方政府也因此有了财源。

瑞士人骁勇善战，良好的纪律更是得到各个君主的赞赏，是最受欢迎的佣兵。不只是1789年法国大革命时对即将要上断头台的法国国王忠诚，当拿破仑的大军于1812年兵败俄罗斯时，瑞士军团仍然忠诚地追随这位法国皇帝。在这一年11月的暴风雪浴血战中，瑞士军团有1200人失踪，9000名长眠在俄罗斯的土地上，只有300名左右的幸存者，勇敢地为拿破仑断后，随同法国皇帝一起走完失败之路。

▲ 梵蒂冈瑞士卫队。

瑞士佣兵的勇敢与忠诚，也给梵蒂冈留下了印象。1505年，当时教皇拥有各国的卫队，其中包括一支由200名瑞士佣兵组成的瑞士卫队。1527年5月6日，神圣罗马帝国皇帝查理五世（Charles V）率兵侵扰，各国的卫队都相偕逃跑，唯独这支瑞士卫队英勇护卫教皇逃入圣天使城，最后更因此而全数阵亡。自此之后，选用瑞士人作为教皇的卫队成为传统，也只有瑞士人才有担任保护教皇这项荣誉的资格。今日的梵蒂冈还可以看到保留当时中世纪传统服饰、手持长矛佩剑的瑞士卫队。每年5月6日，梵蒂冈都会为他们举行隆重的庆祝仪式。

瑞士人出外打仗，除了为瑞士带来经济利益以外，也给瑞士带来了一些其他的好处。瑞士政府与周边强权签了佣兵军事协议后，往往可以从中得到一些商业贸易的优惠条款。例如，瑞士人可以在法国自由购买他们所必需的盐与小麦，瑞士输往法国的加工产品也可以少缴一些税。更重要的，由于与周边国家都有军事合作关系，瑞士国土在相当长的一段时间内没有受到外国的侵犯。

从佣兵的历史中，我们可以看到瑞士的发展，也了解到它为何最后会走上武装中立的道路。

历史的开端：为防御而结盟

▲ 老三州的共同宣誓，16世纪琉森人Diebold Schilling所绘，目前存于琉森中央图书馆。

把地图打开，可以看到阿尔卑斯山下的瑞士，位于欧洲中心，地处交通咽喉要地，具有重要的战略意义，按理来说，它应该是兵家必争之地，但是为什么瑞士却能保持中立数百年？是它的地形险阻，易守难攻？是它的武装防御，增加进攻者代价？是它中立政策的奏效？还是强权竞逐下的幸运？

我们所知的瑞士联邦形成于1848年。在这之前，整体性的“瑞士历史”并不存在。准确地说，只存在各个独立地区的历史，而这些独立地区逐渐形成了今日的瑞士。瑞士土地大部分是山区，居住艰难。从史前时期开始，穿越高山的路径不仅给人们带来货物，还传来理念。因此，山中通道成为关键因素，而控制这些通道的地方势力从一定程度上影响着瑞士的历史。

瑞士邦联（Swiss Confederation）的雏形形成于1291年。当年8月1日，原来直接归属哈布斯堡（Habsburg）管辖的施维茨（Schwytz）、乌里（Uri）、翁特瓦尔登（Unterwalden，现在分为上瓦尔登州和下瓦尔登州）三州签署一份公约结成永久同盟（Everlasting League），以便共同抵抗外敌入侵，维护自身的安全。老三州的宣誓仪式在琉森湖边的吕特里（Rütli）

举行。从那时起，这个地方就成为瑞士的自由象征。瑞士人将这一天视为国家历史的开端。

像所有其他国家一样，结盟以后，老三州也寻求扩张。一方面，琉森（1332年）、苏黎世（1351年）、楚格（Zug,1352年）以及格拉鲁斯（Glarus,1352年）相继成为联盟的一部分。另一方面，1394年在此后两次决定性的军事失败之后，哈布斯堡已无法维持对乌里、施维茨和翁特瓦尔登的统治，转到巩固其余在莱茵河以南的属地。

到了1513年，联盟已拥有13个州成员，但是各州之间仍是松散的结合，各州仍有权力单独与外国结盟或提供佣兵，彼此之间甚而争夺属地。因此，从一开始，瑞士就不是以一个团结而权力集中的国家形象出现在国际舞台，在1848年以前瑞士还是各州享有主权的联盟或邦联，并不存在一个有着统一的中央政府。

瑞士联盟与北边哈布斯堡家族的战争互有胜负。1511年双方签订世代结盟条约，承诺不派遣军队参加针对双方中另一方的战争，瑞士为示友好，答应开放阿尔卑斯山的隘口方便对方通过。

在卷入法国与教皇争夺米兰的战争中，瑞士人先是站在法国一边，后来又协助教皇，他们卷入的目的，其实是为了扩张利益范围。1515年，瑞士军队在马里尼亚诺（Marignano）败于向意大利扩张的威尼斯与法国联军。

1516年、1521年瑞士和法国达成《永久和约》与同盟协议，保证永不向法国开战，同时也拒绝法国的敌人通过它的各道隘口。允许法国在瑞士联盟招募佣兵。

对打败仗的瑞士来说，和平条款是非常慷慨的。他们保住了今日提契诺（Ticino）的大部分和他们在南方所要求的所有领土。这种慷慨的和平条款使得原交战国双方维持了250年的和谐关系，并且为瑞士带来极重要的经济成果。

由于两国之间一直保持自由贸易，较大的法国市场因而成为瑞士工业发展的一个助因。法国一旦试图采取保护关税法，瑞士就会援引和平条款促使法国让步。法国因为持续需要瑞士佣兵，因此给予瑞士优于日耳曼和意大利商人的贸易特权，在法国大革命之前法国一直是瑞士产品的主要市场。

静坐不动：战败后的领悟

1515年马里尼亚诺战役的失败，被认为是瑞士历史的一个转折点，它不仅结束了瑞士联盟的领土扩张，也是瑞士中立地位确定的开端。不过，瑞士人并没有停止作战，只是不再为自己而战，而是为了赚钱，继续为外国提供雇佣军的服务。

马里尼亚诺战役的失败，使瑞士认识到对于邻邦的任何政策，都不容易得到他们内部的语言和宗教各集团的一致同意。在邻国有冲突时，他们或者卷入邻国奥地利、法国和意大利等国的事务中，从而毁掉联盟；或者保持中立，两者必居其一。这场战役成为瑞士中立政策的起点。瑞士联盟了解到，无论是谁，都不能得罪，最好的办法就是保持中立。“中立”（Neutralitat，neutralite）一词在1536年首次出现，在古老的文献中，是用“Stillesitzen”这个德文表达出来的，它的意思很简单，就是“静坐不动”。

虽然瑞士联盟有了中立的政策，但是在那个时代，“中立”是一个非常陌生的概念。瑞士一些州或一些州组成的集团仍然自行与外国结盟，这使得联盟的国防和外交政策时陷窘困之境。宗教改革后的1577年，中部五个天主教州不顾法国的反对而与萨瓦公国缔约，十年后又与西班牙国王菲利普二世结盟以促成米兰公国并入哈布斯堡王朝。同一时期，瑞士新教州则与日耳曼新教地区，信奉新教卡尔文教派的荷兰，法国的胡格诺教徒（Huguenots），英格兰的清教徒以及波兰、匈牙利的新教派或直接结盟，或互相声援。不过，事后看来，由于瑞士各州在16世纪下半叶与其他国家错综复杂的结盟关系，瑞士联盟反而很幸运避免介入即将到来的宗教战争。

战争的可怕让瑞士人心生警惕。在30年的宗教战争（1618—1648）浩劫中，瑞士人目睹欧洲列强闯入邻邦日耳曼并将其视为战场展开厮杀的惨烈场面。相较于日耳曼，瑞士联盟却因为保持中立而避免了战火。战争使联盟成员明白：尽管他们各具特点，但为了共同的利益必须团结，这是可避免卷入欧洲冲突的唯一途径，他们不只是没有能力参与战争，内部的分歧也不容许他们介入战争。

对欧洲所有国家来说，三十年战争象征着灾难，对于瑞士来说却是带来幸运。在战争中，为防止军队入侵边境，联盟逐渐形成了重要的武装中立政策。另外，瑞士各州并没有直接参与三十年战争，却从战后的和约中获得主要利益。《西伐利亚条约》（*Treaty of Westphalia*）的签订结束了战争，确认了经过350年的斗争之后，瑞士终于脱离神圣罗马帝国而取得独立的地位。

失败的武装中立：不能没有列强同意

对瑞士本国来说，必须采取种种手段方能维护自己逐渐形成的独特地位。在防御方面，瑞士制定了世人熟知的“武装中立”国策。以往，各州在面临邻国威胁时，都是自己设法抵抗解决。三十年战争快结束前，支持天主教与新教两大派都意识到，在战争中，支持其他地区的宗教战争可能导致联盟分裂。由于战争期间仍有少数外国新教势力的军队曾几次进入瑞士，而破坏了瑞士的中立性，瑞士联盟因此召开联合军事会议，团结天主教和新教各州作出决定，今后不再准许任何外国的军队穿越联盟领土，并召集了武

▲《维尔防御协定》联盟图案。

装队伍，派遣到边境，以防止国外势力入侵。这一协议于1647年通过，称为《维尔防御协议》（*Defensionale of Wil*），“旨在捍卫我们的共同体和祖国，维护我们尊贵的祖先以巨大代价赢取的自由”，并于1668年予以修正。

▲ 弗吕画像，1492年绘，现存Museum Bruder Klaus in Sachseln。

根据协议，边境防卫改由联盟（邦联）负责，为此成立了一个各州人数相等的军事委员会，统率一支1.2万人的常备军，并有接见各国使节的外交权限。联盟拟定成文的军法以规范瑞士官兵的行动举止，有关的准则已具备中立之性质。1688年，协定的范围扩大到瑞士的结盟区和属地。

瑞士于1674年向欧洲正式庄严宣布：瑞士邦联以中立国行事，不以任何方式参加一般的战争。而以后加入瑞士的所有新州均须承诺在发生州际内战时保持中立，不得援助任何一方，应置身事外并致力调解。

修道士弗吕（Nikolaus von Fluee, 1417—1487），就是一位主张中立、积极斡旋的知名政治家，他劝诫瑞士人“不要将你们的篱笆向外推移得太远，不要卷进别人的事务中去”。这一番告诫对瑞士各州产生了深远的影响，一直到现在，瑞士人还经常引用这番话来表明坚持中立的道路的心意。

瑞士的武装中立政策在三十年战争末期形成，但是这一阶段，瑞士的中立政策是自己对外宣布的，其他国家并没有背书。这时候还有瑞士的佣兵在全欧洲作战。瑞士似乎还没有了解到“中立”的意涵，而只是简单想到，为了自保应该明哲保身。“置身事外”是瑞士人对于“中立”的定义，但是其他国家似乎并不这样想。

17世纪和18世纪是瑞士和平、繁盛时期。瑞士某些地区的工业可追溯到14世纪，现在又扩大了，为将来的发展和多样化打下了基础。瑞士在三十年战争中所持的中立立场对经济大有好处。难民的流入对改善旧工业的生产技术与效能尤其重要（例如纺织业），同时对建立新企业也有所帮助。瑞士商人出售自己的产品，并在交战国中充当外国货运转的中间人。

尽管瑞士经济得到发展，但是它的政治机构的发展仍然缓慢。13个州的哈尔维第联盟（Helvetic Association）没有一个中央政府，每个州有自己的军队，宗教的对立依然存在，乡村州对城镇持怀疑态度，小州对大州怀有嫉妒之情。

在拿破仑战争期间，虽然亲法和反法两种情绪并存，但瑞士仍试图保持中立。由于辛普伦山口（Simplon Pass）是联结巴黎与米兰的主要干道，战略地位重要，另外，控制大圣伯纳山口（Great Saint Bernard Pass）也至关重要。因此拿破仑在征服意大利北部之后就入侵瑞士，并于1798年3月5日占领伯恩。古老的13州联邦至此即告结束。

法国大革命后来的发展，证明没有经过大国同意的“中立”不过只是瑞士人的一厢情愿而已。瑞士的武装中立又是多么的脆弱，“中立”不是一个军事问题，而是一个政治问题。

瑞士的武装中立于1798年在法国军队的铁骑下溃败与被践踏。不仅法国军队在瑞士的土地上可以通行无阻，而且周边的反法联军也是长驱直入，在瑞士的土地上与法军作战。直到1813年拿破仑失败后，瑞士才摆脱了法国的控制与战争的威胁。

永久中立：符合列强与自我利益的需要

为了对抗拿破仑，当时英、俄、奥、普组成反法联盟。1813年反法同盟诸邦作出承认瑞士中立的决定，1815年3月20日参加维也纳会议的八个大国发表关于瑞士中立的声明，同年11月20日签订的《巴黎条约》，奥地利、法国、英国、普鲁士和俄国（稍后还有葡萄牙）签署关于瑞士中立的宣言。

毫无疑问，列强是为了自身的利益，才同意瑞士中立。奥地利的梅特涅（Klemens Wenzel von Metternich）当然希望瑞士能够成为奥地利的一部分，但是，很明显，英国、普鲁士与俄国不可能同意。它们都希望瑞士的存在有助于法国与奥地利的均势。距离较远的英国与普鲁士甚而认为，瑞士必须是武装的中立，如此才能有效地扮演缓冲区的角色，得到列强的尊重。在英普两国的推动下，1817年瑞士联邦通过军事总条例，自此，武装中立更进一步落实。

瑞士中立对于欧洲国家都有利，如果它们自己不能占领这个战略要地，至少也希望不要被其他国家占领。如果瑞士能够维持中立，至少对自己没有害处。至于是否要靠武装来中立，欧洲列强更是没有意见。一方面是在那个时代，完全没有非武装概念，每个国家都需要有武力是天经地义的事；另一方面，瑞士有了武装，不是更不容易让自己的敌人侵入占领吗？有武装的中立不是更容易担任缓冲区的角色吗？

瑞士获得中立承认的年代，正是一个反对自由主义的时代。神圣同盟首先由俄罗斯发起。在奥地利的积极穿梭游说下，神圣同盟于1815年9月26日成立。虽然各方宗教信仰不同，俄罗斯信的是东正教，奥地利信的是天主教，普鲁士信的是新教，但是在保护皇权的认知上，彼此是完全一致的。在法国加入后，整个欧洲，除了梵蒂冈（因为反对跨宗教联盟而没有加入）、鄂图曼帝国（因为不是基督徒，无法参加这个基督教组织）与英国以外，欧洲大陆的所有国家全部接受了参加这个同盟的呼吁。

这个同盟的目标在于维持君主制以及在维也纳会议上所决定的欧洲政治和国家体系，这个体系激化了国内民族和社会运动的冲突。梅特涅是神圣同盟和四国同盟的核心人物，成为复辟势力总代表，积极主张镇压欧洲各国革命。

初期，瑞士一些州还收留一些政治避难者，请他们在当地的学校里面当教师。之所以会延聘这些人，一方面是因为瑞士当地没有合格的师资，一方面也是对于他们被迫离开家乡的怜悯，另一方面是对同属一族群的认同，当然还有对于他们义无反顾捍卫自由理念的同情。但是梅特涅可不这样想。

当时欧洲最有权势的梅特涅，在一次口头照会中指责瑞士没有权利对这些“犯罪集团”和“武装叛徒”的活动不闻不问，要求瑞士立刻作出反应，否则“因其中立地位而享有的权利将面临丧失的危险”。

梅特涅在这里为瑞士的中立作了一个新的解释，即“瑞士独立仅仅是因为大国同意，一旦瑞士失去列强的厚爱，就不能再指望担保瑞士独立的那些国家会继续承认它的中立地位。”梅特涅的这一番话，清楚地为瑞士的中立定了调，其实也反映出各个列强的立场。所谓维也纳会议承认瑞士永久中立的说法，只不过是一张纸而已，如果列强不高兴，随时可以把它撕了。

作为被各国承认中立的瑞士，自此面临一个问题，也是未来的历史中经常碰到的难题。瑞士是否要在意识形态或政治立场上表态？还是应该谨守“置身事外”、“静坐不动”的中立政策？瑞士本身是一个多民族的国家，有不同的语言、宗教与文化认同，当周边自己所属或认同的语言、宗教或文化的国家发生冲突时，人民应该坚守自己的国家中立立场，还是应该给予同样理念民族支持？

维也纳会议后的欧洲正处于自由主义兴起的时代，避居瑞士者鼓吹，瑞士不应该置身事外于专制主义，他们认为，由于瑞士本身拥有自由的体制，更应该支持各国人民反抗自己的专制政府，他们甚而主张“瑞士必须为了促进国际的民主而牺牲本国的中立”。这些人认为，每一个国家应该有它信仰的价值与道德，在人类进步的历程中，瑞士不应该“置身事外”或是“静坐不动”。

对于瑞士邦联政府而言，国家利益的重要性超越了价值与道德，维持国家独立与中立，比收容难民与支持自由民主更重要。1823年瑞士通过有关法令。根据法令，境内的外国人应置于警察局更严密的监视之下，并且实行出版审查制度，制造动乱者将被驱逐出境，立场太激进的报刊编辑被勒令停笔。虽然随后在1829年废止上述法令，但是综观瑞士日后的历史，屡屡在周边国家发生战争冲突时，瑞士政府总是用重新启动压制新闻言论的方式来避免战火的波及。

团结才能中立：由邦联走向联邦

19世纪中期，不只是自由主义兴起的时代，也是民族主义狂飙的时代。日耳曼与意大利都在追求国家的统一。瑞士还是个邦联，是否也应该走向一个紧密的联邦？

联盟邦联下的瑞士，政治制度松散，没有一个强而有力的中央政府，内部又有不同的民族。瑞士是否也应该放弃松散的邦联，而让自由主义思潮驱动国家的真正统一？瑞士的人民理性地认知到，一个基础稳固的联邦政府更能抵抗外国的监护，但是欧陆列强认为，松散的邦联制度比较符合列强的利益，因为与一个松散的瑞士总是比一个紧密的受自由主义影响的中央政府打交道容易得多。

梅特涅因此不断地提醒瑞士，唯有在1815年条约未遭破坏的情况下，瑞士中立的不可侵犯性才会受到尊重。这番话等于告诉瑞士，如果改变了既有的松散的邦联体制，1815年的中立承诺就不算数了，瑞士未来应该维持每个州主权独立完整的既有政治结构。在梅特涅的怂恿下，普鲁士、俄罗斯也向瑞士提交照会，明确地告诉瑞士，它们与瑞士的友好关系是否能够维持，取决于1815年的条约是否能够得到维护。欧陆列强的立场很清楚，不同意瑞士改邦联为联邦。

如果不是英国开始对这个位于欧洲心脏的小国产生兴趣，

瑞士能否保持自己的行动自由是值得怀疑的，简单地说，没有英国的支持，瑞士不可能有机会，也没有这个能耐来修改自己的宪法。

▲ 位于日内瓦的杜福尔雕塑。杜福尔（G. H. Dufour）四次当选瑞士邦联军统帅，确保瑞士中立。

当时主导英国政策的，就是那位决定对中国发动鸦片战争，也说过“没有永久的朋友，也没有永久的敌人，只有永久的英国利益”的英国首相巴麦尊（Lord Palmerston）。

巴麦尊绝对不是自由主义的支持者，也不是特别厚爱瑞士。英国的利益在于欧陆不应该有一个独霸的强权，无论瑞士落入大陆列强哪一个国家，都会引发欧洲的权力均势失衡。英国认为，只有当瑞士成为一个不可侵犯的独立国家，才有能力成为奥地利与法国之间的缓冲国。因此，英国坚决反对外国干涉瑞士的内部事务，对于英国来说，瑞士拥有单一外交防卫权的联邦制度，比较符合英国的利益。

19世纪40年代，瑞士内部因为瑞士要走联邦制的道路还是维持现有的邦联的争议，引发了一场内战。为维护各州的主权，1845年12月，七个天主教州——施维茨、乌里、翁特瓦尔登、琉森、楚格、弗里堡（Fribourg）和瓦莱州（Valais）结成了所谓的独立联盟（Sonderbund）。目的在于保护他们的权力和利益。这七个州还向外国势力请求援助。同属天主教的奥地利给予这个联盟一笔无息贷款，并把存在米兰军火库的3000支步枪及弹药交给它，法国也送交了军火大炮，萨丁王国也提供武器。它们共有的目的，就是希望瑞士这个邦联变得更为松散，从而减弱瑞士的中立地位。

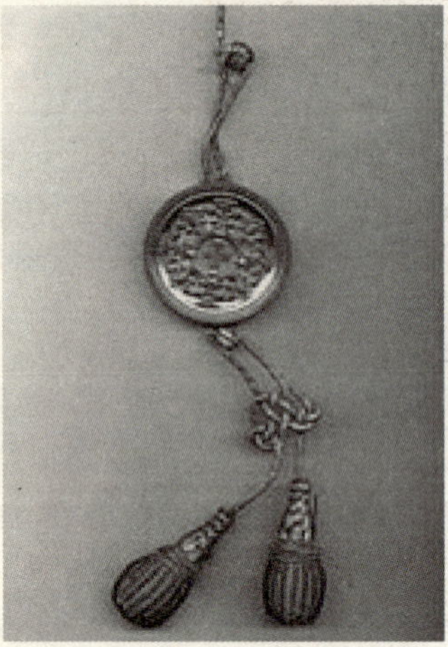

▲ 1848年瑞士新宪法的印章。宪法首页顶部写着：“以万能上帝的名义。”出自伯恩联邦档案。

1845年，当这一消息公之于众的时候，自由派要求立即解散独立联盟。直到1847年，才有足够的自由政府州投票通过这一决议：议会宣布独立联盟违反了联盟条约。不过，在巴麦尊出面斡旋以拖延时间之下，三国还来不及干涉，1847年11月，独立联盟就被击溃了。

瑞士是很幸运的。1848年整个欧洲都陷入动荡，几乎每个皇室都在为革命运动疲于奔命，大家也管不到瑞士了。1848年3月13日，维也纳民众在法国二月革命的影响下发动起事，梅特涅政府被推翻。次日，梅特涅男扮女装，逃往英国。如果不是欧陆的保皇势力暂时失势，瑞士是否能够走向联邦还是一个问题。

1848年初，新宪法在22个州的支持下起草并通过新宪法的要旨：建立一个更中央化的瑞士政府，接管原属于各州的权利和责任。瑞士从邦联走向了联邦。

1848年宪法显示出瑞士现代联邦制国家成立。除前言外共有三章114条，比1815年的盟约长十倍。宪法首先规定外交及军事由联邦政府统筹；其次，联邦政府有维持境内和平的义务，必要时可以基于地方请求或本身的衡量而派兵；第三，联邦政府必须保障各州人民在各地的平等地位及自由，最重要的就是赋予各地外州居民同等的政治权利，包括选举权和被选举权；最后，联邦有责任促进全国的繁荣进步，间接授权联邦去除各邦间的关税障碍，统一度量衡。

另外，两院选举制度及联邦议会政府得到确立。瑞士政府（执政机构）由联邦议会选举出的七名联邦部长负责，每年从七名联邦部长中选举出一名联邦主席。瑞士人民可以通过直接民主制度影响国家政治决策。革新的是联邦议会由七名议员组成，联邦主席由这七名议员轮流担任。之后的几年，联邦议会通过了一系列法律，进一步加强了中央权力，统一管理。邮政管理转交联邦，并统一了货币、重量制和度量衡。联邦还废除了内部关税，使得州间贸易大大改观。

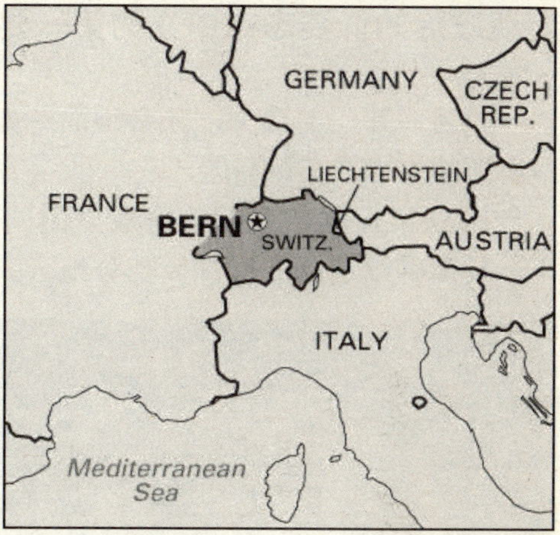

▲ 今日瑞士地理位置。

顺便提一下，出于历史原因，瑞士的官方将国家的名字定为“哈尔维第邦联”（Helvetic Confederation，拉丁文Confoederatio Helvetica，成立于1291年，并由此得出了“瑞士”的国际缩写CH）。2002年瑞士加入联合国时，就是使用这个传统的国名。但是就原意来说，这个名字已经名不副实了。因为从1848年以后，瑞士其实已经是一个联邦（federation）国家，而不是邦联。不过，联邦并没有统一的定义，与邦联最大的差别在于联邦国家的外交与国防权均交由联邦政府统一行使。1848年以后的瑞士是个联邦国家，只是相较于其他的联邦国家，例如美国与德国，瑞士的联邦是最松散的。至于“哈尔维第”（Helvetic）一词指的是哈尔维第人，他们是在罗马征服时期，居住在瑞士的塞尔特部落中的一支。瑞士用其为名，是为表达对于传统的尊重。

瑞士联邦的形成，就在英国自身利益的考虑与历史的幸运情形下，跨出了重要的一步。而一个较以往有权力的联邦政府，也有助于瑞士坚持它未来的中立道路。

避谈政治的低姿态：中立的第一要件

成为联邦后的瑞士，还必须面对如何处理周边国家因为战争所面临的中立立场问题。

1848年，瑞士联邦政府成立的同时，革命的浪潮并未停止，反而继续地席卷欧洲大部分地区。到1850年，瑞士周边的多数保守政府再次反扑而夺取了权力。19世纪50年代，瑞士和奥地利的关系特别紧张。原因是意大利的萨丁王国主导着意大利北部地区伦巴底（Lombardy）反抗奥地利的独立战争。伦巴底人利用瑞士近意大利的义语区提契诺州（Ticino）作为避难地，得到当地人的普遍支持。奥地利人为追捕意大利士兵，常常不顾瑞士联邦政府的反对，侵犯瑞士领土。

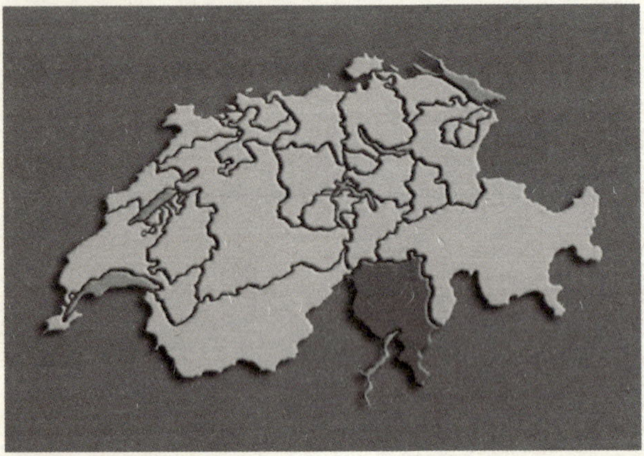
▲ 提契诺州在瑞士联邦中的位置。

这是瑞士成为联邦以后第一次对于中立政策的思考。在国会中，有少部分的议员反对不折不扣的传统中立概念。他们认为，此刻欧洲发生的对抗，是“专制主义”与“民主主义”之争，假如瑞士自我克制地不援助为自由而战的各民族，其实就是与瑞士本身的立国精神及存在意义自相矛盾。因此，瑞士即使基于国家利益而不介入，最少也要对自由主义者表达出支持的立场与态度。

但是，与以前邦联时期一样，对于瑞士联邦政府而言，在

“价值理念”与“国家利益”之间，他们愿意放弃前者，而坚持以后者为重，他们认为，瑞士的安危取决于国家在外交政策上是否奉行不干涉的方针。联邦政府因此并没有在伦巴底人的独立运动上表态，反而通过法令，要求在提契诺州的避难者，必须远离提契诺州，迁居内地并受到监督。提契诺州不得已，只好下令将18岁以上的男性全部迁出提契诺州，新来的流亡者只准在该州停留一个星期。

在那个革命的年代，瑞士的北边也有同样的问题。毗邻瑞士的巴登大公国内部的共和派也准备独立起义。瑞士联邦立刻提醒各州严守中立，并要求各州军事戒备，目的在于防止被击溃的军队闯入瑞士，也为防止日耳曼的革命者从阿尔萨斯（Alsace）渗入瑞士，再转进日耳曼地区，当然也为阻止瑞士人越界前往支持巴登作战。

瑞士以诚惶诚恐的态度维护中立，一方面因为它不愿意得罪邻近的法国、普鲁士与奥地利，另一方面，它又必须考虑到人道主义的立场，收留前来瑞士的逃亡者。由于瑞士是个小国，在收容政治难民时，又必须考虑到大国的立场。1850年法国、普鲁士与奥地利三国在巴黎开会，对于瑞士收容政治难民的政策非常不满意，讨论要向瑞士发出最后通牒，以迫使瑞士将避难者逐出国门。法国与普鲁士甚而向瑞士的边界调动军队施压。不过，巴黎会议最后并没有通过任何强制性的决议，但是从1851年夏天留居瑞士的政治难民只剩下数百人看出，有些转往英国与美国了。大概瑞士与这三个国家有了一些共识，难民觉得瑞士非久留之地，自动离开了。

挑战瑞士中立地位的不只是欧陆的大国，遥远的英国为了克里米亚战争，也在瑞士招募了一支由3500人组成的瑞士军团。按道理，英国人无权如此做，但瑞士联邦也睁一只眼，闭一只眼。不过，当瑞士军团抵达战场时，战争已经结束了。

在革命的年代，瑞士联邦的确对列强作了很多政治性的让步，也再次确认，瑞士政府对于中立是不涉及意识形态、道德，纯粹是国家利益的考虑。不过，瑞士政府倒是在人道方面作了一些坚持，拒绝把革命运动的政治难民送返他们所属的国家，瑞士的人民也在这一方面作出了贡献。从以后的历史也可以看出，瑞士政府与民间组织对于人道问题上的做法是有差别的，前者保守，后者积极，其中有民间基于人道关怀的良知，也有政府基于现实政治的无奈，不过，两者并行倒是为瑞士赢得了国家利益。

红十字会：一个人道组织让瑞士变得伟大

伦巴底人的独立运动虽然没有成功，瑞士联邦没有介入，但是促成了国际红十字会的成立，这也可以看成是瑞士人对于战争的另一种介入。1859年，当时的瑞士银行家杜南（Jean-Henri Dunant）出差旅行，途经意大利伦巴底，那时正逢奥地利与法国及萨丁尼亚联军作战，在苏法利诺（Solferino）一役中，双方死伤惨重，战场上无人照顾的伤兵哀号遍地、随处可见。回国后，杜南无法忘记他亲眼所见的情景，于是将这一次的经历写成《苏法利诺之回忆》一书，并于1862年自费出版。此书在朋友、慈善工作者、军官、政治家以及一些有社会地位的显赫家族间传阅，得到广泛的注意与重视。为了防止同样的事件重演，杜南极力呼吁成立一个中立的民间救援组织，以便在战争发生时，能及时救助在战场上受伤的伤兵。

1863年，杜南与另外四位日内瓦公民一起联合成立了救援伤兵国际委员会（International Committee for the Relief of the Wounded），1875年改名为红十字国际委员会（International Committee of the Red Cross），此即红十字会的起源。

杜南是个传奇性的人物。在成立救援伤兵国际委员会后，1867年杜南的财务状况却陷入了困境并宣布破产，当时他身陷窘境，因此请求辞去国际委员会委员和秘书的职务。1867年9月

8日，委员会决定接受他的辞职，此后杜南离开日内瓦去了巴黎，在那里他窘迫到只能在公共长椅上睡觉。然而，同时，法国欧仁妮（Eugénie）皇后在土伊勒里宫（Tuileries Palace）接见他，并向他咨询有关将《日内瓦公约》拓展至海战的事情。

▲杜南与红十字会。

1870年普法战争期间，杜南先生探望并安慰了被带到巴黎的伤者，并提议战士应佩戴身份兵籍以供日后方便确认身份。1875年2月1日，由杜南发起的为“最终完全废除买卖黑人和奴隶贸易”的国际大会在伦敦召开。此后多年，杜南到处流浪，一无所有。他在阿尔萨斯、德国和意大利徒步游荡，依靠他人施舍和几个朋友的款待度日。1887年，杜南在瑞士康士坦茨（Konstanz）湖边的村庄海登（Heiden）病倒了。他住进当地的济贫院，正是在那里，记者鲍姆贝格尔（Georg Baumberger）于1895年发现了他。于是写了一篇关于杜南的文章，在短短几天之内，这篇文章就发表于欧洲的各个媒体上。杜南得到来自世界各地的同情，一夜之间，他再次闻名于世，备受尊重。1901年，他获得了第一座诺贝尔和平奖。杜南于1910年10月30日去世。人们将他的生日5月8日定为世界红十字日。

瑞士的中立性使公民可以公平地介入其他民族的冲突，从而促进发展了人道主义精神。尽管最初它只是一个私人组织，但很快承担起代表瑞士和国外政府的工作。在红十字会的要求下，第一届国际会议于1864年在日内瓦召开，并制定第一份《日内瓦公约》，主要目的在于保护伤员。此后，红十字会就一直致力于发展和促进国际法上的人道关怀。

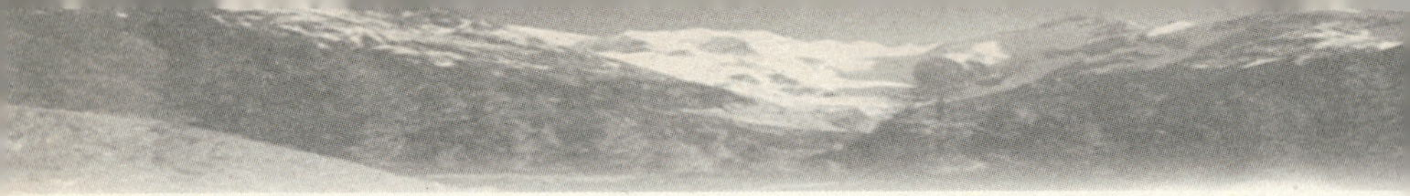

只要中立：谁也不得罪

经过了革命年代，欧洲的战争仍然没有停止，瑞士在冲突的环境中只能更谨慎小心，而中立的内容也在战争的挑战中成长。瑞士对于因战败而逃来瑞士的外国军队，一律解除武装并转送内地，但是瑞士政府认为，对溃逃军队予以扣留是中立国自由行使的一种权利，而不是非履行不可的义务，因此，被拘留人员在中立国期间的一切费用还是要由他们所属的国家负担。这一个观点在1874年的布鲁塞尔会议中得到采纳，1899年与1907年的两次海牙会议也都予以确认，这应该算是瑞士对于国际法的贡献。

另外一个对于瑞士未来的发展甚为重要，也使得中立概念更为完备的发展是，瑞士联邦通过法律，禁止本国公民充当佣兵。这是由于在意大利的统一过程中，瑞士佣兵在各个势力团体中都有参与，瑞士的军队在意大利反而成为打压革命运动的帮凶，因而使得瑞士某些党派极为愤怒。英国自由派政府在这件事上也展现了它的影响力。英国政府指出，瑞士人充当佣兵有损联邦的尊严。瑞士于是通过法律，不但禁止外国在瑞士招募佣兵，也不准本国人应征去当佣兵。

1866年的普奥战争、1870年普法战争都是瑞士所面临的大型国外战争，瑞士小心翼翼地坚守中立立场，它面对的是周边四个民族国家间的冲突，而且每一个都不是没有扩张领土的野心。瑞士一方面征召了五个师约共37423人戍守边界，另一方面，为了严格执行中立政策，禁止向各交战国交付任何战略物质与武器，另外不断重申，禁止外国在瑞士领土上招募兵员。联邦政府并告诫报刊要不折不扣地采取不偏袒任何一方的立场，但是没有为此建立名副其实的审查制度。

瑞士历史学家蓬儒（Edgar Bonjour）说：“总体而言，瑞士安然无恙地度过了这段险象环生的时期，并完整地维护了国家的中立。联邦的幸运与其说是凭借自己的军队，不如说是得益于外部的环境。”蓬儒其实是在说，仅仅是瑞士的军队，绝对无法抵抗普鲁士、奥地利或是法国。这三个国家彼此打得精疲力竭，大概没有能力再来骚扰瑞士，更何况瑞士在整个过程中，中立的立场极为清楚，而且姿态够低。瑞士的中立对大家都是有利的。

在这一阶段的战争中，瑞士具体发挥了它的人道关怀，而得到了欧洲国家的肯定。在普法战争（1870—1871）中，当与瑞士关系一向良好的史特拉斯堡（Strasbourg）受到紧密围攻即将陷落时，救援伤兵国际委员会，即国际红十字会的前身，说服普鲁士人，允许他们护送城中的老人、妇女和儿童，总共2500人出城。1871年2月，布尔巴基（Bourbaki）将军率领的法国军队被击败后，九万多名法国军人得到缴械穿越瑞士边境的许可，陆续从不同的方位越过汝拉（Jura）山区的边界进入瑞士安全地区。给予这些军人接待、照料与施舍，是瑞士第一次全国范围的大规模人道主义运动。另外，应巴伐利亚和巴登的要求，瑞士驻法国的公使团负责关照他们在巴黎的侨民。此外，公使团还保护和帮助在巴黎的所有日耳曼人。欧洲人越来越了解到，中立的瑞士对彼此应该都是有益的。

瑞士中立政策的立场自此已经非常清楚，即瑞士拒绝为他国人民追求政治理想或价值背书，在外交政策上仍旧坚持“置身事外”或“静坐不动”，但是在人道主义上给了所有欧洲人必要的协助。但是，从往后的历史来看，特别是在第二次世界大战期间，瑞士在人道主义这一方面的表现是有争议的。至于外交政策是否真如瑞士自己所认为的“置身事外”，也是值得检验的。

不过，从瑞士历史发展的过程中，可以看到，人道主义可以作为一个国家外交政策的工具，一个民间性的红十字组织也可以让国家变得伟大。这也是瑞士的生存与崛起之道，可以提供其他国家思考的地方。

武装的中立：成为邻邦可以信任的缓冲区

中欧南北地区之间频繁的联系几乎都经过瑞士。1882年圣哥达隧道（St. Gotthard Tunnel）贯穿，瑞士因而更具有重要性的战略价值。因此，周边各大国在拟订整个国家战略时，瑞士是否能够、有能力维持中立就显得重要。要尊重还是破坏瑞士的中立也就成了战略考虑。这些不同的思考都归结到一个关键的问题，即人们是否能够信任瑞士。也就是说，这个国家在面对危急时，是否会相当坚决地捍卫自己的中立？以及它是否具备捍卫中立的军事能力？

从这个观点来看，一方面，瑞士必须不断向外国表达维持中立的信念，避免周边国家怀疑瑞士的决心，另一方面，瑞士必须增加军备来展现防卫的能力。瑞士武装中立不是为了防止其他国家的入侵，而好像是在向某一个国家诉说，当另一个国家要破坏欧洲的均势时，武装中立的瑞士可以作为前者的缓冲区，甚而扮演消耗攻击者国家军力与时间的最前线部队。

▲ 圣哥达隧道。圣哥达山口位于瑞士南部勒蓬廷阿尔卑斯山脉山口，是中欧与意大利之间一条重要的公路和铁路通道。

1910年，当德意志皇帝向瑞士表示想要看看瑞士军事演习的愿望以后，瑞士在德皇成行之前，赶快接待法国的总统。瑞士谨慎地向德法两国表达出中立立场，深怕对方作了错误的解读。

瑞士的表现不仅受到各国参谋总部的关注，各国的外交部也越来越肯定瑞士中立的价值。瑞士曾经受邀斡旋土耳其与希腊的冲突，在瑞士的领土上设立的国际性办事机构也日益增多，例如涉及邮政、电信以及铁路运输等国际组织。一些国际会议也频繁地在中立的瑞士国土上召开。

为了取得他国对于瑞士中立的信任，1907年瑞士通过一项大力加强本国军队的法律。1912年联邦实施了军事改革，部队的机动性和作战能力大为增强。瑞士拥有28.1万名军人，另外还有20万人承担部队的辅助性工作。同年再以法令指示部队指挥官执行中立的各项准则，其中要求瑞士军队必须严格遵守不偏不倚的立场。

瑞士的军队虽然有改善，但是相较于一战时的欧洲大国还是不够的。瑞士强化军事的目的其实与一般国家的国防概念不完全相同。瑞士的武装是向世人宣示用的，表示中立的瑞士是一个值得彼此信任的缓冲区。瑞士的武装也让周边的大国在考虑是否攻击瑞士时，多了一些成本分析。如果要向敌国攻击，是否不要经过瑞士所付出的代价较少？瑞士的存在与中立，既然对己无害，又有利于战争的缓冲，支持它中立又何乐不为？

第一次世界大战：唯有瑞士是赢家

当第一次世界大战，也是欧洲再一次全面大战爆发时，瑞士突然发现，中立好像不是想象的如此简单，当它周边的四个大国都卷入了战争，彼此经济封锁时，瑞士的经济怎么办？

瑞士是个山区国家，农业产品不能自给自足，工业在很大的程度上也是依赖国外的原料。瑞士所需的大部分小麦从俄国和海外进口，而本国又没有直接的入海港口，维持与供货者的交通往来，就只得取决于外国的善意，一旦食品与原料来源进口中断，瑞士的生存甚至都会出问题。

当交战国开始实施经济封锁时，瑞士突然难堪地发现，有关中立国贸易的国际协议只不过是一张纸而已。当交战国为了生存、领土与生命在搏斗时，没有国家真正在意国际法，也很少顾及瑞士的抗议。经济是作战的重要资源，能够在经济上让对方窒息，是战略的重要原则，因此，交战国不能容忍中立国所进口的物品取道敌国的领土入境。

为了确保自己的物质供应，瑞士被迫同意接受外国检查进口商品，尤其是从外国运来的食物与原料，瑞士的独立自由地位因而严重受损，但是，这又有什么办法？

交战国不愿意瑞士因为经济不足而倒下去，不仅是因为在战争中瑞士可以为彼此提供人道协助，也在于维持瑞士中立有利于本国利益。由于瑞士本身的工业化程度并不差，能够接受交战国的委托生产大宗订货，交战国为了得到产品，也就必须给瑞士提供货源，瑞士对于交战国战争物资与民用消费的供给可以有所贡献。

第一次世界大战期间，瑞士还是继续执行它对于交战国的人道关怀。战争一开始，就有几个国家要求瑞士保护它们在敌国的侨民。瑞士承担的工作越来越多，包括成立专责机构以处理遣返平民、交换病残者，以及拘留战俘等工作。从1916年到大战结束，瑞士大约为6.8万名拘留人员提供了生活便利。红十字国际委员会靠着自己的力量承担了大量的工作，包括列出死者及战俘名单，寻找失踪人员，通知家属。

瑞士在第一次世界大战中的表现，使它成为战争的最大赢家。瑞士虽然牺牲了一些主权，容许交战国检查进出口货品，但是也发了一些战争财。瑞士的人道关怀再次给世人留下温暖的印象，中立也取得彼此的信任，它创造了被世人需要的价值。由于瑞士的中立地位，作为追求国际和平的联盟组织——国际联盟（the League of Nations）总部就设在日内瓦。国际劳工组织也在日内瓦成立。《凡尔赛和约》第435条再次确认，瑞士的中立是维持和平的一个重要组成部分。

仅由第435条肯定瑞士的中立地位，瑞士仍不满足。在瑞士的要求下，1920年2月23日，国际联盟发表声明指出：瑞士的地位是经过几个世纪的传统沿袭而成，是独一无二的，国际联盟承认，根据1815年条约所规定的永久中立，对瑞士的领土不可侵犯提供保障，瑞士中立符合普遍和平的利益。声明还提到，瑞士联邦未来没有义务参加国际联盟的军事行动，也没有义务准许外国军队穿越瑞士的领土或在瑞士备战。但是，一旦国际联盟要求各国采取贸易措施反对某个背弃盟约的国家，瑞士有责任参与。

作为中立的瑞士是否应该加入国际联盟，在瑞士引发了讨论。反对者认为，中立国家不应该加入政治集团。赞成者认为，国际联盟已经表示尊重瑞士的中立，瑞士因此可有相当大的行动自由，而且中立政策并不意味着袖手旁观，而是应该积极参与以实践人类新理想为目标的国际联盟。在第一次世界大战刚结束的时刻，人们对未来充满着理想，相信在国际联盟集体安全的制度下，强权之间应该不会再有战争。瑞士如果不加入这个组织，有可能会失去自己完全中立的地位与利益。1920年5月26日，瑞士举行全民投票，赞成的414830票，反对的322937票，各州表决结果，11.5票对10.5票，以些微的多数同意加入国际联盟。

▲ 位于日内瓦的国际联盟。第一次世界大战末，由胜利的协约国首倡建立的国际合作组织。

这应该是瑞士历史上极为光荣的一刻，它的人民没有因为陷入欧洲大战而死伤，它的人道主义得到了欧洲人民的普遍赞赏，世界性的和平机构国际联盟在它的城市中落脚。瑞士成为一个世界性的国家，虽然它不是大国，但是任何一个大国都没有它得到的殊荣多。瑞士已经崛起了！

利益重于国格：中立的现实面

二战是对瑞士的挑战，不只是它的中立，还包括它的国格。

20世纪30年代，瑞士外交政策倾向于忽视法西斯势力的威胁。1935年意大利侵略衣索比亚（Ethiopia）的阿比西尼亚（Abyssinia），国际联盟对意大利进行禁运制裁。一方面，瑞士是国联的会员国，必须接受国联的制裁要求，但是另一方面，瑞士又考虑到它与意大利的友好关系。瑞士采取了首鼠两端的两面讨好政策，一方面，瑞士表示愿意参加禁运，另一方面它也表示，为了坚守中立，武器禁运也同样适用于阿比西尼亚。瑞士这样决定，看似中立，其实等于站在强势的意大利这边。

在经济方面，瑞士不接受对意大利进行经济制裁，双方的贸易继续往来，完全没有禁止。国联的禁运效果有限，瑞士也于1936年12月15日决定停止对意大利的禁运，为此得到了意大利的高度赞赏。12月23日，瑞士决定承认意大利在阿比西尼亚的统治权。阿比西尼亚向国联提出抗议，瑞士内部也有人批评承认行为是“卑躬屈膝”、“破坏原则”、“金融的贪婪”等等，但是这些指责均无法挽回瑞士“现实的中立政策”。

希特勒于1938年3月12日并吞了奥地利，瑞士也是毫无异议地接受了事实。其实也不需多苛责瑞士，西方列强对于并吞之事也是仅仅表示抗议。不久，英、法、美等国又承认了德国对奥地利的并吞，分别把驻奥地利大使馆改为驻维也纳领事馆。

瑞士在那个意识形态与强权横行的时代，能够做的其实不多。

针对德国并吞奥地利事件，瑞士没有能力拒绝，也没有意愿去干预。瑞士联邦政府，一方面正式对外声明不断强调自己的“独立与中立对于欧洲的均势比以往任何时候更为重要”，另一方面也思考如何在未来的国际乱局中寻求自保。

1932年国际联盟调解中日冲突的失败、日本与德国在1932年与1933年相继退出国联、1934年裁军会议失败、1937年意大利退出国联，都是不祥的征兆，预示着灾难即将发生。瑞士已经发现到国际联盟的脆弱以及小小中立国瑞士可能面临的困境。

瑞士周边的两个大国都已经退出了国联，1938年与1920年成立的国联已经完全不一样了，瑞士决定放弃国联，然后走它心目中真正的中立政策之路。1938年5月14日，国联接受瑞士的退出，瑞士从此免除了参加国联的一切制裁义务。从一方面来说，瑞士不必在不同的参战集团中表态，但是从另一方面而言，瑞士也放弃了作为一个自由民主国家的价值判断，美其名为中立，其实也放弃了是非价值的取舍。

著名的瑞士记者裴约（RenéPayot, 1894—1970），于1940年1月1日，在日内瓦电台广播中这样说：“‘中立’这一词在瑞士被滥用，我们从一个抽象的概念中制造出迷恋的对象，而忘记了目前独立的真正概念。如果我们受到威胁，我们应该反抗而不是保持中立，我们应该为自由而战……”裴约的感慨虽然反映出一些知识分子的良知，但是对于瑞士政府而言，它要的是国家利益，一个政府所认知的国家利益。

瑞士的国民对于退出国联是感到满意的，对他们来说，他们终于成为一个“完全中立”的国家，瑞士人认为在即将来临的暴风雨中，他们找到了避风港，因此三番两次地重申其严格中立的政策。对此，德国是满意的，希特勒主动告诉瑞士公使，他对于瑞士这样的澄清给予好评，德国也不打算侵犯瑞士的中立。德国与意大利两国在收到瑞士要求退出国联的照会后，以几乎一样的措词表达立场：在任何时候都愿意承认瑞士的中立，并将其视为欧洲和平的一个基本因素。整个过程中，只有苏联对于瑞士退出国联表示反对。

国联在接受瑞士退出的决议中确认，瑞士保证为国联所属机构在瑞士领土上的活动提供方便，也不凭借中立的独特性质谋求私利。事后证明，瑞士并没有做到国联的要求，反而利用中立在二战中为本国谋取了相当大的私利。

武装防卫奏效？其实没有必要攻击瑞士

二战开始，瑞士也开始了“精神防御”与“军事防御”。为了凝聚全民的共同意识，1938年2月瑞士通过一项宪法条款，规定德语、法语、意大利语与传统的罗曼什语（Rumantsch）均是瑞士联邦的民族语言。瑞士这样做，是为了对抗纳粹在文化上的宣传。

瑞士联邦政府发表了咨文，提醒人民关注自己国家的精神基础与特性。有鉴于此，成立哈尔维第（瑞士）文化基金会（Pro Helvetia），弘扬传统的瑞士精神。这个在大战时期并没有引起太多人注意的组织，倒是在战后结下了累累硕果。它的资金完全来自瑞士联邦政府，以2005年为例，该年的预算就高达3300万瑞士法郎。这笔资金用于为瑞士文化演员提供尽可能最好的创作和演出条件，帮助他们在国内外以极具说服力的方式出现，并为他们创造与其他国家文化演员接触的机会。

国防往往有两个功能，一是为了真正的防卫需要，另一是为了经由军备来强化国人面对威胁时的患难意识，进而凝聚国人认同。二战期间的瑞士也是如此，瑞士在1935年通过增加军事预算的决议，并于1938年要求进口商必须储存一定数量的原料与食品，目的一方面是为了防卫需要，另一方面是为了强化人民的命运共同感。

值得一提的是，带领瑞士面对二战危机，于1939年8月

30日被任命为瑞士联邦军队统帅的吉桑将军（Henri Guisan, 1874—1960）。这位富有坚强意志的统帅在那个消沉疑惑的年代的确发挥了若干振奋人心的效果。与政治人物不同，这位将军很少谈到他对于中立的见解，他毫无疑义地采取瑞士官方长久以来的观点，即中立不是属于道德范畴的政治理想，而是捍卫国家独立的政治手段。他主要关注的是瑞士的独立而不是中立。

在军事战略上，1940年夏天，吉桑将军采取的是所谓的“Reduit Concept”（内堡概念），即如果瑞士军队受到攻击，将退居阿尔卑斯山内部，以游击战的方式继续作战。吉桑这种“刺猬”、“全民抵抗”（Resistant National Action）的战术，目的在于让敌人为入侵瑞士付出相当的代价。除了正规部队43万人以外，也成立了地方卫队，在1941年年末，瑞士地方卫队总共有12.3万人。

▲ 吉桑将军。瑞士军事领袖和民族英雄。

直至今天，为阻挡德国坦克进攻而建立的水泥封锁工事的痕迹在瑞士边界上仍可看到。三角形的工事被称为“Toblerones”（瑞士三角巧克力的名字）。瑞士很多公路铁路通道和桥梁上曾埋有炸药。如果轴心国企图入侵瑞士，这些炸药就会全部引爆。在冷战期间，这些防御措施仍被保留下来。直到20世纪90年代，瑞士军队才开始清除炸药，但是仍有六七百处作为瑞士防卫措施而被保留下来。瑞士修建了大量的地下堡垒，地面上用农舍和牲畜圈作掩护。直到20世纪90年代，瑞士军队仍继续使用它们，但现在已经全部公开。其中部分向公众开放。

▲ 瑞士在第二次世界大战时遗留下来的三角形工事。

由于德国在二战中并没有攻击瑞士，所以我们无法判断是否是因为瑞士的全民国防发挥了功能。但是可以从下列事情的发展来了解，德国如何看待瑞士。

法国在东北部接邻德国之地建立了马其诺防线（Maginot Line）。如果德国要跨过马其诺防线攻击法国，有两条路线：一条是经由荷兰、比利时进巴黎，一条是经过瑞士巴塞尔（Basel）进入法国。1940年5月10日，德国发动闪电战争，以迅雷不及掩耳的速度袭击中立国荷兰与比利时。瑞士开始担心德国是否也会对自己这个中立小国下手。直到德军在五六月间突破色当（Sedan）的法军阵地，并从北方包抄了马其诺防线以后，瑞士才感觉军事威胁减轻，因为无论是德军还是法军都已经不会再取道瑞士包抄敌人前线。人们事后获悉，虽然德国最高统帅部曾下令研究进攻瑞士的几种可行方案，代号为“冷杉计划”（Tannenbraum），但是实际上，德国最高统帅部在西线战役中根本没有打算侵犯瑞士的中立。

瑞士对外的表现是复杂的。在战争初期，德国的空军照样飞越瑞士的领空，1940年6月一个月内，瑞士遭到84次侵犯，虽然瑞士曾经英勇地击落四架飞机，但是在德国的压力下，瑞士只好将拘禁的德国飞行员全部释放，准许在瑞士迫降的飞机飞回德国，最后还小心翼翼地向德国道歉。战争末期，英国的飞机也飞越瑞士的领空轰炸意大利，明显破坏瑞士的中立，英国政府只是以天气理由道歉，但是继续飞越瑞士领空。

很多人都认为德国不敢入侵瑞士的原因在于瑞士表示出坚定的决心，不惜炸毁贯穿瑞士南北的圣哥达隧道与辛普伦（Simplon）铁路隧道，以迫使德国与意大利中间的联系中断。回顾历史，这样推论并没有错，但是似乎并不应该如此简单解释。

如果我们了解，二战时瑞士一直让贯穿阿尔卑斯山脉的具有战略意义的15公里长的圣哥达隧道向德国和意大利开放，让满载战略物资的火车不断穿过瑞士往来于两国之间，就可以发现，瑞士在“中立”与“国家利益”中选择的是后者。如果德意两国的战略物资可以如此轻易往来，德国似乎也没有必要用武力拿下这个在经济战略上充分配合的国家。

瑞士真正受到战争的威胁，大约是在1940年的夏天与秋天，尔后德国人已经腾不出足够的战力来入侵瑞士，特别是在1941年6月22日德国人发动俄国战争以后，瑞士人终于可以松一口气。吉桑将军就说，瑞士终于摆脱被外国军队占领的梦魇，只要保持戒备状态就可以了。适值秋收季节，为了秋收需要，六月末，瑞士联邦动员入伍的人数已减为六万。

1943年3月，吉桑将军与德国情报头子施伦堡（Walter Schellenberg）在瑞士的比格仑（Biglen）举行秘密会晤。吉桑向德国保证，瑞士会严格遵守中立与独立的立场，即使英国破坏瑞士的中立，瑞士也会奋起自卫。英国当然不会入侵瑞士，所以这番话摆明了是说给德国人听的。吉桑让德国人明白，如果德国向瑞士进攻，瑞士将立刻摧毁穿越阿尔卑斯山的那些交通要道。吉桑甚而请施伦堡带一封信回去，信上清楚地表明：“谁侵入我们的国家，谁就因此成为我们的敌人。我们的敌人将面对一支绝对统一的军队和一个团结的民族。”

在这封信中，所谓的“谁”并没有表明是哪个国家。对德国来说，随着盟军日后的逼进，瑞士的武装中立转到对德国有利，因为瑞士的“中立”又回到了缓冲区的概念。对希特勒而言，瑞士是德国西南方一个坚强的堡垒和一道有效的防波堤，德国正要专心地面对来自西边盟军的可能反扑，瑞士愿意坚守中立，何乐不为？

向纳粹交心：不清白的中立

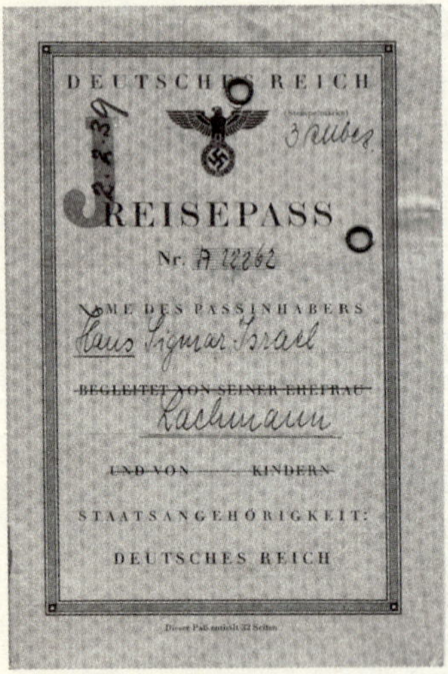

▲ 德意志帝国发给犹太裔德国人的护照。

瑞士在二战中没有受到攻击，全民国防政策当然有它的功能，但是与以往一样，能够让瑞士再次顺利避免炮火，政治的妥协似乎还是更重要的考虑。

从三十年宗教战争起，瑞士就曾经是政治避难者的栖息之地，相当程度上，瑞士能够中立也得利于此，它的庇护政策也是各国同意它的中立政策的一部分。在第一次世界大战以前，瑞士对于庇护的态度还算积极。1925年经过全民投票通过的瑞士宪法第69条规定，联邦政府对于避难者的居留申请有决定权，但是有关条例的具体实践，仍旧交由各州决定。

希特勒的兴起也改变了瑞士对接纳避难者的态度。1933年年初起，纳粹在德国的暴行日益肆虐，受害的不是犹太人就是社会主义者，其中有不少人便取道前往瑞士。瑞士政府虽然准许他们前来暂时居留，但由于当时瑞士的经济状况不好，失业者众，因此不许他们从事有收益的工作，以免影响瑞士人的工作机会，而且规定他们必须在进入瑞士领土48小时内向警方报到。

1938年德国并吞奥地利以后，更多的德奥居民，特别是犹太人寻求在瑞士避难。还没有大屠杀前，纳粹掠夺犹太人的财产，并逼迫他们签写离开德国不得再回来的声明，然后用大卡车送出边境。

瑞士政府开始封锁边界，并恢复了所有持第三帝国（德意志帝国）护照者都需要签证的做法，以有效控制德国移民前来瑞士。德国外交部想避开签证做法，因此考虑在发给犹太人的护照上印上一个标记以示区别，也就是德国的犹太人进入瑞士则要签证。瑞士最初还表示异议，认为如果瑞士接受这种护照，将面临整个文明世界的反对。可是，最后瑞士还是接受了。1938年10月4日，德国政府决定在发给犹太人签证时，在左页印上一个代表犹太人（Jew）第一个字母的“J”字，表示护照上有“J”字的人进入瑞士需要签证。自此以后，进入瑞士的犹太人大量减少，1939年上半年，瑞士政府让大批难民经由瑞士转往其他国家，留在瑞士的难民也大都做到不惹是生非。

相对瑞士政府基于国家利益的冷酷，很多教会和组织都积极地支持难民，也包括很多个人，其中最著名的难民支持人是圣加仑州（St Gallen）的警察局长葛兰尼格（Paul Grüninger，1891—1972）。他拒绝执行上级的命令，允许3000名犹太人进入瑞士。葛兰尼格因此被革职。直到他去世多年，1995年瑞士才给他形式上的复职算是平反。

如果要把难民在瑞士的心境作一个比较，对于避难者而言，在此之前瑞士是他们的政治理念受到压迫后再出发的地方，例如第一次世界大战前的列宁，但是在此以后，由于瑞士政府的严密监督政策，避难者似乎只能把瑞士当成隐姓埋名的所在。瑞士变成避难者的桃花源，而不是理想的隐蔽所了。

德国在战争初期对同盟国进行经济的反封锁。1940年8月9日，瑞士却与德国签署协定，因而使得瑞士3/4的出口不受反封锁的限制，另外的1/4大部分是有军事用途的产品，由德国人以发给货物通行证的方式实行控制。因此，虽然瑞士还是中立，可是往英国输出物资几乎已经不可能。

瑞士在战争时的行为一直为国际社会所质疑。经过五年多的调查，2002年3月22日，瑞士一个独立专家委员会——贝尔吉委员会（Bergier Commission）在瑞士首都伯恩公布了他们的最后调查报告，证明瑞士在二战期间不仅向轴心国出口军火，收购和保管纳粹黄金，而且还可能是纳粹对犹太民族大屠杀的间接帮凶。

瑞士历史学家贝尔吉（Jean-Francois Bergier）领导的这个独立委员会，由50名历史学研究人员组成，他们的任务是查清二战时瑞士与纳粹德国之间的关系。在此之前，他们曾经分别公布了一些调查项目的报告，主要针对瑞士在战争中对难民的处理，瑞士与第三帝国间密切的工业关系，以及瑞士公司在德国子公司中工作人员的情况。

贝尔吉委员会最后公布的七个项目的报告，全文近600页，以德、法、意和英语四种文字公之于众。报告指出，1940—1948年，84%的瑞士军火出口到轴心国，剩下的16%零散出口到同盟国和中立国家。战前，瑞士战争物资出口的主要方向一直是西方其他大国；战争爆发后，瑞士方面不得不把一部分军火出口给纳粹国家，因为德国威胁要切断向瑞士的煤炭出口。

1941年后，德国已经成为瑞士武器最主要的市场。由于纳粹方面愿出高价，一些公司出于利益的驱使，甚至不顾国内市场的需求，优先向德国供应。这些公司在军火交易中都大发横财。

贝尔吉委员会的报告指出，瑞士还是纳粹德国黄金的主要处理地。调查揭露出德国国家银行77%的黄金在战争中都是通过瑞士处理。这些黄金总数额达170亿瑞士法郎，主要是通过瑞士央行处理，直到1945年迫于盟军的压力才停止接受德国黄金。而且当时瑞士央行知道，这些黄金中的很大一部分是来自那些受到纳粹灭绝政策迫害的家庭。

除了处理德国国家银行的事务外，瑞士的一些银行高层人员也存在着相当强的反犹心理。瑞士信贷银行和瑞士合作银行都曾表示不愿与犹太金融家共事。瑞士联合银行甚至还雇用一名纳粹党成员，以表示对德国的支持。但是报告同时也证明，还是有某些有良心的瑞士银行家经常帮助犹太人转移财产，把他们的财产存放到德国人无法干涉的地方。

贝尔吉委员会通过多年调查证实，瑞士的对外贸易政策明显地违背了政府所标榜的中立政策。

灵活的中立：从拒绝到加入联合国

第一次世界大战告终之际，瑞士应邀参加国际联盟的创建工作，但是，第二次世界大战以后，各国却刻意地把瑞士排除在旧金山会议之外，没有国家邀请瑞士参与。国际联盟当时主要创造者是英国与法国，联合国的创始者则换成了美国与苏联。无论是美国、苏联、英国，还是法国，当年对于瑞士的好感也似乎都不存在。

▲ 支持瑞士加入联合国的广告。

瑞士自己也在1945年11月14日与15日在首都伯恩召开咨询会议，讨论是否要加入这个新成立的联合国。结论是：瑞士不能自外于像联合国这样一个以建立持久和平体系为目标的世界性组织，但是瑞士为了维护它因永久中立而产生的特殊地位，决定不参加。在此期间，瑞士已从联合国高层人员了解到，联合国成员与永久中立互不相容。明显地，英、法、苏等国对于瑞士在二战中的表现很有意见。1946年4月2日，瑞士联邦宣布，唯有在联合国明确承认瑞士中立的条件下，瑞士才能考虑加入联合国，瑞士维持中立地位而能提供的服务较之参与制裁所发挥的功能为大。

处于美苏对抗的冷战，瑞士的态度非常谨慎。虽然没有参加联合国，1948年开始，瑞士以观察员的身份出现在联合国。瑞士担任联合国的一些救援补给工作，但是与二战前一样，瑞士仍旧不让价值道义是非来影响它的中立政策。1956年苏联坦克进入匈牙利的布达佩斯，1968年苏联干预捷克，瑞士政府仍然与苏联和平共处，维持与苏联、与东欧既有的政治经贸关系。

瑞士曾于1986年就是否加入联合国进行同样的全民公投，当时75%的选民及所有的26州行政区都拒绝加入联合国。反对的主要理由是，联合国的功能仍然值得怀疑，瑞士若加入联合国，将受全球冷战架构下美苏两大集团相互对峙敌抗的局面影响，而无法维持奉行多年的中立政策。

冷战结束，特别是苏联的瓦解，让国际政治进入一个新的领域。传统国家间的武力冲突性越来越小，反而是非传统的安全，例如恐怖主义或南北发展不平等问题却是越来越重要。全球化的世界其实已经没有所谓中立的需要与可能，瑞士的中立政策也到了必须要调整的时候。

与二战前不同，瑞士现在的周边国家，三个大国都是民主国家，东边的奥地利也是民主的中立国家，瑞士的国家安全基本上已经不需要担心，换言之，传统武装中立的需要性，其实已经降低，所谓的“刺猬战略”根本没有必要。因此，瑞士在思考中立时，已经不是安全的考虑，而是瑞士如何面对一个逐渐全球化的世界，如何确保自身的利益。没有投票权的联合国观察员身份，是否能够照顾到瑞士在联合国的利益？瑞士是否还能以中立之名享受利益，而不需要在价值与道德上表态？在全球事务中，瑞士是否应该用更积极的共同参与来承担国家的责任？更重要的，如果瑞士还是坚持中立，是否会被国际社会看成是一个只知自己利益的国家？

冷战结束后，瑞士不得不重新定义“中立”一词的概念。瑞士于1997年开始成立驻北约代表处（Swiss Mission to NATO），并参加北约的和平伙伴计划（Partnership for Peace, PfP），与北约维持伙伴关系。瑞士强调与北约保持联系是为了维护和平与安全，但是如果从国际法来说，与区域性的安全防卫组织如此密切的互动关系，其实就等于放弃中立了。

1999年科索沃战争后，瑞士派遣志愿军作为维和部队前往科索沃。维和行动与中立政策是否有冲突，引发了瑞士内部的激烈争论。不论如何解释，冷战后瑞士对国际冲突的立场与角色，相较于冷战期间对待苏联入侵匈牙利与捷克，以及二战前的不谈道德的对于中立的立场与角色基调相较，瑞士其实已经放弃中立政策了。

2001年的公民投票通过了两项主要军队改革。其中一项是瑞士士兵可以全副武装地参与国际维和任务，另一项是他们可以与其他国家一起进行军事训练。虽然全民仍存在很大的歧见，但是最后仍旧以两个百分点的多数赞成通过。

2002年3月举行的全民公决中，54.6%的选民和23个州中的12个州赞成瑞士加入联合国。2002年9月10日，联合国大会一致通过决议，正式接纳瑞士联邦为联合国的第190个会员国。

坚持为自己：需要欧洲但不愿转让主权与中立

不要忘了，瑞士是欧洲的一员，它的80%进口产品来自欧盟国家，60%的出口输往欧盟国家，瑞士如何面对这么一个休戚与共的地区？

基于对自己主权的坚持，瑞士并没有参加20世纪50年代的欧洲共同体组织，由于对超国家组织的不信任，瑞士在1960年1月4日与奥地利、丹麦、挪威、葡萄牙、瑞典和英国等七个国家共同成立不触及国家主权的欧洲自由贸易协会（EFTA）。但是，由于欧洲共同体的经济表现远远超过欧洲自由贸易协会的成员国，英国与丹麦在1973年1月退出。1985年12月31日，葡萄牙退出。1994年12月31日，奥地利、瑞典、芬兰也退出，随后立刻加入了欧洲共同体。

瑞士对于欧洲区域经济体一直持保守的态度。在1992年，瑞士选民以很微小的票数差距拒绝了加入由欧洲自由贸易协会与欧洲共同体共同组成的欧洲经济区（EEA）。奥地利、芬兰、冰岛、挪威和瑞典等国家则选择加入。瑞士成为唯一在欧洲经济区外的西欧国家。

在瑞士，欧盟被认为是对民主制的限制。如果加入欧盟，瑞士政府经常使用的倡议权与全民投票都必须遵照欧盟的相关制度进行大幅度的改革与删减。加入欧盟的迟疑还出于财政上的担心，瑞士是否会成为欧盟财政上的无偿奉献者，是瑞士人担心的另一大问题。再者，瑞士人还对瑞士的中立制度能否与欧盟成员国身份兼容表示怀疑。2001年3月，全民公决中超过77%的瑞士选民反对加入欧盟。

▲ 反对瑞士加入欧盟的广告。

但瑞士为了本身经济利益的需要，也进行与欧盟的合作。于2002年正式生效的双边协议是瑞士政府与欧盟之间的第一套双边协议，主要内容是关于贸易、劳工以及交通运输的问题。以后瑞士与欧盟签署一连串有关双边关税、征收跨国界利息税等的协议。为了确保瑞士不遭受作为非欧盟成员国的排斥，瑞士在许多领域，包括贸易等方面都制定了与欧盟一致的法律。

2005年6月5日，瑞士举行的公民表决，54.6%同意瑞士加入《申根协议》和《都柏林协议》。《申根协议》的核心内容是实现成员国之间人员的自由往来，加强警察合作与司法协助。而《都柏林协议》的主要内容是有关难民的规定。9月25日，瑞士全民公投，56%赞成新加入欧盟的10个东欧国家公民可以在瑞士自由流动。

瑞士政府一直希望能够进入欧盟，欧盟也愿意打开大门让瑞士加入。2004年瑞士国会通过，继续维持向欧盟提出入会申请，因为瑞士政府与国会的政治经济精英了解到几乎欧洲所有国家都加入欧盟，瑞士加入欧盟应该不只是利益，也是一种责任。但是，瑞士的人民兴趣似乎并不大，他们总认为如果加入欧盟会影响到瑞士的中立与独立，他们担心瑞士独特的民主制度会因为加入欧盟而名存实亡。

▲ 瑞士首都伯恩联邦大厦。

独特的民主：利益的维护者还是规避国际责任的借口

尽管理论上，瑞士是一个联邦的国家，但是各州拥有自己的宪法、政府、议会、法庭及法律，享有很大的自主权及自决权。它们独立地管理各自的教育系统和社会服务，并且拥有自己的警察部队。每个州的税收制度也不相同。瑞士联邦政府委员会（Federal Council，又称联邦政务会）由七名联邦委员组成。每年都由一名不同的委员担任联邦主席（Federal President）。联邦主席并无特殊权力或承担特殊责任，仍继续管理自己的部门。在政治学上，瑞士虽然是联邦体制，但是它是一种最松散，而几近于邦联的体制。

瑞士的直接民主制度应该是世界上最独特的。瑞士公民有权提出新法案或否决国会已通过的法案。如果新的立法是对宪法的补充，或是签署任何不可废除的国际条约，则必须通过全民投票才能通过（即强制复决）。在创制及强制复决的情况下，提案必须通过双重多数（double majority）才能生效。双重多数是指多数人赞成且多数州赞成。

正如任何一个政治制度都有利弊，直接民主的支持者认为，人民的利益不容易为政党操纵，人民有直接表达意见的机会，但是反对者认为，这样的制度累赘且效率低。从公民创制到最终成为正式法规可能需要五年时间。全民投票也阻碍着社会及政治变革。例如，1959年，妇女人工流产合法化已经在国会投票通过。但在后来的全民投票中，遭到否决，其中大多数是来自男性公民的反对。直到1971年，男性公民才开始接受该倡议。1981年，男女平等权利才被列入宪法。

尽管瑞士是世界上最早实行民主的国家之一，但在欧洲，除列支敦士登（Liechtenstein）外，它是最晚通过妇女选举权的国家。直到1971年，妇女才被允许参与联邦选举。支持双重多数者认为这是对少数的尊重与保障，但是批评者认为，双重多数的制度对保守的小州十分有利，是不公平的。这是一个民主与效率的两难，本文并不在这里讨论。

如果将瑞士的直接民主与中立放在一起来讨论却是格外有意义。从有利的一方面来说，瑞士的双重多数制度，成为瑞士在国际事务中为国家取得最大利益的三重博弈（three level games）。在这个三重博弈中，联邦政府是一个行为者，人民与各邦政府分别成为第二与第三个行为者。联邦政府（第一重博弈）与外国谈判的结果，人民（第二重博弈）与各邦政府（第三层博弈）都可以表达支持或反对，不符合瑞士大多数人所愿意接受的利益是难以通过的。

冷战结束，瑞士所处的欧洲几乎是绝对的安全，几百年来瑞士中立政策的时空已经完全不同。中立已经完全没有必要，也没有存在的价值与意义。2002年瑞士加入联合国，传统中立“静坐不动”早就已经不存在了，但是瑞士人民迄今仍然不愿加入欧盟，因为人民认为如此会伤害瑞士的中立与主权。瑞士的人民似乎不愿意去了解，欧洲能够维持今日的和平与繁荣，就是因为欧洲的几个大国愿意释出自己的部分主权，与大家分享。

欧洲国家不是没有公投设计，例如丹麦在马斯垂克（Maastricht）条约中就表达过否决，欧洲宪法条约的批准过程中，法国与荷兰也没有通过公民投票。但是这些国家的人只是不满意欧盟的设计，而不是对自己主权的坚持。

瑞士的双重多数制度让瑞士比一般国家加入欧盟更增加困

难，但是真正值得讨论的是，为何在21世纪的欧洲，还有大多数的瑞士人宁愿透过与欧盟签署协议来分享欧盟的经济利益，而不愿意做个真正的参与者？

是否是瑞士的中立已经深植人心，认为自己真的是个值得骄傲的中立者，还是其实骨子里面，一切以自己的利益为思考从来没有停过？为自己利益思考当然可以，但是瑞士是否有些过了？

六百年的中立努力：值得佩服但值得尊敬吗？

从瑞士的中立历史中可以看到，瑞士如何利用中立获得国家利益。600年间只经历过1798年拿破仑的一次入侵，其余时间都没有经历战争。我们可以看到，瑞士在近200年的时间里，一直到冷战结束以前，都只做外交政策的中立，而不谈价值道德。也可以看到，在两次世界大战期间，瑞士政府为了不得罪列强而控制国内的新闻言论，如何将中立政策作了政经分离，政治上严守中立，经济上还是要满足需要。最后还可以看到，瑞士如何将政府与人民作区分，即政府严守中立，但是放任人民从中立中赚得经济利益。

很幸运的是，由于瑞士多山，因此，二战德国的闪电装甲情愿从平坦的荷兰、比利时进入法国，而没有选择瑞士。固然不需要否认武装力量在消除外国入侵时有作用，但是真正使瑞士没有被入侵的其实是他们的政治手腕而不是军事力量。在二战中，瑞士在运输、军火、经济、金融政策上的配合，让轴心国没有必要破坏瑞士的中立。

瑞士政府的中立政策让瑞士免于战火，但是对于人类追求更高理想价值或自由民主的维护，所付出的却是相对的贫乏。从瑞士的账户中可以发现不少肮脏的故事，瑞士凭借它的中立给独裁、贪污者累积了财富。从百年来的历史与近年的调查报告中可以看到瑞士在战争期间的作为，很少在价值道德上有所坚持，中立成为瑞士政府逃避国际责任的借口。

瑞士虽然富有，但是在对于第三世界贫穷援助上，它的表现是不及北欧国家的。按联合国规定，已开发国家的对外援助应占本国国内生产总值的0.7%，瑞士自己规定为占0.4%，2004年对外援助仅占国内生产总值的0.39%，年支出为17.45亿瑞士法郎。还好，瑞士人民在人道主义方面没有缺席，国际红十字的标记与瑞士国旗几乎一模一样，为瑞士这个国家累积了相当大的荣耀。

在纷乱的国际冲突中，瑞士创造了被国际间需要的价值。它懂得利用中立的特殊地位，“摆几张桌子、放几张椅子”，让大家在瑞士坐下来谈，瑞士就赢了。例如，日内瓦作为国际之都，是联合国的欧洲总部及国际红十字会的总部，拥有200多个国际组织，担负着来自170多个国家的外交使命。在日内瓦的国际组织雇员达3.8万人，其中联合国系统雇员为8500人，每年给日内瓦州带来的收入达40亿美元。

中立的地位同时允许瑞士充当国际调停者的角色。瑞士外交官常常代表第三国的利益进行调停。例如，瑞士在古巴和伊朗代表美国的利益，在美国代表古巴的利益。

在追寻国家利益上，瑞士把中立的功能发挥得淋漓尽致。瑞士是聪明的，它追求国家利益的方式值得学习，它懂得如何自保，懂得在关键时刻如何放下原则，更了解必要时如何弯腰低头，如何以提供国际服务来证明自己存在的需要。如果我们要为瑞士崛起下一个脚注，应该是“瑞士创造了被需要的价值”。

冷战结束，政治意识形态的对决基本上告一个段落，瑞士不需要再在政治立场上表态，也算是解决了瑞士长久以来面对的难题，这也是它可以加入联合国的原因。但是在一个高度整合的世界，特别是面对欧洲大家庭，瑞士是否还有足够的理由强调中立，或者过分强调自己中立的特殊性，是值得瑞士思考的。

普鲁士◎◎

国家至上的铁血王国

日耳曼民族的出现：从野蛮人变成罗马的皇帝

毫无疑问，普鲁士是日耳曼的一部分。虽然普鲁士与其他日耳曼人有相当大的不同，但是它的历史几乎是近代日耳曼的写照。中世纪起，日耳曼整个政治地理环境与其他地区的思想，都对普鲁士产生了深刻的影响。让我们先简单地了解一下普鲁士崛起前的日耳曼。

在中世纪，日耳曼是个野蛮的民族。直到1世纪，日耳曼被纳入罗马帝国统治，为“罗马日耳曼时期”。4世纪末，日耳曼民族向内迁徙，最终导致罗马帝国覆亡。

日耳曼包括三个部族：阿尔曼尼亚（Alemannen）、法兰克（Franken）与萨克森（Sachsen）。5世纪，法兰克族领导其他日耳曼民族建立了法兰克王国。然而，由于部族之间的方言不同，彼此关系松散。法兰克皈依天主教后，大大地提高了王国的社会与文化地位。

法兰克梅罗文加王朝（Merovingian Dynasty）至7世纪衰亡，继承的是加洛林王朝（Carolingian Dynasty），这个王朝最著名的君主是查理曼（Charlemagne，又称查理曼大帝）。为了巩固王朝，800年，法兰克国王查理曼接受罗马教皇加冕，称为“罗马人的皇帝”，查理曼因此成为罗马帝国与天主教会的保护者。此一历史性的事件，可以看成是西欧文化的一个重要起点，他让西欧从此成了天主教的欧洲。

查理曼除了接受与推广天主教外，还实施封建的分权制度。在战乱频仍的土地上，通过分封制度，巩固地区的稳定。封建采邑的分封，对欧洲未来的影响很大。

查理曼帝国是中古欧洲最庞大的政治组织，包括现今整个法国、意大利，以及以易北河、多瑙河与奥德（Oder）河为界的欧洲中部地区。查理曼帝国在10世纪一分为三，分别是西法兰克王国（Francia Occidentalis，即现今法国地区）、东法兰克王国（Francia Orientalis，现今德国与奥地利地区）和中法兰克王国（Francia Media，现今意大利与部分奥地利地区，后来又再分裂，主要部分演变为意大利王国）。基本上，这三个王国就是现今法国、德国与意大利的雏形。罗马皇帝称号则由这三国君主的其中一个继承，一时由东法兰克王继承，一时由西法兰克王继承，一时又由意大利王继承，并无定制，完全视乎三国的实力较量而转变。

▲ 查理曼帝国疆域。

东法兰克王国人包

括四支，即法兰克人、施瓦本人（Schwaben）、巴伐利亚人、萨克森人。东法兰克王国演变而为日耳曼王国。911年，加洛林王朝结束。东法兰克的公爵互选一位为代表，这使得日耳曼公爵日渐取得实质的政治力量，为日后日耳曼民族的发展奠下重要基础。

962年，日耳曼国王、萨克森王朝的鄂图一世（Otto I）在罗马由教皇加冕称帝（962—973年在位），他的帝国被称为“日耳曼民族的神圣罗马帝国”（Holy Roman Empire of the German Nation），他成为罗马的监护人和罗马天主教世界的最高统治者。“日耳曼”自此不仅是一个语言的名称，也是国家的代号。一个属于日耳曼民族的帝国几乎即将在欧洲建立，但是由于种种原因，却迟了约800年。

自10世纪到16世纪，日耳曼国王如果想要成为帝国皇帝，必须亲自前往罗马接受教皇的加冕。每一位日耳曼国王都希望获得皇帝的名号，但是又经常因主教叙任权问题与教皇发生冲突。皇帝与教皇之间存在着很大的矛盾。

随着商业的复苏与城市的兴起，各地诸侯的力量也渐增，教皇后来发现可以从不满的侯国中争取联盟来制衡皇帝。例如在亨利四世（Henry IV，1084—1105年任罗马皇帝）与教皇格列哥里七世（Gregory VII，任期1073—1085年）的神职委任权力争夺中，教皇就凭借着其他侯国的支持，而将亨利四世逐出教会，迫使亨利四世步行前往卡诺莎（Canossa）向教皇请罪。这种长达几个世纪教皇与皇帝的权力竞逐，使得日耳曼土地上产生了中央权力与地方诸侯两股力量，邦国自主的小国主义（Kleinstaaterie）牢牢地扎根在日耳曼的土地上。

帝国事实上的分裂：小国主义与地域主义

随着日耳曼各诸侯离心倾向的加剧，皇帝的地位不断下降。1273年，哈布斯堡伯爵被选为日耳曼国王，开启哈布斯堡

▲1470年汉撒同盟船只模型。

王朝（Habsburg Dynasty）。虽然仍保持皇位，但是势力较之以往的皇帝更弱。1356年，为了争取强大诸侯的支持，当时的皇帝查理四世（Charles IV，1355—1365年任帝国皇帝）颁布《黄金诏书》（*Golden Bull*），决定以后的皇帝由选侯选举产生。选侯的领土不可分割，皇帝不得干预选侯内部的审判权，选侯在领地上完全自主。自此，皇帝形同虚设，仅剩名号。

帝国的情况每况愈下，到了15世纪，帝国的边界与领土受到其他邻邦侵蚀，普鲁士地区被波兰夺走，波希米亚宣布独立，正在崛起的法国也开始侵占莱茵河区域。帝国内部新兴城市快速兴起，为了不受诸侯的侵扰，城市间成立联盟。最著名的是1358年成立的汉撒同盟（Hanseatic League），成员达150多个，拥有自己的军队、法律、审判，整个日耳曼帝国是高度分散的地区权力集团。

帝国的新统治者哈布斯堡王朝，通过联姻政策累积了可观的领地，不过，哈布斯堡王朝对于权力的扩张，不是为了日耳曼民族，而是为了王朝的利益，那种属于日耳曼民族的利益思考并不存在。

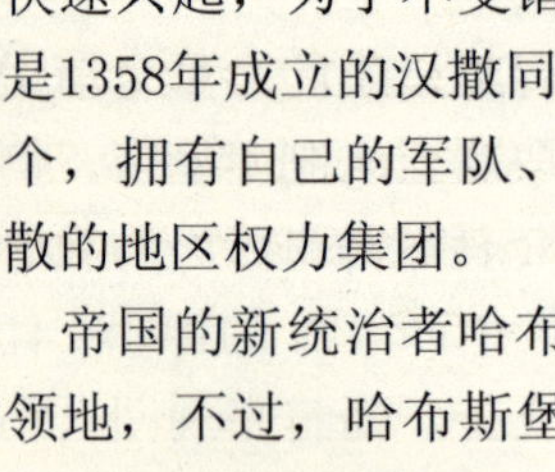

▲今日德航的名称为Lufthansa，意为“空中汉撒”。

以上的历史传达了一个讯息：神圣罗马帝国的封建制度经过多个世纪的发展，已经不仅是一种政治结构，甚而成为帝国文化的一部分。封建制度孕育出一种强烈的小国主义和地域主义。一方面，人民不习惯在一个大一统的帝国制度下生活；另一方面，小国主义与地域主义，促使土地与权力不断地被分裂，造成诸侯、领主之间不停地明争暗斗，全力保护自己的势力。

16世纪初的日耳曼，虽然在政治发展上远远落在欧洲许多地区之后，但是在经济上表现不俗。在整个中世纪，汉撒同盟主宰了西起大西洋、东到波罗的海的贸易。虽然汉撒同盟从16世纪开始走下坡路，其特权遭到欧洲新兴民族国家的挑战，但是在日耳曼其他地区，经济却以令人咋舌的速度稳步成长。在采矿业、金属业，日耳曼的表现都领先于欧洲其他地区。一直到16世纪中期，西班牙从“新世界”进口白银以前，日耳曼一直是世界上最大的白银生产国。由于白银是当时的基本支付工具，日耳曼发展成了欧洲的金融重镇。由于有了货币的铸造权，日耳曼在金融业方面，开始取代部分意大利银行家的地位，例如奥古斯堡的福格尔（Fugger）家族财力雄厚，皇帝和诸侯们如果需要用钱，总会前往被称为“富可敌国”的福格尔（Jacob Fugger）那里去求借。在国际贸易方面，日耳曼商人与东方的商业往来也很密切。在工业生产方面，采用分包制，工业生产可以一直下放到家庭作坊中的工人，产量非常可观。

16世纪末与17世纪初的西欧经济发展与文明，欧洲的民族国家毫不掩饰地展现其权力。无论是英国都铎王朝（Tudor Dynasty，1485—1603）的繁荣文化以及咄咄逼人的海军、西班牙与葡萄牙那些勇于冒险的海外探险者和海外帝国、法国路易十四的凡尔赛宫，还是瑞典的庞大军队，都彰显出欧洲强权的自负与骄傲。但是，在日耳曼的土地上，却完全相反，神圣罗马帝国已经奄奄一息，内部的各组成分子则是尽力争取自己的主权，丝毫看不出日耳曼人民有可能团结成一个民族国家。

小国主义与地域主义对于日耳曼民族的凝聚造成很大的障碍，使得日耳曼民族无法创造一个强大的全民族性公民社会，因而阻碍民族国家的建立和实现政治的现代化。也由于权力的分化，帝国内部缺乏统一的法律、社会与经济制度，内部的工商业很难协调，全国性的市场和经济活动无法产生，难以凝聚成一股社会力量，无法发展成为像英国或是法国一样快速形成的民族国家。接下的三十年战争，由于宗教因素的加入，日耳曼各区域间的分离显得格外明显，也更为混乱。

马丁·路德：宗教革命但政治保守

▲马丁·路德画像。

毫无疑问，马丁·路德（Martin Luther，1483—1546）是16世纪宗教改革的重要人物。他的宗教思想几乎改变世界，也约束了日耳曼未来的自由民主发展。

马丁·路德，矿工之子，攻读法律和哲学，后在1505年进入奥古斯丁修道院。两年后任牧师职，并在威登堡（Wittenberg）大学继续研究神学，担任圣经神学教授。1510年到罗马旅游途中，惊见教士腐化的情形，后来因恐惧宗教报应的正义而苦恼。当他依着信仰想起“称义”（Justification by Faith）——救赎是经由上帝恩典所给予的礼物——这个理念时，他的精神危机解决了。他要求天主教会进行改革，抗议赎罪券（indulgences）的贩卖和其他滥权，1517年他把抨击赎罪券兜售问题的《九十五条论纲》（*Ninety-five Theses*），贴在威登堡教堂的门上。我们来看一看其中的若干摘录：

第23条：倘若有人能获得罪的全部赦免，那么，这些人一定是最完美的人，不过，世上完美的人寥寥无几。第24条：因此，以上所述属实，那么大部分的民众都被这种无差别的与宽大的免于责罚所骗。第27条：他们宣称说，当钱币在铁柜中叮当作响的时候，灵魂即会应声飞入天堂。第28条：很显然，当钱币投入铁柜中叮当作响的时候，增加的只是利得心与贪欲心，至于代祷是否有效，完全只能以上帝的意旨为转移。第30条：每一个教徒，只要自己感觉到真诚悔罪，即使不购买赎罪券，也同样可以赎罪或全部免罚。第43条：教徒应该知道，对贫穷者的施舍与对急需者的借贷胜于购买赎罪券。

▲马丁·路德将《九十五条论纲》贴在教堂前时情景。

《九十五条论纲》原本是以艰深的拉丁文写成，目的是与罗马教会作教义上的辩论，而非号召群众响应。有人将它译为德文后，马丁·路德立刻声名远扬，但是在罗马教皇的眼中，这是标准的异端邪说。

1521年马丁·路德所谴责的主要对象教皇李奥十世（Leo X，1513—1521年在位），开除了他的教籍。但是在当时萨克森侯的帮忙下，马丁·路德平安回到威登堡。他回来后发现，他所号召的改革已经由他在威登堡大学的追随者自动实践。随后，日耳曼一些邦城陆续正式皈依马丁·路德的新教。天主教方面，西班牙君主菲利普二世（Philip II，1556—1598年在位）协助抵抗新教的蔓延，并派教士往其他地区传教，以扩大宗教影响力。我们所熟知的利玛窦（Matteo Ricci）、汤若望（Johann Adam Schall von Bell）及南怀仁（Ferdinand Verbiest）等三人就是从那时起相继到了中国。

马丁·路德通过他的讲道与将《圣经》出色地翻译为德语，创造了现代德语。当然，如果没有古腾堡（Johannes Gutenberg，西方的活字印刷发明者）的印刷工厂，马丁·路德的《圣经》译文与宗教改革，不可能产生如此巨大的影响。通过印刷，马丁·路德的著作，不仅在法兰克福市场上热卖，还大量地销往欧洲各地。在1521年窝姆斯（Worms）帝国议会决定烧掉他的所有著作时，市场上发行他的作品已达50万册之多。可以想象，如果马丁·路德是在一个世纪以前发动宗教改革，他可能很快就会被世人所遗忘。马丁·路德的思想，通过印刷传播，罗马教皇挡也挡不住。到了1546年马丁·路德去世时，他的新旧约《圣经》的译本已经高达100万册。如果大家了解那个时代背景，以及当时一部译本的售价相当于一位女佣一年的工资，就可以了解宗教改革的力量有多大。

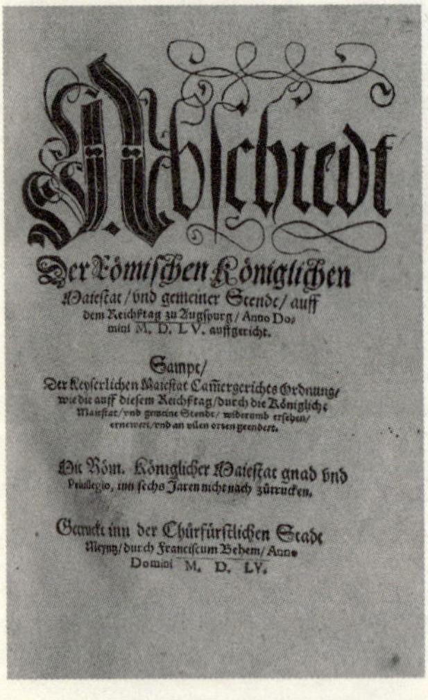
Abschiedt

Der Römischen Königlichen Maiestat/vnd gemeiner Stende/ auff dem Reichstag zu Augspurg/ Anno Domini M. D. LV. auffgericht.

Sampt/ Der Keyserlichen Maiestat Camergerichts Ordnung/ wie die auff diesem Reichstag/durch die Königliche Maiestat/vnd gemeine Stendt/ widerumb ersehen/ erneweret/vnd an vilen orten gendert.

Mit Röm. Königlicher Maiestat gnad vnd Priuilegio, inn sechs Jaren nicht nach zutrucken.

Getruckt inn der Churfürstlichen Stadt Meyntz/durch Franciscum Behem/ Anno Domini M. D. LV.

▲ 1555年3月《奥古斯堡宗教和约》的首页。

天主教与新教的妥协是在1555年的《奥古斯堡宗教和约》（*Peace of Augsburg*）中达成共识：“谁有其土，谁定其教。”也就是说，统治者决定臣民宗教信仰。从此，日耳曼土地上有着信仰新教与天主教的不同邦国与城市。

这位对全世界有着深远影响的人，他对于罗马教皇的批评毫无疑问是革命性的，他真诚地探讨人类灵魂的救赎，但是他不是一个在政治思想上开明的先知。与另一位重要的法国籍新教领袖卡尔文（John Calvin, 1509—1564）主张废除主教制代之以共和式的长老制不同，马丁·路德不是一个自由主义者。如果以为马丁·路德敢于向罗马教皇权威挑战，就认为他的思想蕴含政治自由，那就大错特错了。当宗教改革的浪潮不再局限于宗教，而是冲向社会与政治时，马丁·路德却选择了极端的保守主义。

马丁·路德的改革，使人们从罗马教会的统治中解放出来，但是他并不是不要权威，相反的，他承认人为了克服本身的邪恶，需要服从权威。这个服从，一方面是在精神上对上帝的服从，另一方面是在政治领域中对世俗权威的服从。马丁·路德认为，在某些特定范围内，这一世俗权威对基督徒的约束力与宗教领域内《圣经》权威的约束力是一样的。马丁·路德的论述清楚表明，一个奴隶、囚徒可以是基督徒，可以在精神上自由，但是不可能在世俗的世界与一般人平等。他说："不可能存在一个平等的人间王国，有些人必须自由，另外的人就得受控制；一些人要当领主，其他人就得做臣民。"这也难怪，在一场主要由于他的宣教所引起的农民战争（1524—1526）中，马丁·路德选择站在王公贵族这一边，并对农民给予强烈谴责。

在撰写《第三帝国的兴亡》一书的历史学家夏伊勒（William L.Shirer）略带情绪的眼中，马丁·路德是一个古怪的天才人物，"他既痛恨罗马，也憎恨犹太人（马丁路德曾撰写《反犹太人》一文），他暴烈的性格中有着日耳曼人许多极优秀与极恶劣的双重性。他既粗野、嚣张、狂热、偏执、强暴，又诚实、单纯、严于律己，对于求知、诗歌、良心的正直都有强烈的要求。他对于德国人的生活影响，不论从好或坏的方面来说，深刻的程度和决定性的影响，都是前无古人、后无来者"。

不管马丁·路德个人究竟是什么样的品格，他对未来的日耳曼影响太大了。他强烈地拥护政治上的专制体制，造就了政治的愚昧、乡土的极权主义，使得绝大多数日耳曼平民陷于经济的贫困、知觉的惊人迟钝、性格的特别驯服。德国文化史教授卡勒尔（Erick Kahler）对他的评价是："路德创造了一种思想意识，使得近代日耳曼的统治者有了无限的权力，也产生了近代日耳曼平民的无限顺从"，"路德教义将被证明对整个日耳曼历史上的无数暴君是大有用途的"。的确，我们可以在后来的普鲁士王国中，完全看到路德所留下的烙印。

没有哪一个欧洲民族的文化发展，极大程度地受到单独一个人的性格与行动的影响，马丁·路德带给日耳曼的历史是矛盾的，有幸也有不幸。从民族的认同来说，经由活泼的译文，马丁·路德的《圣经》译文为德语历史上最伟大的里程碑，不仅帮助人们对于基督教义的新教理解，现代德语的使用也有助于日耳曼民族主义的形成，最后还教导他们——至少在宗教方面——一个人良心的至高无上的地位。从这一方面来说，马丁·路德等于是为日耳曼民族创造了统一的条件。他的保守主义与专制主义的思想，却也使得自由主义无法在日耳曼的土地上生根，造成日耳曼的崛起没有走上英国的宪政或法国的自由主义道路。日耳曼民族从一开始好像就走错道路了。

宗教改革后的日耳曼，分裂成三大排他性的宗教集团，即天主教、路德教派，以及势力较小的茨温利（Zwinglians）和卡尔文主义教派（Calvinists）。在斯堪地那维亚、法国和西班牙，宗教改革与反宗教改革，帮助它们实现了民族统一。而在日耳曼，很不幸地，由于传统的地域主义与小国主义，却只能使之进一步分化成为以宗教归属的不同邦国和城市。宗教改革运动不仅加深了日耳曼内部的政治分裂倾向，也导致不同地区的思想文化呈现出极大的差异性，甚至一直延续到21世纪的今天。

三十年战争：日耳曼的彻底崩解

1555年《奥古斯堡宗教和约》签署后的几年里，天主教与新教在日耳曼和谐共存，在很多地区使用同一所教堂，并在地方代议机关中合作。两种宗教的信徒彼此通婚的情形也很普遍。但是这种和谐的局面很快就被打破了。《奥古斯堡宗教和约》结束了日耳曼史上宗教冲突的时代，却开启了政治冲突的新页。原因在于《和约》只是解决了宗教争端，表面上有宗教信仰自由，但是宗教信仰必须臣服于主权之下。《和约》加强了诸侯对其领地的主权，但没有确定他们与皇帝的关系。

最重要的是，《和约》宣布路德教义合法，提出了日后被概括为“谁有其土，谁定其教”这一条款，规定每一等级——每一邦君或城市——可以选择天主教或路德派教义，并规定此种选择对每一个统治者管辖下的每一个人都具有约束力。在一个邦内或城市中，只有一种教义合法，而此教义必须是当地统治者所选定的，同时也只能是天主教或路德教，其他信仰一概排除。庶民中凡不愿遵从统治者之选择而又身居境内者，可以自由迁走，并可携家产，（此项规定，当时被视为开明之举）充公的教产归政府保管。所有这些规定都说明，《和约》的真正赢家是邦君，整个宗教改革的受益者也是他们。他们的权威和势力，此时由于囊括了教会领地而大大增强。毋庸置疑的是，死于1546年的马丁·路德，虽然赞成君主的权威，但是对于这种由宗教改革而产生的政治性结局应该是死不瞑目的。

▲ 三十年战争中的士兵。

《奥古斯堡宗教和约》签订之后，导致四种政治势力在神圣罗马帝国内争霸。第一股势力是路德派，即信奉路德教义的各邦及各政府，他们努力增加自己的权益，由1555年已取得的土地推向尚属天主教势力控制下的日耳曼各地区。第二种势力是卡尔文派信众，他们曾被排斥在《奥古斯堡宗教和约》之外，此时便为取得承认而奋斗，在16世纪六七十年代获得大量土地。第三种势力是旧教信徒，他们受到来自罗马和西班牙的天主教革新运动的鼓舞，企图采取与势力强大的政府合作的方式，以阻挡新教势力的进入。第四种势力是哈布斯堡诸帝，他们积极支持天主教，一有机会即设法削弱新教邦君势力，并在其家族领地上保持反新教的路线。

宗教与政治有时是很难分的，它们互相借力与利用。1618—1648年，欧洲的土地上爆发了有关宗教冲突的三十年战争。这是由宗教、王朝、领土及商贸竞争等多种原因引起的一系列冲突，主要是奥地利哈布斯堡王室控制的罗马帝国和由瑞典、荷兰反天主教势力支持的新教诸侯之间发生的斗争。其中也包含了与哈布斯堡王室联合的反法势力。

战争开始时是一场新教与天主教之间的宗教大战，快结束时已经成为一边是天主教的奥地利哈布斯堡王室，另一边是天主教的法国波旁王室与新教的瑞典王室之间一场混乱的王室冲突。战争的战场集中在日耳曼的土地上，境内几乎都受到了野蛮战争的洗劫，市场萧条、田原荒芜、生灵涂炭、十室九空。据估计，在这场30年的宗教战争，其实是野蛮战争中，日耳曼人民死了1/3。法国将军穆尔太涅（Gaspard Corneille de Mortaigne）在拿骚（Nassau）说：“要不是亲眼目睹，我真不相信土地会遭受如此蹂躏。”

三十年战争后，参战国签署了《西伐利亚和约》（*Peace of Westphalia*），这在西方国际关系上是一件大事。战后欧洲的势力均衡已经被完全打破，法国成为主要的强权国家，而隶属于神圣罗马帝国的各个邦国也完全独立，欧洲建立了由独立国家组成的现代欧洲框架。有主权的“民族国家”正式登上了国际舞台，但是这些有主权的“国家”中，却看不到日耳曼人民的国家。

▲ 1681年Gerard Terborch所绘之《西伐利亚和约》签署时情景。

不只是三十年战争期间，战后所签署的《西伐利亚和约》也让日耳曼民族受到了伤害。宗教改革运动削弱了帝国，从而提供各地诸侯更多揽权的新机会。帝国的瓦解在《西伐利亚和约》中得到正式确认，此后的日耳曼，仅仅是由一群事实上拥有主权的城邦组成的集合体。后来的现代化与宗教改革，也只是在部分的邦国中进行。

《和约》最重要的一项规定，是保证了日耳曼诸邦君几乎毫无限制的领土主权。就这样，1648年就决定了神圣罗马帝国之分裂为数百个自治政治实体，其中绝大多数是小邦。巧合的是，到了1789年，法国大革命的那一年，日耳曼正好分裂为1789个独立的政治实体，其中既有奥地利、普鲁士这样的强权国家，也有许多拥有自主权的修道院、皇室庄园。总计有314个邦和1475个骑士庄园。把帝国变为一个中央集权的“现代”国家的想法一直到19世纪才得以实现。

依据该《和约》，法国与瑞典成为日耳曼大地新秩序的保护人。从1714年起，英国国王兼任汉诺威选侯以及北方好斯敦（Holstein）、奥尔登堡（Oldenburg）两地的公爵。日耳曼各邦可以自主地与外部国家结成同盟。从此，日耳曼成为欧洲列强竞相争夺的战场，而各邦在自身利益的驱使下，也纷纷争取强国的支持。

15世纪末到16世纪初期，日耳曼境内也有改革与启蒙的浪潮。当时日耳曼境内一些大一点的自由城市都已经享有实际上的独立地位，封建制度在这些城市中都已经消亡，艺术与商业也十分发达。即使在农村，日耳曼农民也比英法农民享有更多的自由。在16世纪初叶，日耳曼可以说是欧洲文明的重要泉源。可是三十年战争以后，日耳曼又回到荒芜的原点，陷入莫斯科公国式的落后状态。农奴制度又恢复了，甚至扩大到以前没有实行过这种制度的地方。城市丧失了自治的权利，农民、工人，甚至中产阶级的城市居民都受到王公诸侯的恶劣剥削，处于令人屈辱的奴役地位。贪婪的统治者对于日耳曼民族主义和爱国主义是毫无感情的，他们彻底扑灭臣民之间这种情绪的任何表现。整个日耳曼对于学术和艺术的探索几乎完全停顿，文明在日耳曼的土地上停顿了，正如同一位历史学家所称，日耳曼“被人固定在一个中世纪的混乱与衰弱的水平上”。

在这个时刻，一个王国开始兴起，准备用“铁与血”来强盛它的王国。很不幸地，日耳曼人民也的确走上了这一条“铁与血”的道路，靠着赤裸裸的武力打下他们的统一，跻身欧洲强权。只是这一条“铁与血”的道路，最后不仅给日耳曼人民自己带来了灾难，也给世界带来了悲痛。这个王国就是普鲁士。没有小国与封建主义，普鲁士可能根本没有机会崛起；没有路德的封建保守思想，普鲁士不容易有凝聚军国主义体制的精髓；没有三十年战争，普鲁士可能没有机会称霸日耳曼。普鲁士开始写日耳曼的历史了。

普鲁士的兴起：尚武的王国

▲ 腓特烈大帝。

三十年战争以后的日耳曼，名称仍旧叫做“神圣罗马帝国”，但是内部有着数以百计的小邦国，而其中最大的两个，就是奥地利与普鲁士。

布兰登堡（Brandenburg）人口稀少，资源贫乏，1648年仅为由若干零散地块拼凑起来的侯爵领地，土地都是11世纪以后逐渐从斯拉夫人手上抢夺而来，而统治布兰登堡的是霍亨索伦（Hohenzollern）家族。普鲁士就是由霍亨索伦家族的三位统治者所创建的，他们分别是腓特烈·威廉〔Frederick William，1640—1688，因成就后来被称为“大选侯”（The Great Elector）〕、国王腓特烈·威廉一世（1713—1740，普鲁士诸统治者在受封王号之时重行安排他的称号序列）和被称为“腓特烈大帝”（the Great，1740—1786）的国王腓特烈二世（Friedrich II von）。

第一位贡献者，腓特烈·威廉大选侯为普鲁士的崛起开启了道路，建立了一支常备军，然而当时得依靠盟国的资助，才能维持这支军队。他打败了波兰人，从而扩展了布兰登堡领地，并通过限制容克（Junker）地主贵族们的议会权力，建立了绝对的君主制度。

神圣罗马帝国的法律原本禁止诸侯称王。大选侯之子腓特烈三世(1688—1713)所做的一件最重要的工作就是完成了他父亲的未竟之业，为自己及继承人获得了“普鲁士的国王”（King in Preussen）的称号。1701年，神圣罗马帝国皇帝利奥波德一世（Leopold I）需要霍亨索伦家族的军队助战，便赋予腓特烈三世自称普鲁士的国王的权利。所谓普鲁士的国王，表示这个头衔只适用于普鲁士地区。

第二位贡献者，国王腓特烈·威廉一世继承了大选侯的事业，完成了普鲁士的国内统一，创立了近代普鲁士国家，他发展并完善军队，使之成为整个政府机构的核心。通过严格控制国内经济，他能够在没有外国资助下维持这支军队。在他的统治下，普鲁士不再是霍亨索伦家族的私人财产，国家取得了至高无上的地位，即使国王也必须向国家交税，服从国家的规章制度。

第三位贡献者，腓特烈二世统治期间，普鲁士跻身国际舞台。在西里西亚（Schlesien）战争中，腓特烈二世为普鲁士征服了西里西亚。而由于在七年战争中，挡住了法、英、俄三国联军的进攻，他结束了哈布斯堡王朝在中欧的统治地位，确立了普鲁士在欧洲的大国地位。

在论述普鲁士的成就时，应该了解，普鲁士原本是个“一无所有”的王国。霍亨索伦家族虽然取得普鲁士的统治者地位，但他们仍被视为国际舞台上的新手与暴发户，哈布斯堡家族、法国与英国，牢牢地掌握着权力。普鲁士没有与这些富有而高贵的对手竞争的条件，因而只能缩衣节食、讲求效率、最大限度利用他们的资源，所有的普鲁士统治者都在苦心经营和增加国家的权力。

三十年战争后，普鲁士不得不在它的土地上重新安置居民，从中抽取必要的资金来增强军事力量。军事力量不仅有助提高其国际地位，也是把分散的领土结合成为有凝聚力的一体所必需的。由于特别强调军事力量，所以军队成为国家的主要组成部分，普鲁士的国家历史与军队历史几乎是一体。

如果说霍亨索伦家族最早的统治者熟谙经济与军事的管理技巧，他们的后代则将其臻于完善。然而霍亨索伦家族在这一方面并未展现士兵或投机者的勇敢或胆量，而是表现出官吏和管理者的谨慎小心。相对于好战者法国路易十四的自我承认酷爱战争，霍亨索伦家族并不以好战为乐，但他们津津乐道其军队。

腓特烈·威廉大选侯非常担心军队会使他的国家付出血与泪的代价。接任者腓特烈·威廉一世也是一样，“尚武而不好战”是他的准则，统治期间进一步地提升军队的质与量，使之成为欧洲最令人生畏的军事力量，本人也获得“军王”（soldier king）的别称，强调他是士兵的王，他的臣民都是士兵。威廉一世把庄园中地主与农奴的关系复制到军队里，在他的《政治遗嘱》中，要求后继者“在军队中任用贵族和廷臣，让他们的后代进入军校，以便让所有贵族从孩提时就知道，只有上帝和普鲁士国王才是他们的主人”。

尚武的威廉一世与他父亲一样，喜爱军队而担心战争，他自己从来没有用过普鲁士的军队，他需要战争来检验他的军队，但又谨慎战争，一生中都在等待“合适和正当的时机”。他在《政治遗嘱》中告诫他的儿子，也就是未来的腓特烈大帝：“我恳请你……不要充当侵略者进行非正义战争……只要研究历史，你就会从法国的路易十四国王、波兰的奥古斯都国王和巴伐利亚选侯的例子中看到，非正义战争不会有好的下场。”

普鲁士是第一个建立常备军的国家。这支常备军按照近代军事原则进行组织与训练，通过征召和强迫手段征募兵员。

征兵者使用何种方式都毫无顾忌，对普鲁士人民使用暴力，对外国人则进行欺骗。1726年的规则用鲜明的马丁·路德式措辞说：“一个人向旗帜宣誓时，就放弃了自己，并把自己的全部，甚而自己的生命都完全交给了君主，以便实现上帝的意志。”通过这种盲目的服从，士兵才能得到自己的身份。

在组织机构设置上，威廉一世完成了由大选侯开创的中央集权的过程，最高部门是总理府（General Directory），设置于1723年。这个国家最高决策兼行政部门，以若干特派专员与各地方机构相联系，对全境工业、贸易、金融、内务及军事等方面进行督导。上层官吏全部出身贵族，军官亦然，这也使得贵族与邦国关系比以前更为密切。统治全境的是这位国王兼选侯，在内阁（少数亲信臣僚）谋划下，指挥全局。这一套措施成功地提高了国势与威望，致使到1740年之际，普鲁士跃居欧洲列强之一。这个时候，腓特烈大帝已经从“普鲁士的国王”变成“普鲁士国王”（king of Preussen），成为包括布兰登堡在内所有领地的国王。

经由两代所创建的军事体制运转到1740年，腓特烈大帝接任时，已拥有一支8万余人的常规军。这支军队位居法国、俄罗斯、奥地利之后而名列欧洲第四，但它的口则仅占欧洲第十三位。奥地利虽然有12万人，但是居民人口两倍于普鲁士。普鲁

▲ 1745年6月4日普鲁士军队在Hohenfriedeberg的攻击，Carl Rchling（1855—1920）绘。

士军队训练有素，装备精良，主要为防卫而建。就社会结构来说，农民与贵族的关系地位被牢牢地固定下来，前者被置于双重奴役制度之下，而贵族们则作为特权阶级的精英，享受国王的恩宠。至于中产阶级，可以不服现役，但必须提供住宿给士兵。大笔军费储备和可靠税源为军队提供了丰足的财政后盾，税款的70%以上支持军用，因此无须外援即能做到兵精粮足。

相对于上两代的谨慎，腓特烈大帝渐失尚武精神，而为战争所诱惑。在历史学家的眼中，他从当政的那一天起，就是个精神矛盾的人，他因为完成了国家的使命而鄙视自己。“做个骗子吧！”他这么呼喊自己，“做个无赖吧！”七年战争期间，他曾经呐喊：“上帝呀，如果有上帝，请你拯救我的灵魂吧，如果我有灵魂的话！”

虽然腓特烈大帝是一个在精神上充满争议的人，但是不可否认，他的武功文治让普鲁士在他的手中崛起。腓特烈大帝在位时间为1740—1786年，46年间，前面23年开拓了普鲁士的疆土与军事地位，后面23年则重整与发展普鲁士的内政。他宣扬当时流行的开明专制君主制（Enlightened Despotism），决策交由一群官僚执行，吸纳容克阶层担任军职与官职。他一方面进一步加强对国内公共生活的各个方面的控制，但是另一方面，也进行了大量的司法改革。他几乎完全废除了司法刑讯制度，减免贫困臣民的某些赋税，把宗教宽容定为国策，并鼓励普鲁士科学院的学术和科研活动。他和他父亲一样，都积极推动经济发展和殖民政策。在文化上，腓特烈大帝服膺于法兰西启蒙运动思想，喜好文学，长于音乐，他轻视日耳曼文化，对法国文化却敬仰有加。他任命法国数学家莫佩尔蒂（Maupertuis）担任柏林科学院院长。1750年至1753年间，法国伏尔泰（Voltaire）再次应腓特烈大帝的邀请去柏林生活。从法国移往普鲁士的胡格诺派教徒（Huguenot），对编写洋洋洒洒的《法国百科全书》也发挥了作用。这使得他在位时期赋有明君（philosopher king）之治的色彩，虽然这位明君也具有残忍而专权的政客本性。在他统治下，普鲁士的国力得到重要的发展，他的文治武功为他赢得民族英雄的历史地位，亦为他赢得“大帝”的称号。

普鲁士能够崛起，有几个因素值得提出来讨论，第一是宗教宽容，第二是官僚体制，第三是容克阶级。

宗教宽容：宗教自由但独尊路德教

腓特烈大帝晚期，经济进一步加速成长的一项重要因素是日耳曼其他各邦中所欠缺的宗教宽容。政府中居于主导地位的贵族，多是路德派，而法院以及城市的中产阶级则多是卡尔文主义者，双方要避免冲突，唯一的方法就是彼此宽容。宗教宽容是普鲁士能够崛起的重要原因，当法国路易十四世于1685年撤销《南特诏书》（*Edict of Nantes*，法王亨利四世所颁布，给予胡格诺教派一些政治权利）之后，约有两万胡格诺派技术工人涌入布兰登堡避难，荷兰移民，再度到德国定居。

▲胡格诺教派的十字架（Huguenot Cross）。

宗教因素对于普鲁士的崛起甚为重要。普鲁士的所有新教徒中，最具有影响力的是虔敬派（Pietism，路德派的一支）。虔敬主义始于三十年战争，反对与其他教派冲突，强调内心的虔诚、生活简朴。该教派的主张与普鲁士所倡导的简朴、节俭、责任观念、谦虚、勤勉、社会正义等美德，可谓相互吻合，从而为普鲁士建立一个专制国家提供了宗教上的理论基础。

卡尔文教派更是提倡勤俭与刻苦的重要性，视怠惰为罪恶之源，唯有拼命工作才能让人免于诱惑或做出上帝不喜欢的事，而事业的成功也是得到上帝眷顾的象征。卡尔文的本意在于赚钱，成功是为了荣耀自己的上帝，坚定自己的信仰，与能否得救的依据。这种一方面希望经由辛勤工作得以赎罪，一方面又希望借以证明自己是上帝的选民的心态，为普鲁士以及未来的欧洲资本主义建立了精神的基础。近代德国的重要社会学家韦伯（Max Weber, 1864—1920）所写的大作《新教伦理与资本主义精神》就是在论述，为何新教，特别是卡尔文教派的精神信仰造就了资本主义。普鲁士有了这一群愿意跳过国王、贵族，直接向上帝寻求救赎的卡尔文宗教信仰的中产阶级、工匠与技术人员，不只于普鲁士的经济发展有利，也不必担心这些安身立命的中产阶级会挑战现有的贵族与农奴的社会结构。普鲁士的专制主义在马丁·路德后再一次得到精神上的支撑。

路德派的信条，加强了霍亨索伦家族在普鲁士培养起来的政治意识。严格地说，霍亨索伦家族关心政治远超过宗教，经常以宗教对国家可以产生的价值来看待宗教的贡献。为了政治目的，他们可以毫不犹豫地改变信仰宗派。当他们取得莱茵河流域的领地时，他们就接受了卡尔文教派。但是即使是改信卡尔文教，也只是名义上的改变而已，布兰登堡的普鲁士仍然坚定地信奉路德教。

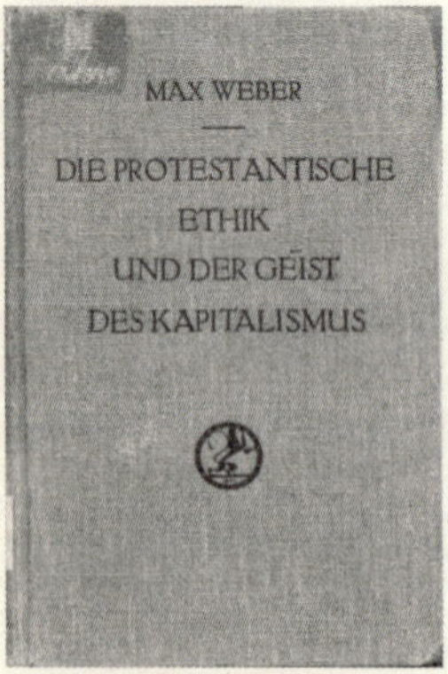

▲《新教伦理与资本主义精神》最初德文版封面。

霍亨索伦家族偏好路德教，是因为路德教对于它的政治统治在思想理论上给予明确的支持。在宗教问题上，国王腓特烈·威廉一世的行动比他的言论更能说明一切：他是卡尔文信徒，但是他只任命路德教徒为随军牧师。

经济方面与政治方面一样，霍亨索伦家族也偏爱路德教义。卡尔文鼓励个人赢利并形成经济精英；路德教则产生勤勉的市民和官僚，各自有固定和有限度的权限范围，形成一种由国家控制，不鼓励个人彼此竞争的经济，但鼓励他们支持国家在经济上与他国竞争。路德教的社会与政治取向，易于创造一个人与宗教，无论在政治与经济上，都服从于国家的精神信仰，这正符合普鲁士的需要。

在路德教派中，领导者的宗教信仰可以与他的职位分开："一个诸侯可能是一个基督徒，但他并不一定要作为基督徒来进行统治。"可是在卡尔文教义中，人与职位、宗教和政治是不可分离的。卡尔文在《基督教原理》的序言中即写道："凡不是以上帝荣耀为效劳目的而进行统治的人，就不是一个统治者，而是一个强盗。任何人要想不按照上帝的授权而取得长治久安，就是自欺欺人。"尽管后来的卡尔文教派出现若干世俗化的现象，但是它的基本精神并没有改变。因此，普鲁士的君王们当然选择路德派。只有路德派的教义，才能使个人成为国家的，而且是只为国家效力、尽忠职守的仆人。

只要坚持以路德教为核心，其他的教派均可接受。腓特烈大帝在谈到宗教宽容问题时，表现得更直截了当，他宣称："假如土耳其人或异教徒来到这里，想在这片土地上居住，我们也会为他们修建清真寺或教室，毕竟，每个人都要找到自己的生存之道。"不过，普鲁士的宗教宽容与自由主义所主张的宽容是完全不一样的。在普鲁士，宗教宽容是由上往下的赐予，而不是通过由下往上的权力争取；上位者在取舍时，刻意地以有利于巩固王权的路德派为基础。在西欧的社会，宗教自由是政治自由的前身，人们为了它们不断地向权威挑战争取，但是在普鲁士，一切来得这么容易，以致于人们也忽略了对政治自由的争取。相对于英格兰、尼德兰，或是以后的爱尔兰，我们可以看到普鲁士人民多么不习惯或胆怯于为自己的自由争取权力，这是普鲁士留给日耳曼人民一个看似多元，其实反而约束了日耳曼人民选择的政治遗产。

官僚制度：为法律国家而服务

普鲁士的官僚制度是普鲁士崛起的要素，也是未来日耳曼能够强大的基本骨干。一批受过高等教育的精英进入官僚组织，后来发展成为一个拥有专业团体精神的公务人员阶层。这群技术官僚居于超然的社会位阶，不强调个人利益，也没有政治动机，目的仅在于执行与监察公共法律，使得王权能够依据开明、公义的原则运作，建立一个法律国家（Rechtsstaat，State of Law）。

▲ 代表公平正义的泰美斯女神，一手拿天平，一手拿宝剑，双眼蒙住。天平代表公平，宝剑代表正义，蒙眼闭目表示审判要用心灵来观察。

普鲁士的官僚阶层受到日耳曼的启蒙思想家康德（Immanuel Kant，1724—1804）很大的影响。普鲁士与英法等三国的启蒙思想有着不同的内涵。英国启蒙思想家强调怀疑主义，重视科学的精神与方法，经验与实证并重，政治方面以发展立宪与民权为主，经济方面主张放任自由。法国启蒙思想具有高度批判性，对权威、教条进行批判，对现有的社会、政治、文化等方面都大肆抨击。相反的，日耳曼的启蒙思想则是着重反思（reflective）与内向性行（introspective），对人的生命价值作出较为沉重与深刻的思考反省，是一种倾向于道德与内在面向的省思，而不是像英国或法国偏重于制度面的检讨。

康德要求人要有独立的思考，解除自我的枷锁。这种自我规律、自我提升的理想，对当时普鲁士的官僚体系产生很大的影响。这种非政治的人文主义（apolitical humanism）其实也约束了日耳曼人民追求新体制的期望，官僚阶层因此可以在专制的体制下追寻开明的作为。1779年《普鲁士法典》的完成，就是这种精神的体现。该《法典》包括开放宗教自由、肯定宗教容忍原则，接受人民有追求幸福的自由，给予学术界言论与出版的审查豁免。

这些以专门人才为骨干的官僚系统，基本上使得普鲁士国王可以无需贵族之助即能顺利治理国家。拥有土地的贵族们，支持他们的国君以换取依照他们意愿去剥削农民的自由权。在这些举措下，腓特烈·威廉一世为即将形成的专制统治奠定了基础，而此目标得以实现有赖于强大的经济实力、严格管理的行政系统、效率颇高的财税机构，以及能在帝国和欧洲事务中发挥重大作用的一支劲旅。

普鲁士的官僚制度是军队的衍生物，而且除了路德教义外，可能没有任何力量对普鲁士的特性有如此巨大的影响。腓特烈·威廉一世就是既是普鲁士军官又是官员的典型，也是军事和经济效能结合的代表人物，他说："我既是普鲁士的陆军元帅，又是普鲁士的财政大臣。"

就这样，普鲁士靠着自己的军队成为欧洲主要军事强国之一，它没有和其他国家一样的丰富资源，它土地贫瘠、缺少矿产、人口稀少、没有大城市，甚至贵族也很穷，然而靠着坚毅的意志和组织的天才，霍亨索伦王室建立了一个高效率、诚实、经济健康发展、法令畅通的斯巴达式军事国家。相反的，社会却陷入僵化，几乎绝对不可能为自由民主力量的发展提供任何动力。普鲁士成为一个专制、官僚化、家长式的国家。农民阶级遭到压制的原因，不仅是由于贫困或被剥夺，还由于历史积习与思想所造成的奴性，使他们不可能表达出自己的要求、痛苦或解放自由的诉求。

这样的国家，既不是依靠人民力量，也不是基于某些理念（除非就是为了征服）的产物，它之所以能够维持，就是依靠统治者的绝对权力、一批能够忠实执行命令的官僚、一支纪律严明的军队。国家的绝大部分税收用于军队，军队在国王的统帅下成了国家本身。法国米拉波（Mirabeau）伯爵曾说：“普鲁士不是一个有军队的国家，而是一支有国家的军队。”用管理一个工厂般的效率和残酷无情的方式统治的国家成了至高无上的一切，人民不过是这部国家大机器中的小齿轮，他们在这个团体中要顺从、工作、牺牲、义务。在不喜欢这种现象的德国批评家及剧作家莱辛（Gotthold E. Lessing）看来，“普鲁士是欧洲最奴化的国家”。

容克：极端保守的统治阶级

普鲁士的兴起，容克在其中扮演着重要的角色。“容克”原指无骑士称号的贵族子弟，后泛指普鲁士贵族和大地主。容克起源于16世纪，是普鲁士特有的产物，第二次世界大战后基本消亡。在德国文献中容克被分为作战容克、宫廷容克、议院容克和乡村容克等不同类型。

在德国历史上真正起过较大作用的是乡村容克，他们从斯拉夫人的手上抢占土地，建立了大庄园，经营农业。斯拉夫人在庄园里面工作，成为一种与欧洲其他地区完全不同的无地农奴。在普鲁士以外的地区，农民虽然也是处于农奴的地位，但是只要按时纳租，仍然享有一定的权利，可是斯拉夫农奴是没有任何权利的。

农民没有能力追求解放自由，城市呢？资产阶级基本上免服兵役，因此可以专心赚钱，或者担任各级公务人员，但是他们的社会地位也受到严格限制，无法像英国、法国那样，通过捐钱来获得贵族头衔。腓特烈·威廉二世禁止富有的资产阶级购买贵族庄园，尽管这条禁令在现实生活中有名无实，但是有关的规定毕竟对资产阶级的心理产生影响与约束。由于军官团与政府职务只能由贵族阶层担任，各阶级之间的社会地位差别更大了。普鲁士的资产阶级固然可以变得更富有，但是却无时无刻不感觉到自己社会地位的卑下与缺乏政治权力，城市的资产阶级也因而缺乏追求自由的精神力量。

在西欧其他地区，地主固然有缺点，但是在养尊处优的环境下，也慢慢培养出一种文化的教养，从而为西方文化提供了文明的发展轨迹，我们可以从西方贵族强调的优雅举止、精英的思想与文学、文化、艺术作品中看到这些现象。

当时普鲁士并没有发展出类似西欧中产阶级的大城市，因此日耳曼的容克也不受到西方文明的影响。与西方有教养的贵族相比，普鲁士容克展现的是一种粗野、专横、傲慢、没有教养、没有文化、侵略成性、目空一切、残酷无情、心胸狭隘、斤斤计较、喜欢占小便宜。这最后一点，德国有些历史学家在俾斯麦（Otto von Bismarck, 1815—1898）的私生活中都看到了。

容克对于后来的德国历史也有着相当的重要性。俾斯麦出身容克，被认为是容克利益的代表。在政治方面容克地主阶级极端保守，主张君主专制，崇尚武力，赞成对农业采取保护主义政策。在整个帝国年代中，帝国国会中的德国保守党、议会外的农民同盟（Agrarian League）代表着容克的利益。普鲁士军队统一了德国，它的军官多出身于容克，因此容克在德国特别是普鲁士有巨大的影响。普鲁士长期保留着反自由主义的宪法（1850—1918）。在威玛（The Weimar Republic, 1919—1933）时期，容克继续敌视共和政体。共和国的崩溃导致希特勒的上台。

康德的唯心主义：不是为政治革命而启蒙

1789年，欧洲发生了惊天动地的大事——法国大革命爆发。日耳曼与法兰西相邻，为何法国的革命没有跨过莱茵河，对日耳曼的社会产生影响？除了正处于高度分裂，缺少中产阶级，没有大规模的城市可供积累自由思想与革命力量以外，另

▲ 康德是德国哲学家，启蒙运动最重要的思想家。

一原因，就是日耳曼民族那时的启蒙运动思想，局限于自我探索的唯心主义。

三十年战争的创伤使得日耳曼民族元气大伤，战争后的现实政治又使得日耳曼人民被迫接受外来统治者所强加的一切束缚。日耳曼人民从精神上可以接受专制统治，盲目顺从像小暴君般的王公诸侯。17和18世纪在英国取得快速进展，1789年在法国爆发为大革命的民主思想，在日耳曼民族中却没有萌芽。如前所述，日耳曼民族不是没有启蒙，只是它的启蒙既非宪政，亦非民主，而是康德的唯心主义。

在英法两国，舆论可影响政府，有关国家大事及社会问题，都以一种反映舆论重要性的活力进行辩论，但在日耳曼，这样的辩论却只停留在纯理论的层次上。文化成为各邦君主专制统治下的狭窄天地中逃避现实之所在。文化活力既然无法改造现实社会，只得转而通过自我净化和自我完善的途径来解放个人。

这就是德国唯心主义哲学产生的背景。唯心主义这一哲学运动，力主把道德学和美学从经验主义的桎梏中解放出来。唯心主义以康德思想为武器，设法证明有一经验王国存在于科学研究领域之外，那就是真、善、美的王国。唯心主义者希望超越由国家、阶级和宗教所构成的一切障碍。他们以人性为全部内涵而立论，而人性则通过政治、社会和神学各范畴之无限多样性来显示其根本的和谐精神。唯心主义提供逃避日常生活的狭隘，凡是在邦国统治小天地里无法施展抱负的人，都可转向唯心主义哲学以获得精神上的解脱。中欧的社会思想因而逐渐抹上一种形而上学的色彩，与西欧浓重的实用主义哲学色彩截然有别。到18世纪下半期，德国人开始把他们的国家视为“思想家与诗人之乡”。

这种以寻求精神解脱为主的唯心主义，是一种非政治性的人文主义，不可能是追寻民主宪政革命的原动力。日耳曼地区没有形成一些大规模以中产阶级为主的中心城市，而传统的封建思想、小国主义，使得类似法国大革命式的运动无法在日耳曼出现。透过开明专制，普鲁士已塑造出自己的革新道路，而不需仰赖外来革命的刺激。因此，在法国挑起惊天动地的革命浪潮时，普鲁士却是静悄悄地进行循序渐进的改革工作。

扩张：非关民族的王国利益

18世纪中叶日耳曼不在欧洲政治决策中心，为时长达百年之久。欧洲大陆的事务，主要取决于像法国、英格兰及西班牙之类的强国，中欧诸国却挣扎于闭关锁国的困境。1648年三十年战争结束与1789年法国大革命之间的日耳曼历史，大体上是几十个小邦各立门户的局面，各邦几乎都有完全的自主之权。

理论上，神圣罗马帝国仍然存在，但是实际上已变成空壳。神圣罗马皇帝仍然遵循旧章进行选举，当选者是西泽和奥古斯都的继承人。但是，在美因河畔法兰克福（Frankfurt am Main）举行的盛大加冕典礼已不能掩饰，帝号拥有者的职位不过是一种名号而已的事实。在里根斯堡（Regensburg）召开的帝国议会，也已成为一种工具，用以合法化排他性的利益，而对全国性的福利却很少关

▲ 拿破仑于1806年进入布兰登堡大门之情景。

注。帝国其他中央机构，如设在韦茨拉尔（Wetzlar）的帝国法院，形同虚设。1760年前后的日耳曼，从宪法及政治角度观之，与波兰颇有相似点，即一度兴盛而自豪的国家却为内争所削弱，导致强邻插手本国事务。

帝国内有两个最大王国，一个是奥地利，一个是普鲁士，未来也只有它们两个有能力统一日耳曼。对于奥地利而言，它已经是日耳曼的皇帝，它满足于现状，因为它拥有的并不仅是日耳曼，还包括了意大利、斯拉夫和马札儿（Magyar，即匈牙利）各领地，可以做包括日耳曼在内的多民族皇帝。

另外一个，普鲁士，虽然军事力量强大到足以将统一全国作为政策目标，但是从历史来看，普鲁士的君王们，一开始并不是将统一日耳曼当作目的，而是看重如何扩大普鲁士的权力，他们并不是民族主义者，而是希望国家权力能够极大化的现实主义者。无论是腓特烈大帝，还是他的后继者腓特烈·威廉二世及腓特烈·威廉三世，他们都是意图追求本邦而非全日耳曼的各项目标。那些爱国、亲普鲁士的史家们，100年后曾论辩说，俾斯麦所完成的大业，恰是腓特烈大帝所追求的目标，是以今论古的曲解。事实上，这位霍亨索伦家族最伟大的成员，对于他所属的帝国显然是漠不关心的，正如他对帝国其他地区的伟大文化成就也视若无睹一样，他要的很简单，就是普鲁士的强盛与扩大。

霍亨索伦家族把普鲁士小王朝的利益置于帝国利益之上的做法，从瓜分波兰一事看得尤为明显。腓特烈大帝是1772年第一次瓜分波兰的总策划者，这次瓜分使波兰失去了约1/5的人口和1/4的国土，分别由普鲁士、俄罗斯及奥地利予以侵占。腓特烈大帝的继位人腓特烈·威廉二世，又在1793年促成第二次瓜分（普鲁士和俄罗斯分食），在1795年促成第三次瓜分（普鲁士、俄罗斯及奥地利分食）。结果使得普鲁士在欧洲的地位提高，而在日耳曼区域的影响减低。霍亨索伦家族不是特别在意日耳曼民族的纯度，而是希望普鲁士强大。希望通过并吞波兰，有朝一日把他们的王国变成一个与哈布斯堡帝国相匹敌的二元民族国家。这个未来的二元民族内，包括旧地区的日耳曼居民与新地区的斯拉夫民族，普鲁士居民的新教与波兰人信仰的天主教，首都柏林与华沙并驾齐驱。普鲁士的重心准备向东移，以远离神圣罗马帝国的问题和各种利害关系。不久，由于法国大革命后的偶发原因，普鲁士被迫放弃了已侵占的大部分波兰土地，从此又在日耳曼事务中继续扮演重要角色。

普鲁士与奥地利这两个王国，即使在面对外来强权时，想的仍旧是自己的利益，而不是日耳曼的安危荣辱。1789年法国大革命的浪潮席卷欧洲各地，普鲁士原先想利用这个机会削弱奥地利。后来情况发生变化，1793年3月，普奥两国共同以帝国名义对法国宣战。后来英国与西班牙加入，组织第一次反法同盟。普奥双方关心的根本不是如何打败法国，而是如何确保在波兰的利益。1795年普鲁士为谋和平，退出同盟，割地交换与法国媾和，只剩下奥地利单独与法国作战。1797年奥地利兵败割地求和。1799年英、奥、俄共组第二次反法同盟。1801年奥地利再被迫割地求和，法国兼并莱茵河东岸的土地。

法国的日耳曼政策目标是削弱奥地利，把帝国分解成若干较大的邦。1805年法国再败奥俄联军，长驱直入维也纳，占领了奥地利引以为傲的这座首都，这也是拿破仑生平最辉煌的时刻。普鲁士此时仍然袖手旁观，保持中立。1806年7月12日，拿破仑策动巴伐利亚、巴登（Baden）和符腾堡等16个邦国，脱离帝国，正式建立莱茵邦联（Confederation of the Rhine），将它置于自己的保护之下。拿破仑希望莱茵邦联成为独立于普鲁士与奥地利之外的第三个日耳曼。同年8月6日，奥地利国王正式放弃神圣罗马帝国的称号，这个长达850年的帝国正式寿终正寝。

普鲁士于1806年10月9日突然向法宣战。五天之后，拿破仑在一天之内就拿下了耶拿和奥尔施塔特（Auerstadt），重创普鲁士。10月27日拿破仑在柏林举行了胜利的入城仪式。这是一个奇耻大辱，“以军立国”的普鲁士第一次被外国的铁骑踏入自己的家门。

柏林虽然被占领，但是普法战争仍然持续。1807年6月14日，拿破仑击败俄军，俄国不得不诉诸和平，普鲁士此时几乎要绝望了。1807年7月9日，拿破仑与沙皇亚历山大签订和约，在俄皇的大力游说下，普王威廉三世才勉强保住了王位，但是和约对于普鲁士甚为严苛。普鲁士失去了一半以上的国土，仅剩下布兰登堡、东普鲁士与西里西亚，领土变得支离破碎，人口也从原先的1000万骤减到450万。根据后续规定，普鲁士还必须支付1545亿法郎的巨额战争赔款，未付清前领土由15万法军驻扎，开支也由普鲁士支付。

与其还款，不如整军再战，普鲁士再次开启了重大改革。在蒙受奇耻大辱后，这个霍亨索伦王国终于采取措施，将其政府结构加以改革以适应变化中的政治和社会环境，而这些正是他们在鼎盛时期曾经顽固不加以关注的事务。

励精图治：全面改革但不含民主

由于在耶拿的战败和季尔锡特（Tilsit，今俄罗斯苏维埃茨克Sovetsk）战败条约的惨痛教训，一批有才能的改革家涌现出来，他们努力为自己国家的复兴创造条件。1806—1813年，柏林的政治家们由上而下地推动了一次重大改革，想把僵化的专制体制改为一个顺应民心的君主制度，以得到自由公民的支持与效忠。

▲ 施泰因画像。

1807—1808年施泰因（Karl von Stein, 1757—1831）出任普鲁士首席大臣，开启普鲁士的政经改革。施泰因的改革包括土地与政府制度。土地方面所取得的最重要成就之一是废除农奴制，此举就是要把农民从“会说话的牲口”的处境下解放出来，还其本来的公民身份。不过，当农民获得人身自由时，政府却未能为他们提供经济上的自主条件。绝大多数土地仍在贵族手中，因而他们继续支配着农村的政治和社会生活。施泰因试图仿效英国模式，建立一个强大的自耕农阶级，这个愿望在容克地主们的反对下落了空。

比较成功的是城市自治法规。根据这个法规，王国各城市此后的管理官员不再由中央委派而由城市有产阶级（军人、犹太人、门诺派教徒、未成年人除外）选举产生。法规的用意，是透过城市自治以训练出一个政治意识强而积极主动的中产阶级。

施泰因还对枢密制度作了改革，建立由五个部长所组成的国务会议（Staatsrat）作为国家最高行政管理机构，这也是近代政府各部的前身，内政部、外交部、财政部、教育部、军政部各设一名部长，他们不受国王私人枢密顾问的干扰，并有权直接向国王报告工作。由此，普鲁士实现了中央集权，政府管理也摆脱了国王及其亲信顾问的横加干涉。这些改革自1808年11月24日起生效，而这一天，法国检查员截获施泰因的一封信，信中有侮蔑拿破仑的言论，普鲁士国王在法国的压力下，当天将施泰因解职。

接替施泰因的是从1810年至1822年担任首相的哈登贝格（Karl A. von Hardenberg, 1750—1822）。德国大历史学家兰克（Leopold von Ranke）极力称颂他的政治业绩，曾指出：在普鲁士即将灭亡的时刻，正是哈登贝格从拿破仑手中保全了这个国家。他建立了政府各部门对立法负责的制度，国王法令生效前必

▲ 克劳塞维茨画像。

须得到相关部门的副署。他也推动贸易与商业税方面的改革，废除行会对于具体行业的垄断地位，从此贸易活动不再由行会管理，而是由国家管理，受限制程度大为减轻，促使经济增长，从而增加国家财政收入。同时，城市与乡村税收制度的不平等现象也得到了修正。

▲ 洪堡为德国语言学家和教育改革家。

教育改革的最大贡献者洪堡（Wilhelm von Humboldt，1767—1835）认为，每个人都应该依据自己的能力开发才智，而国家应该无条件地提供必要条件。在他看来，使人民接受教育并不是因为这样才可以使国家变得强大，而是一项道德义务。由于他的努力，柏林大学得以在1810年创立，采取自由理念，给予大学教授与学生高度自主权，并提倡由教授自行治校。

最有成就的一项改革是军事的改革。1807—1814年沙恩霍尔斯特（Gerhard von Scharnhorst，1755—1813）的军事改革，发展了近代的总参谋部体制。1810年创立了战争学院，由经典军事著作《战争论》（*On War*）的作者，也是沙恩霍尔斯特的学生克劳塞维茨（Carl von Clausewitz，1780—1831）担任校长。克劳塞维茨提倡总体战争（total war）思想，认为在战争时可以对敌人所有的疆域、财富及民众进行打击。现在看起来已不符合人类正义原则，但是他的思想影响了以后的第一、二次世界大战的形式。1814年，普鲁士正式颁布全民征兵法令，确立三年正规军、二年后备军的规定。

军事改革的目标就是要建立一支以法国国民军为标准、愿意捍卫自己的财产和为自由而战的普鲁士国民军。他们认识到，除非士兵是自由人，否则无法灌输他们民族自豪感与战斗精神。凡是在战争中表现得不称职的军官，或是辞退，或令他退休，现役的将领中只留下了两位。军官团不再是只属于贵族阶级的禁地，打破身份、唯才是举成为组成的原则。司令部完成了一项彻底的军事系统改组计划。军纪更合情理，晋级要靠立功，招募方法改进，战术训练有所更新。最重要的是，军官们设法灌输士兵一种以信念为主的新精神，而不再强调盲目服从了。

历史事实证明，经由这一次改革，普鲁士的确变得更为壮大，但是很遗憾地，英法等国的民主自由思想却在这一次的改革中再一次缺席。普鲁士传统的开明专制思想仍然根植于这个王国之中，封建的贵族、传统的容克阶级拒绝接受权力下放的要求，国王也觉得仍然要争取他们的支持，以换取他们以后对其他反抗势力的对抗。官僚体系仍然是国王的公仆，以民为主的宪政思想，在普鲁士的土地上仍旧嗅不出发芽的味道。

民族与国家主义的兴起：自由主义只得靠边站

在推动改革的同时，另一股思想开始酝酿，这个思想更使自由民主宪政思想受到压抑。当人们把焦点放在民族主义与国家主义时，自由与民主就只得靠边站了。

▲费希特，德国哲学家及爱国主义者。

1807年，普鲁士在耶拿屈辱地被拿破仑击败后，费希特（Johann Gottlieb Fichte，1762—1814）在柏林大学的讲堂上发表他著名的《对日耳曼民族的演讲》（*Reden an die deutsche Nation*），论述民族复兴的唯一真实基础。这些演讲深深地激励了一个陷于四分五裂的战败国家的人民，让那些垂头丧气、忧心忡忡的日耳曼人鼓起勇气，使他们认识到，不管命运如何严峻，日耳曼依然是一个值得尊敬的民族，甚至在其他许多民族面前，会成为一个卓越的民族。费希特的传道是一种醉人的烈酒，在他看来，拉丁民族，特别是法国，和犹太人都是令人鄙视的。他引用马基雅维利的话说："法国人不能忍受持久的劳顿和辛苦"，"遭受不幸，他们就十分谦恭；时来运转，他们就狂傲无礼"，"他们变化不定，是轻浮的货色"。在他看来，只有日耳曼人才有复兴的可能。他们的语言是最纯洁、最与众不同的，只有在他们的影响下，历史才能展开一页新的纪元。这个新纪元将反映宇宙的法则，将由一群为数不多的社会精英来领导。费希特这位日耳曼的民族主义思想家在1810—1812年担任新建的柏林大学校长，让他的理念更快地深植民心。

费希特在1814年逝世以后，他在柏林大学的讲座由黑格尔（Georg Wilhelm Friedrich Hegel，1770—1831）继任。虽然同样是唯心主义的思想家，从康德作品中感受到的是善良，但是黑格尔的著作给人的感觉却是冷峻。黑格尔是一位思想敏锐、观察入微的学者，他的学术思想对于20世纪的两大主义——共产主义与国家主义都有着深刻的影响。他的辩证法后来启发了马克思和列宁，对共产主义有着相当大的贡献。在国家主义方面，黑格尔自觉地弘扬日耳曼民族的国家主体思想。历史上还没有一个哲学家把国家的观念拉到"神"的

▲ 黑格尔曾担任教师，后来成为纽伦堡高级中学的校长，接着在柏林大学任教。

概念，他在《历史哲学演讲录》中，认为“国家是地上存在着神的理念”。当黑格尔把“神的理念”拿出来作为国家存在的理由时，大概也没有人再可以挑战了。

黑格尔把国家视为人类生活中至高无上的主宰思想。他感慨日耳曼的分裂，在《日耳曼法制》一文中说，如果日耳曼想要避免意大利的命运，就“必须重新组成一个国家”，建立起“领袖领导下”的“国家政权力量”。这个“领袖”当然就是君主。由于日耳曼当时只是一个选侯制的帝国，因此，黑格尔断然认为“国家必须享有最终决定的意志”，个人当然必须服从于国家。在黑格尔看来，国家就是一切，或者几乎是一切。他认为国家是“世界精神”的最高表现、是“道德的宇宙”、是“伦理概念……伦理思想……认识和思维本身的体现”，国家“对个人有至高无上的权力，个人至高无上的责任是做国家的一分子……因为世界精神的权利是超过一切个人的特殊权力”。

那么人的幸福在哪里呢？黑格尔答复说：“世界历史不是幸福的帝国”，“幸福的时期是历史上空白的篇页，因为这些时期是和谐一致、没有冲突的时期”。战争是最大的洁净剂，在黑格尔看来，战争有益于“为长期和平所腐化的各国人民的伦理健康，正如同刮风使海洋去除长期平静所造成的污秽一样”。

在黑格尔看来，任何传统的道德和伦理观念都不得影响至高无上的国家或领导国家的“英雄”。他说：“世界历史占有一个更高的地位……不相干的道德要求绝对不能与世界性、历史性的功业及其实现发生冲突，绝不能以个人的品德——谦虚、仁爱、宽容——来反对它们……这样强大的一种形式（国家）必须践踏许多无辜的花草——压碎它前进道路上的许多东西。”

黑格尔不仅强调日耳曼民族建立国家的重要，与费希特一样，还歌颂日耳曼民族的优越性。黑格尔把世界历史视为太阳从东方升起、往西方落下的过程，当世界历史在东方（中国、印度）起步时是“世界精神”的童年，经过波斯到达希腊，是“世界精神”的青年，到罗马是“世界精神”的成年，最后到了日耳曼民族的西欧，“世界精神”到了老年，然而是成为理性化身的老年。因此，亚洲是起点，欧洲是终点，确切地，日耳曼是终点。

黑格尔这种对于文明发展的论述，等于提出了日耳曼民族是世界精神与理性发展的终点站，不可能再有任何民族超越这个历史的终结。黑格尔与康德这两位日耳曼的伟大唯心主义思想家在认知上是对立的，一个抱着世界主义的幻想，一个执著于民族（国家）主义的实验。重读黑格尔的言论，可以惊讶地发现，未来近百年的日耳曼历史似乎是在执行黑格尔的理念，日耳曼人民没有选择康德或是法国的卢梭，而是选择了黑格尔。黑格尔的思想为俾斯麦的第二帝国与希特勒的第三帝国铺平了道路。

成立日耳曼邦联：梅特涅主导压制自由民主

1812年法国出现了严重的经济危机，为了禁止欧洲大陆各国与英国通商往来，拿破仑推出了大陆封锁政策。这项政策使得英国与法国都遭受严重损失，法国内部资产阶级也是怨声载道，减弱了对拿破仑的支持。由于俄国决定继续与英国通商往来，拿破仑集结70万大军远赴莫斯科作战。最后的结果大家都清楚，法军惨败，欧洲重新从拿破仑的手中被解放。欧洲各国在1814年9月至1815年6月在维也纳召开和平会议。

奥地利首相梅特涅（Klemens Wenzel Lothar von Metternich，1773—1859）无意于恢复战前那些日耳曼小邦国，而是希望建立一个以奥地利为首的日耳曼邦联，以便使普鲁士、奥地利以及较小各邦之间保持平衡。1815年维也纳会议划定的日耳曼政区，包括39个邦的日耳曼邦联（Deutscher

Bund）成立，代替旧有的神圣罗马帝国。

▲ 当时位于法兰克福的联邦议会大厦。

邦联是一个松散的政治联合体，其中大多数邦的统治权仍操于各邦政府之手。没有中央行政及司法部门，只有一个邦联议会（Bundestag）设于美因河畔法兰克福，定期开会商讨共同的立法事宜。参与审议的代表们都由各自所属君主指派，并对各自的君主负责。邦联在理论上授权采取各种措施以加强国家的政治和经济联合。事实上，邦联仍旧是排他主义的堡垒，并不能牺牲地方自治以树立中央权威。这种依靠奥地利与普鲁士支持的松散邦联，对于那些在拿破仑战争中并肩作战的人而言是不能满足的，他们希望日耳曼能够成为一个紧密联合的国家。

许多日耳曼人曾希望邦联议会能够成为一个真正有意义的全国权力机构，也有人对于日耳曼的未来抱有某些模糊的自由主义思想，但是事后来看，他们都失望了。

在拿破仑统治时期，莱茵邦联开启政治改革，并未因为拿破仑的战败而终止。南方各邦政府接连公布宪法，巴伐利亚和巴登于1818年，符腾堡于1819年，黑森—达姆施塔特（Hesse-Darmstadt）于1820年，分别制宪并公布实施。这些宪法都规定设置代表大会，由有资产者选举产生，提案必须经它同意才能依法实施。当时居民中信仰各异，传统不同，因此这些规定的目的，不仅是为君主争取知识阶层的支持，而且也为在不同居民中形成一种统一意识。在北方，对改革运动的附和之声一直未断。腓特烈·威廉三世起初对他于1815年许诺在普鲁士成立立宪政府的实施步骤，曾予认真考虑。但是年轻人似乎已经等不及，鼓动政治改革的呼声早已在大学生中达到鼎沸之势，他们组成了一些爱国社团，即所称的“青年协会”（Burschenschaften），要求结束邦联制，实现国家的真正统一。

当时奥地利的首要谋士梅特涅，不仅反对在理论上宣传自由主义和民族主义，身为哈布斯堡帝国的头号政治家，而且他也认识到在日耳曼如果建立中央权威，势必严重阻碍奥地利政府在匈牙利、意大利和巴尔干地区推行的政策。梅特涅利用一次青年谋杀俄国人的机会，颁布了一系列镇压条例。梅特涅决定进行一场不是大获全胜，就是全部输光的政治豪赌，他认识到，摆在眼前的，不是革命就是复辟。他坚定表示，如果邦联不走反革命路线，奥地利将不得不退出。

邦联议会于1819年9月20日通过的所谓《卡尔斯巴德法令》（*Carlsbad Decrees*），建立报刊检查制度，宣布青年协会为非法组织。邦联向每一所大学派出一名全权代表进行监视，此后所有被怀疑有颠覆思想的教师均予以解职，大学生运动遭到取缔，学术自由被废除，大学被置于邦联的控制之下。在普鲁士，开明的大臣们被迫辞职，原来要公布王国宪法的计划被撤销。柏林政策上的向右转变，强化了北方诸小邦的独裁趋向，使它们很快就都放弃了制宪计划。

邦联议会通过了《维也纳最后法案》，规定各邦的宪法都必须遵守君主制原则，这等于宣告日耳曼不可能有一部经由自由路线所制定出来的宪法。由此，日耳曼邦联成为纯粹以镇压革命为己任的一套制度。到1820年末，这次历时约15年的改革运动彻底结束。

关税同盟：增加权力的经济手段

虽然资产阶级的立宪要求遭到挫败，但是在经济领域却赢得了辉煌的成果。资产阶级希望能够建立一个全日耳曼共同市场，并通过较高的关税予以保护，以便让本土工业在保护性关税壁垒后面得以成长，直到它有足够能力应付英国的商品竞争。

率先建立关税同盟的是普鲁士。1818年，普鲁士取消境内各省的壁垒，从此，普鲁士区域内成为一个自由的贸易市场。这项关税同盟政策的目标，是希望能够从日耳曼其他地区获取利益。当时的财政部长莫茨（Friedrich Christian von Motz）写道，这一政策“与日耳曼统一无关，与（日耳曼）邦联无关，必要时甚至可以与邦联对着干”。

普鲁士通过把邻近几个邦拉入自己的关税体系，不断扩大自己的关税区。奥地利尝试说服南日耳曼的一些邦，例如要求巴伐利亚不要加入，可是在经济的吸引力下未能奏效。1834年1月1日，日耳曼关税同盟（Zollverein）成立。此后，更多的邦相继加入，至此，覆盖日耳曼2500万人口的一个共同市场，开始在普鲁士政府的高效率与灵活的运作下运转。关税同盟实际上意味着一种在没有政治统一条件下所取得的商业行为统一。普鲁士政府因为组成关税同盟而获得与奥地利角逐中欧霸主地位的新武器。

在这段时期，工业化取得一定程度的成果，但是并不是完全令人满意，一直到19世纪下半叶，日耳曼的经济才真正取得重大的进展。在1846—1847年间，关税同盟内的劳动人口中，仍然只有不到3%的人属于产业工人。对于工业扩张而言，具有决定性的推动力来自铁路的修筑。铁路建设对当时的社会生活和经济发展产生了巨大的影响。铁路建设促进了钢铁业、机器制造的发展，使得日耳曼人得以逐渐掌握制造高性能铁轨和稳定机车的技术，各地的冶金业也得以加足马力生产。金融业和私人投资者开始把他们的资金由政府公债及商业投机转向制造业。厂主、制铁业者、铁路经营者、金融业者和证券经纪人逐渐形成一个新的中产阶级，他们的财富主要来自工业活动，而他们日益增加的重要性则激励其中部分成员要求更大的政治影响力。尽管绝大多数日耳曼邦联居民继续生活在农村小区，但已有人口开始自农村流向城市。

农业在经历一段艰难时期后，生产的结构与方式已经能够适应经济发展趋势。农奴制的结束，已在易北河以东各地造成贵族地主拥有的大庄园规模日益扩大，但仍由一批无产的农民耕作。普鲁士境内的农民解放运动，使得一些容克地主阶级以兼并小农土地来加大他们的田产。结果使霍亨索伦王国东部诸地区出现贵族持续主宰农村经济、社会和政治等事务的情况。这种乡绅政治，构成了一股强大的保守主义和排他主义的力量。

革命浪潮席卷欧洲：日耳曼的民主再现曙光

维也纳会议以后的欧洲，各大国奉行“正统”原则，保守的梅特涅成为旧秩序的维护者。但是从19世纪30年代以后，他主导的欧洲并不平静。1830年巴黎爆发革命，查理十世（Charles X）被迫流亡海外，王位落入资产阶级国王路易—腓力（Louis-Philippe，1830—1848年在位）之手。保加利亚、意大利、波兰也爆发了类似的起义。

19世纪40年代末横扫欧洲大陆的艰难岁月，使日耳曼邦联内普遍的群众不满情绪酝酿着一场革命，一触即发。19世纪40年代中期之后，严重的经济萧条使工业发展陷于停顿，加剧了城市失业现象。与此同时，整个欧洲农业歉收严重导致自爱尔兰至俄属波兰这一大片地区饥馑成灾。在中欧，哀鸿遍野的19世纪40年代，驱使长期呻吟于工农业调整所带来的经济恶果之下的下层人民铤而走险，在日耳曼几个邦内，出现过零星的饥民暴乱和严重的骚动。

1848年2月24日，法国资产阶级民主派的国王路易—腓力在一次巴黎暴动中被推翻，法国又变成了共和国，这使日耳曼老百姓受到鼓舞，革命也席卷了整个日耳曼。3月13日，现存秩序的代表人物梅特涅，被迫辞去奥地利内阁大臣职务。自由人士号召建立一个类似美国的日耳曼联邦国家。在巴登、符腾堡和黑森地区，人们迫切地要求出现新闻自由、实现宪政改革、建立陪审团制度，重要的是，呼吁尽快建立一个代表全日耳曼的国家议会，以取得政治上的统一。

在梅特涅被迫下台后，普鲁士国王腓特烈·威廉四世（Friedrich Wilhelm IV,1840—1861年在位）也决定识时务，废除新闻检查制度，召开联合会议，制定新宪法。这位国王，不仅参加革命者的丧礼，3月21日，还骑着马巡视柏林，衣服上缀有象征着革命的黑、红、黄三色，向群众宣称："我身上有着并不属于我的这几种颜色，但我要的不是王冠，我不想进行统治，我想要的是日耳曼的自由、日耳曼的统一，我要的是秩序。这一点，我可以向上帝起誓。"同一天，他还签署了一项宣言，其中一句话非常著名，但是其含义却众说纷纭。"从今天起，普鲁士并入日耳曼。"没有人真正了解这句话的内容，但是看上去，一个自由与统一的日耳曼国家似乎即将实现。

这个时候有一个人进入了日耳曼的舞台，他的意志与观念改变了这个时代即将可能发生的变化，他要的不是"普鲁士并入日耳曼"，而是"日耳曼并入普鲁士"，他不在乎"自由"，而在乎"武力"，他走的不是"自由的统一"，而是"武力的统一"。他就是俾斯麦。

法兰克福制宪会议：宪政自由的再一次挫败

5月18日，350名代表在法兰克福的保罗教堂召开全日耳曼国民议会，为一个自由、统一的祖国草拟宪法。此次议会的召开，实现了民族主义者一两代人长期怀抱的种种希望。不过这些曾经打垮旧体制的力量很快就发现，在如何利用他们共同的胜利成果这个问题上，意见有分歧。不只在开放民主自由的程度上有差异，在未来的统一日耳曼到底应该是包括奥地利在内的大日耳曼，还是不包括奥地利在内的小日耳曼上也是看法不同。

在法兰克福制宪会议上，大日耳曼派主张，只有奥地利能够成功地领导统一后的祖国，因为它的统治者们曾获得神圣罗马皇帝称号达400年之久。小日耳曼派则认为，哈布斯堡家族拥有太多的斯拉夫、马札儿及意大利的领地，不能专心致力于重振日耳曼国家的声威，他们强调日耳曼国家的天然领袖非普鲁士莫属，因为普鲁士的政治活力及地理位置，将为中欧提供有效的行政管理和可靠的军事保障。法兰克福制宪会议后来坚决主张，如果未来要把奥地利纳入，必须将奥地利王国中的日耳曼人居住地区与其他地区人民分开，也就是说，哈布斯堡必须一分为二，这当然不是刚刚上任年仅18岁的国王约瑟夫（Francis Joseph）所能接受的。

大日耳曼与小日耳曼的争辩，其实也反映出法兰克福制宪会议者的心态，他们要的是一个日耳曼的民族国家，还是只是要一个国家，很明显，大多数选择了前者。

普鲁士国王威廉四世基本上是认同大日耳曼的，他曾说："缺少了里雅斯特（Triest），没有了蒂罗尔（Tyrol）这个神奇的大公国，这样的日耳曼，简直比一个人没有脸孔还要难看。"俾斯麦可不是这样的看法，他思考日耳曼的未来不是从民族国家的角度出发，他要的是一个普鲁士的帝国。

在会议上，自由主义者推举了一个临时的中央政府，代表日耳曼管理一个即将出现的统一国家。国民议会更草拟了一份宪法，并在1849年3月28日完成，规定建立统一的日耳曼联邦。宪法内容肯定人身自由、法律平等，信仰、言论、出版、行动等自由，集会结社等权利。这是日耳曼自由主义对于国家未来政治蓝图的期望，但是却因为国民议会后来的解散而遭遗弃，不过，它的精神却成为后来1919年威玛共和与1949年西德基本法的蓝本。但是，这已是半个世纪与一个世纪以后的事了。

法兰克福制宪会议提出，帝国皇帝应该由普鲁士国王担任。1849年4月2日，议会代表团前往柏林，但是他们的建议遭到威廉四世的拒绝。这位国王坚定地相信君权神授说，声称自己不能接受“一顶由议会多数赋予的皇冠”。他甚至将这样的皇冠比喻为“奴隶的铁项圈”。他不仅打破了人们对于日耳曼统一的希望，也彻底地摧毁了法兰克福议会的合法性。5月14日，普鲁士政府敦促解散法兰克福政府，并命令出席会议的所有普鲁士代表辞职。

没有普鲁士的参与，法兰克福制宪会议也只好结束。这一次制宪会议不是没有制宪，也不是没有推举皇帝，但是最终都没有成功。通过会议前后各地不断的革命洗礼与制宪会议的酝酿，追求日耳曼统一的民族主义已趋成熟，但是立宪主义的自由主义者却是锐气受挫，从此民族统一落入了一群保守主义者的手中，他们割裂了自由、民主与民族统一三者之间的平衡。

1848年法兰克福制宪会议与各地革命的失败，意味着日耳曼地区工业化的进程并不必然带来社会结构的改变。资产阶级放弃了政治上的雄心，集中精力于赚取金钱和谋求专业发展。资产阶级这时已在旧式精英体制中获得了相当多的利益，并与之建立起千丝万缕的联系。资产阶级在社会下层的激进主义兴起时，选择了向保守势力寻求保护。至于无产阶级，也就是马克思所形容的“革命阶级”，在那个年代也无法扮演什么样的角色。1848年，不论是人民革命或是宪政革命，都失败了，这也使得日耳曼没有机会再选择自由与民主，统一成为日耳曼人民期望完成的首要目标，1850—1871年也就成了以民族主义追求统一的时代。

法兰克福制宪会议结束后，普鲁士军队很快地镇压各地的暴动，在各地恢复了秩序。此后，普鲁士进行了一连串的军法审判，处决了为数甚多的叛乱分子，在巴登一地，就有八万人离开家乡去了美国。1849年至1854年间，约有110万人移民海外。

俾斯麦的普鲁士：只有铁血，没有民主；只谈权力，不谈民族

在统一的立场上，普鲁士决定实行小日耳曼方案，建立一个由普鲁士领导的帝国。普鲁士追求统一的第一步，就是把奥地利排除在外。为达此目的，普鲁士必须要击败奥地利，取得日耳曼统一的主导权。在面对奥地利时，普鲁士不谈民族主义，只谈政治上的谋略与现实主义的权力。

▲ 俾斯麦协助创建德意志帝国，担任首相长达19年。

俾斯麦开始在历史中出现了。1850年普鲁士被迫回到日耳曼邦联。俾斯麦出任普鲁士驻法兰克福制宪议会的公使时，强烈反对奥地利主导日耳曼邦联的企图。在克里米亚战争（Crimean War，1853—1856）期间，当奥地利提出日耳曼邦联军队的一半应该动员时，俾斯麦强烈反对，普鲁士的态度一方面得到了俄国的感激，一方面又避免得罪英法，更重要的，他在整个邦联中重挫了奥地利。

当奥地利在法国针对意大利的民族革命运动发生冲突时，俾斯麦决定趁此机会好好羞辱一下这个竞争对手，即使意大利因此而独立也在所不惜。俾斯麦建议，一定要抓住奥地利与法国战争的机会，把普鲁士的军队调至南方，“背包背到哪里，前方哨所便在哪里”。公共舆论强烈地反对俾斯麦的提议，认为意大利民族主义的胜利，奥地利从意大利北部的撤出，就是日耳曼事业的受挫。俾斯麦不管这么多，他在等待奥地利一步一步走向虚弱。为了换取支持，奥地利不得不将阿尔萨斯（Alsace）与洛林两省让予普鲁士。不过，普鲁士的支持还没

▲ 普鲁士与奥地利的克尼格雷茨战役，Georg Bleibtreu绘。

有到，奥地利就已经失败，被迫与法国媾和了。

很多日耳曼人把奥地利的失败归咎于普鲁士。在他们看来，普鲁士背弃了民族大业，他们认为奥地利的失败就是日耳曼的失败，日耳曼民族遭受了一次屈辱。但是俾斯麦可不是这样想，不消除奥地利，普鲁士如何统一日耳曼？

一向身穿戎装的威廉亲王决心改造军队。陆军大臣建议结束后备军的独立地位，并把军人服役年限由两年延至三年，骑兵则从三年延至四年。同时，每年征召入伍的人数也要大幅增长。这项动议旨在创建39个步兵团，10个新骑兵团，因此，需要增加25%的防务开支。

普鲁士内部的自由派对于威廉的军国主义是有意见的。威廉亲王于1861年践位为国君，为威廉一世（Wilhelm I，全名为Wilhelm Friedrich Ludwig，1861—1888年任普鲁士国王，1871年起任德意志帝国皇帝），他并不是一位中间偏右的国王，而是一名彻头彻尾的保守者。议会不愿增加保守派军官团的权力，要求修改这个计划。国王对此予以拒绝，认为这些政客企图控制军队，而他坚信军队只能服从君主。议会的反应是撤销对军事改革预算的批准，此后双方陷于僵局。1862年，保守派建议国王任命普鲁士驻巴黎大使俾斯麦出任首相，以图化解危机。

1862年9月22日，威廉一世召见俾斯麦，委以首相重任，俾斯麦保证将像封建家臣般地向主人效命。全国乍闻一位素以极端保守著称的政治家出任首相的消息，无不为之震惊。此事意味着，既定的体制已经成功地反击了1815年后及1848年后的改革势力，并且保住了本身利益，此时它已决心苦战到底，抵抗任何对它至尊地位的新挑战。

9月30日，俾斯麦在下议会预算委员会讲话，他提出了“宪法中存在一个漏洞”的说法，即对于政府与议会之间发生僵局时应该如何处理并没有清楚的规定。俾斯麦认为，政府为了履行职权，可以采取一切它认为必要的措施。俾斯麦因而发表了下面这一段非常著名的谈话：“当前的种种重大问题不是演说词或是多数决能够解决的——这正是1848年及1849年所犯的错误，要解决它，只有通过一场严重斗争，一场铁与血的斗争才能达到目的。”这一句有名的“铁与血”为他日后赢得了“铁血宰相”的盛名，但是也证明了他是一个彻头彻尾的反革命军国主义者。

1863年8月，奥地利为了对抗逐渐壮大的普鲁士，建议对现有的日耳曼邦联制度作深入改革，为此奥地利国王约瑟夫还亲自拜会正在水疗的威廉一世，请他出席即将在法兰克福召开的各王侯大会。威廉一世原本同意与会，但是俾斯麦特别赶往面见力劝不要出席。为了对抗奥地利，并合理化不参加的理由，俾斯麦呼吁在全日耳曼进行直接选举，选出一个“民族代表会”。大概谁也不会想到，这位态度极为反自由民主的人物，竟然也会披上1848年自由主义的外衣。当然，这只是权谋而已。

普鲁士的拒绝出席，等于宣判这次大会将无疾而终。任何一位诸侯都了解，缺少普鲁士的邦联不可能是一个真正的日耳曼邦联。奥地利也了解到，由它主导建立一个大日耳曼帝国的梦想是确定不可能实现了。至于普鲁士，它在等待下一个击倒奥地利的机会。

普鲁士完成德意志统一：不是依靠民主，而是军队

我们都清楚，俾斯麦经由三次战争统一了德国。分别是普丹战争、普奥战争与普法战争。1863年的普丹战争，普鲁士与奥地利联手，击败丹麦，赢得全日耳曼人民的喝彩，拿回好斯敦（Holstein）与什列斯威（Schleswig）两地，前者归奥地利，后者归普鲁士。

1865年夏天，俾斯麦决心对奥地利开战，在打击奥地利时，普鲁士没有任何日耳曼民族主义的思考。为了让奥地利腹背受敌，俾斯麦决定与意大利联手。威廉一世希望避免与奥地利正面冲撞，对于要与意大利结盟对抗奥地利更是吃惊，在他看来，意大利是一个革命产生的国家，目前的政府还缺乏合法性，因此，他命令俾斯麦设法与奥地利达成妥协。这位铁血宰相的对策非常简单，他干脆不理普王的命令，专注于如何赢得胜利。

1866年4月8日，普鲁士与意大利在柏林签订结盟条约。5月把军队开进好斯敦。奥地利在邦联议会中要求动员日耳曼邦联军队共同对付普鲁士。动议获得通过，但是协调的速度比不上普鲁士军队的速度，奥地利注定不是普鲁士的对手。奥地利国王约瑟夫最后请法国出面调停，达成了协议。日耳曼大约分成三个部分，即包括普鲁士的北日耳曼邦联、包括巴伐利亚的南日耳曼邦联与排除在日耳曼以外的奥地利。

俾斯麦并不满足于这样的安排，他希望通过谈判与南日耳曼各邦签订协议，更重要的，他决定发动一场对法国的战争来寻求南日耳曼地区的支持。这就是俾斯麦，民族主义对于他而言，只是一个工具。俾斯麦的构想是，只要对法战争一开打，这些对普鲁士不满意的王侯，必然会基于民族主义而与普鲁士站在一起。之后的发展的确如俾斯麦所料，由于西班牙的王位

问题（其实如果要作战，任何理由都是可以成立的），1870年7月14日，法国正式对普鲁士宣战。在南日耳曼，各邦纷纷表示支持普鲁士，共同保卫日耳曼，抵抗法国的侵略。法国军队在9月2日的色当战役中彻底失败，普军共捕获法军10万人，包括拿破仑三世。

1870年10月，俾斯麦开始与南日耳曼各邦谈判，说服了各邦接受北日耳曼邦联宪法，允许信奉天主教的南日耳曼各邦保留部分权利，以建立新的日耳曼帝国。11月25日，南日耳曼四邦接受了普鲁士国王为帝国皇帝。各邦议会分别批准了条约，从而使这个由上而下建立的帝国有了由下而上的合法性。德意志帝国宪法于1871年1月1日起生效，新帝国几乎是静悄悄地宣布成立了。

1871年1月18日，在法国凡尔赛宫的镜厅举行的帝国皇帝就位仪式则是非常盛大隆重。特别选择这个日子是有原因的，普鲁士的第一任国王腓特烈·威廉一世也是这一天加冕。凡尔赛这个“太阳王”的宫殿，这时只是德国的总司令部。在维尔纳（Anton von Werner）那一幅举世闻名的油画上，我们可以看到当时参与加冕典礼的，全都是身着戎装的各邦君主。这种军事气氛浓郁的典礼，没有任何自由与民主的气息，正反映出德意志帝国的基石是用铁与血打造出来的。

▲ 身穿白色军装的俾斯麦宣读诏书，带头向右前方的普鲁士国王高呼“威廉皇帝万岁”，Anton von Werner绘。

普鲁士算是真正崛起了，从一个最东北边的荒蛮之地，走进了19世纪世界上最华丽的凡尔赛宫，成为欧洲的强权。大多数德国人对于帝国的诞生感到鼓舞。商人们增加了财富，军人们沐浴在胜利阳光中，知识分子也充满着民族主义的激情。但是，后来证明，这样的崛起带给德意志人以及世界的却不是欢乐而是灾难，这样的崛起，给世界带来的代价太大了。

俾斯麦的政治遗产：保守的国家社会主义

普鲁士崛起所创造的是一个专制政权，帝国议会虽然由普选产生，却没有多少真正权力。君主的权力仍然完整无缺，贵族阶层的特权地位没有受到任何冲击，军队的权势得到进一步加强。虽然在国会中有联邦议会（Bundestag）与帝国议会（Reichtag）的设置，却是一种虚假的民主形式。俾斯麦在完成这一场由上而下的统一过程中，以高明的手腕操纵民族主义、打压自由主义，保护了传统上的精英，使民主势力遭受失败。

自由主义者在统一过程中，只能跟随贵族、容克地主与军队，为民族主义摇旗呐喊。自由主义者期望民族统一成功以后，在新生的国家基础上就可以争取民权与民主，但是事情不是那么简单。俾斯麦打造出来的王国，岂是那么容易被撼动的？史学家施特恩（Fritz Stern）用“庸俗理想主义”（vulgar idealism）来形容19世纪末的德国自由主义者。他们曾经在1848年革命的年代扮演着中流砥柱的角色。统一以后，却与那些工业家与资本家结合，大肆宣扬激进的民族主义，高举日耳曼伟大的文化旗帜，标榜康德与歌德等遗留下来的理想主义传统，以对抗西方粗鄙的文明侵略。自由主义者成了军国主义与帝国主义的开路先锋。学者郭少棠说：“自由主义在历经普鲁士改革、1848年革命、（19世纪）60年代宪政危机、俾斯麦的虚假统一和合纵连横模式统治，最后竟身不由己地沦为军国主义与帝国主义的宣传使者，实属日耳曼民族的悲剧。”

自由主义者失去了理想，资产阶级呢？政治学常常说，一个社会经济力的逐渐兴起，会带动社会力的出现，使得社会更为多元，进而促使政治走向多元、开放与民主。这样的理论在德意志似乎行不通。专制王权、军国主义、容克贵族是俾斯麦建立帝国的三大支柱，议会只是虚假的民主形式。在这样的架构下，资产阶级没有突破结构的可能，即使在经济上取得了成就，也没有相对地提高他们的社会地位，相反，他们在社会价值与行为上，却愈来愈封建化，不知不觉中成为扩军与后来殖民活动的最大受益者。

社会主义者又在哪里？如果在俾斯麦的国内政策中，反社会主义是大棒，那么社会保障政策就是胡萝卜。俾斯麦希望，推出养老金后，工人阶级为了得到这笔钱，就会变得忠顺和不问政治，在他看来，要对付社会民主主义，最好的药方就是实施国家社会主义。从1883年开始，帝国议会一连串推出了许多社会福利法案，相较于英国与法国，德国的社会福利制度已经走在前面。有了国家社会主义政策，一方面可以再加紧打压激进社会主义革命分子，另一方面也向一般人民展示，国家才是最好的保障。我们后来不是在纳粹德国的身上也看到同样的影子吗？

▲ 法国漫画家所绘的威廉二世的“世界政治”梦想。

俾斯麦当然是一个保守主义者，但他更是个现实主义者，他了解到处于列强环绕的欧洲，刚刚崛起的德国要特别小心，不要让自己处于列强的虎视眈眈之下。但是新上任的威廉二世（Wilhelm II，1888—1918年在位）却醉心于帝国扩张的“世界政治”

（Weltpolitik）。1895年威廉二世在帝国议会上发表演讲说："德国曾经有那么一个时期，把陆地让给邻国，把海洋让给另一个邻国，而自己只剩下纯粹在理论上主宰的天空。可是，这个时期已经一去不返了……我们不希望把任何人推进阴影，但是我们也要求拥有阳光下的地盘。"

讲完这些话，他的梦想就在中国得到实现，青岛成为德国的势力范围。当德国开始它的"世界政治"时，激进的民族主义、军国主义与帝国主义结合在一起，第一次世界大战的爆发也就可想而知了。

1914年6月28日，奥匈帝国王储费迪南德（Francis Ferdinand）大公在塞拉耶佛（Sarajevo）被一个塞尔维亚恐怖分子暗杀身亡，这开启了第一次世界大战。三年多后，1917年11月8日，德军副参谋长格勒纳（Wilhelm Groener）将军受命告诉皇帝："军队已经不再拥戴陛下了。"11月10日，威廉二世逃亡荷兰。德国不再有皇帝，普鲁士也失去了它的国王。普鲁士的王朝至此正式结束。普鲁士这个小国崛起应该写完了。但是，普鲁士的精神没有结束。

普鲁士的讣文：极尽羞辱的《凡尔赛和约》

德国军人被打败了，由文人接收烂摊子。社会民主党的领袖艾伯特（Friedrich Ebert）被军方要求接收了政府。威玛共和这个政权一开始就是战争失败的产儿，这个情形为未来的共和国带来致命的弱点。由于战争时军方的掩饰，德国国内很少人能够接受这个失败的结果。

国民议会于1919年1月19日举行，选举采用普选制度，第一次有妇女参加。选民中有3/4的人支持将国家从君主制改为共和国。议会于1919年2月6日移往威玛，讨论制宪问题，人们认为威玛比柏林较少受到激进政治势力的干扰。未来的共和国也因此被称为"威玛共和"。

新成立的共和国的代表4月初被邀请前往巴黎参加战后的和平会议。虽然德国是一个刚刚诞生的民主国家，但是在谈判桌上，德国并未被看作是一个同等的民主国家，德国人仍被视为欧洲的“坏孩子”。威尔逊的理想主义，因法、英、意等国首席代表们慷慨陈词谴责德国战争罪责而让步。会议中根本就没有谈判协商以达成一份和约的可能性，德国人只有接过拟好的条约文本，乖乖地签字。

德国人当然知道，媾和条款将会严苛，可是看到了最终文本，还是大吃一惊。按照条约，德国将失去14%的领土、10%的人口，以及一半铁矿与1/4的煤炭储量。德国的海外殖民帝国将消失，所有海外投资和特许权利均将被废止。更触目惊心的还是赔款数额：德国将交出未来十年60%的煤炭产量，以及90%商船队、将近全部的近代铁路机车和车辆、一半的奶制品，以及1/4化学制药业产品。德国陆军总数不得超过10万人，海军不准超过1.5万人，武装部队不得有坦克、飞机、潜舰或毒气。条约中最令德国人民痛恨的条款是那些所谓的荣誉条款（honour clauses），例如：自第227至230各条款规定，盟国有权以战犯罪名审讯包括前皇帝在内的任何个人。为监督德国履行条约规定，协约国在莱茵河地区驻扎占领军，并设置盟军管制委员会。

▲《凡尔赛和约》四巨头。由左至右为英国首相劳合乔治，意大利总理奥兰多，法国总理克里蒙梭与美国总统威尔逊。

《凡尔赛和约》使德国人充满了苦涩与怨恨。他们认为，协约国充满道德家宣传的口吻都是伪善与不正义的。另一方面，人民开始将不满的情绪转移到社会民主党成立的艾伯特政府上。1919年11月18日，兴登堡（Paul von Hindenburg）元帅受命到国民议会负责调查德国为何战败的委员会中，神情庄严地说：“一位英国将军说过，德国军队被人在背后捅了一刀。”由于兴登堡享有崇高声望，人们感受到，德国的民主力量是卖国贼和罪犯。在人民的眼中，现在共和政府中的人，充其量只不过是缺乏生气的官僚新政客和投机者。

条约起草时，很难计算德国赔偿损失的精确数字，特别是对法国和比利时。1921年1月29日，协约国向德国提出了它们最终的赔款要求。德国官员估计，德国将需要偿还300亿金马克，分30年付清。但是协约国在法国和比利时那些贪婪而渴望报复的选民驱使下，提出的赔款数字高达2260亿金马克，另加德国出口额的12%。每年缴付的数额规定为，前两年每年20亿金马克，此后逐年递增，最后31年每年60亿金马克。尽管当时的经济学家认为筹集此项巨款，但势必扰乱国际金融，但协约国仍然坚持要德国赔款。条约还规定，如果德国拖欠款项，协约国可以采取惩罚措施。

▲ 1922年票面5000万马克的纸钞。

为了支付战争赔款，政府大量举债，造成通货膨胀。协约国坚持必须用黄金或硬货币缴付赔款。而此时，英国与法国实行贸易保护主义，德国想要扩大出口是不可能的。因此，国家银行不得不大量印刷钞票以购买外汇，导致通货膨胀失控。

威玛共和：杰出的宪法、失败的政府

威玛共和是德国近代史上第一个统一的共和国。创造威玛共和的人全都是在帝国末期的局外人，由于战争结束，他们突然被迫走上政治舞台。皇权不是他们推翻的，战败不是他们造成的，但是他们必须承担所有德意志人民的怨恨与痛苦。他们可以凭着自己优异的法学知识创造出一部全世界最先进、最完善的宪法，也可以依靠自己的政治理念打造一个民主的政治体制，但是他们无法改变外在的环境，也无力扭转时代的巨轮。

▲韦伯，德国著名的社会学家和政治经济学家。

自由主义者在威玛共和时期重新成为德国政治文化的要角，但是面对共和政体的成立，自由主义者分成了两派。一派为理性的共和主义者（Vernuftrepublikaner），他们一方面理性冷静地接受现实，另一方面也感怀昔日帝国的光辉，他们驱使理性为妥协服务，包括阶级间、党派间、德国与战胜国间、自由主义与其他主义间的妥协。他们愿意理性接受共和制度，只是因为历史创造了共和制度，他们看不出还有别的可行方法来解决德国所面临的问题，也就是在“两害相权取其轻”的考虑下接受共和，也愿意效劳，但是在本质并不喜欢它。另一派为真正的共和主义者，他们尝试从批判的角度重新评价德意志文化的传统，重视的是自我反省与对文化的批判，代表人物就是著名的社会学家韦伯。

韦伯在第一次大战末期就已经开始他的批判，他认为这根本不是一场民族主义的战争，而是为了“保持旧结构、或保存一个无能的皇朝与它的非政治化公务员”。他后来撰文批评俾斯麦留给德意志人民的政治遗产（legacy）是一个缺乏政治深度与意志、一个习惯接受上级决定的国家。他呼吁德意志民族应该从速发展政治教育。

韦伯所代表的是一种自我谴责与反省的自由主义，他希望自由主义者不要再满足于以往那种虚假的民主形式，不要被利用于政治工具而不自知，或自甘被利用。在韦伯的影响下，一群自由主义者与其他一些非极左或极右党派，在1920年创办了德意志政治学院，它成为近代第一个专门教授与研究政治学，推广政治教育的机构，希望以一种客观而实事求是的态度，一种科学化的态度来认识政治。

在经济萧条的打击下，韦伯这种理性客观的声音，似乎只能回荡在空谷。在屈辱的怨恨下，德意志人民更需要的是强大国家；在失业的不安下，德意志人民更期望的是社会安全；在议会党派互相争吵下，德意志人民希望的是强而有力的政党，希特勒的国家社会党就在这个时候兴起。自由主义似乎必须再一次退位了，一个纳粹政党登上了德国政治舞台，而且还是在这些自由主义者所创建的共和体制，一个在当时被内政部长称为“有了这部威玛宪法，德国就是世界上最民主的国家”，以及当时国会议长费尔巴哈（Konstantin Fehrebach）赞誉的“德国人民是目前地球上最自由的人民”的体制中，用民主的方式取得政权。

1933年1月30日，当时的总统兴登堡将军召见这位他并不喜欢的“波希米亚下士”希特勒，授权他组建政府。鲁登道夫（Erich Ludendorff）将军曾经在写给前上司兴登堡的信中这么说：“任命希特勒为总理，您已经把我们神圣的德意志祖国交给了历朝历代最大的煽动政客之一手中。我敢预言，这个恶棍将把我们国家拖进深渊，使我们的民族遭受难以想象的痛楚。您将因为自己的这一行为而遭到后世子孙的诅咒。”鲁登道夫将军的预言完全正确，但是能够把责任压在兴登堡一个人身上吗？毕竟从普鲁士开始，一个毁灭的火种在德意志哲人们的推波助澜下，日益壮大，第一次世界大战并没有烧尽，而必须等待再一次的完全燃烧。

希特勒并不是普鲁士人，但是他的王国与普鲁士所创建的德意志帝国没有什么不同，他自称自己的帝国是第三帝国，是延续中世纪的神圣罗马帝国、普鲁士霍亨索伦家族与俾斯麦创建的第二帝国。希特勒希望世界能够望文生义地接受，他的帝国是企图恢复德意志的传统，延续德意志的正统。在他看来，第一次世界大战后成立的威玛共和国并不在德意志历史的正统中，它玷污了德国的精神，他的第三帝国才是德意志历史的正确发展道路的产物。

▲ 1938年第三帝国合并奥地利后在帝国议会的欢呼。

希特勒的第三帝国：普鲁士第二帝国精神的再扭曲

思想产生信仰，信仰产生力量。从普鲁士到希特勒走的几乎都是一条同样的道路。盲目忠于国家，成为既是普鲁士精神，也是德意志精神的特征，无疑，这种思想与信仰使得第三帝国的“总体国家”能够成为可能。仅仅个别君王的好斗好战或者只是个别王朝的自私自利，远不如这种无私无我地忠于国家危险。为抽象理想化的国家效劳，最残忍的行为可以被合理地解释为一种为了非人格的国家的利益和荣耀而履行的义务。虽然，在希特勒与普鲁士霍亨索伦家族的思想与行为标准之间，存在着巨大的差异，然而尽管有这种差别，如果德国人不准备接受希特勒，他也绝不会上台。德意志人民选择了希特勒，在很大程度上，是因为普鲁士霍亨索伦家族统治者灌输给他们的观念，纳粹的兴起也绝不是偶然。两者唯一不同的是，普鲁士霍亨索伦家族一切以国家与权力为思考，而纳粹的希特勒，更多了种族与民族优越的狂妄。

一战以后，德意志人民的精神是压抑与空虚的。希特勒与他的追随者在德意志的思想家中，再找到一个他们可以利用的对象。希特勒要的不是韦伯，他要的是费希特和黑格尔，以及一位在晚年精神发狂的哲学家尼采（Friedrich Nietzsche，1844—1900）。

尼采的作品对欧洲近代文化作出批判。他批评希腊文化的迷失、原始基督教精神的堕落、近代科学文明及理性主义的僵化、19世纪科学主义与现实主义的浮夸。他感到西方文化精神的瓦解，恐惧人类的不断沉沦，因此，他提出应该摧毁与放弃过去的文化传统，再以人的最大创造力重建所有的价值。

尼采的文化虚无主义反映出他对于传统价值的唾弃，在第一次世界大战之后，尼采的思想开始被人与纳粹主义和反犹太主义相连结，这很大一部分是由于他的妹妹伊丽莎白基于本身对于纳粹的信仰，对尼采的作品进行窜改所造成的。伊丽莎白甚至主动与纳粹人士合作，选择性地解释尼采的理论，以正当化对其他人种及国家的战争和侵略，尽管尼采本人曾明确反对反犹太主义。不过，在那一个一切以宣传为手段的年代，显得理所当然。希特勒常常到威玛参观尼采博物馆，大肆宣传他对这位哲学家的尊敬。在纳粹的宣传中，希特勒成为拯救地球的超人。

第二次世界大战的爆发，以及对600万犹太人种族灭绝的大屠杀（Holocaust），是这位超人尝试扮演上帝的结果。希特勒偷偷地从尼采的思想中拿到“虚无主义”的火种，企图在第一次世界大战后的虚无之后再创造另一个全新的思想价值体系。不过，他毕竟只是个狂人，根本没有正面的思想价值体系。

希特勒以及国家社会主义本身没有值得一提的伟大主张，他之所以会成功，是因为威玛共和体制的自我崩溃。我们可以说，不是因为希特勒的伟大，而是因为威玛民主的脆弱，就如同1848年法兰克福制宪会议的脆弱产生了俾斯麦的德意志帝国，19世纪90年代的脆弱造就了第一次世界大战一样。如果

1848年的民主制宪能够成功，或许德意志的历史可以重写，世界的历史也必然重写。

普鲁士终于告别德意志：自由民主的巩固

1945年6月5日，盟军正式接管被征服的德国。德国又失掉了一大片土地，昔日的普鲁士只剩下布兰登堡，以前的东、西普鲁士不见了。美国、英国、苏联三个战胜国，以及原来是战败，因为盟军的获胜而成为战胜国的法国等四国分别占领了德国。这个划分占领区的占领方案其实早在1944年6月即已决定。只是后来增加了法国占领区。德国被分成了四个占领区。

▲ 艾德诺为西德（德意志联邦共和国）首任总理。

在西方占领区，威玛共和国时期的两个主要左派政党，很快重建起来，一是温和路线的社会民主党（SPD），一是忠于苏联的德国共产党（KPD）。不久，又有新的政党成立，即基督教民主联盟（CDU）及其巴伐利亚的姊妹党基督教社会联盟（CSU）。这个基督教民主派联合政党的领袖们，大部分曾在威玛共和国各温和派政党中发挥过积极作用，尤其是在天主教中央党内更是如此。这些人希望以致力于非宗派的基督教道德观及民主制度为基础，来赢取德国民众的广泛支持。喜爱自由进步的德国人，拥护非宗教的政治体制和自由经济政策，在西部各占领区组织了一个新的自由民主党（Liberal Democratic Party），此外，西部各占领区内，还出现了许多规模较小的政党。

社会民主党的候选人是舒马赫（Kurt Schumacher）。他在第一次大战中失去了一只胳臂，在威玛共和时担任过议员，后来在集中营里度过可怕的十年岁月。他是一名坚决的反共产主义分子，算得上是一名彻头彻尾的民主人士，但是他也是一名强烈的民族主义鼓吹者，决心采取一切可行的措施，确保德国的统一，恢复它在世界民族上应有的地位。他倡导广泛实行国有化，并实施政府控制经济的政策。不知道是因为西德地区的人民厌倦了国家统一这种民族国家论述，还是他们也无心再相信国家化可以带来幸福，只有29.2%的选民支持这个有着传统的政党，有31%的选民支持由基督教民主联盟与其他中间党派及右翼政党所组成的党派。基督教民主联盟获得了执政的机会。

基督教民主联盟的领导人艾德诺（Konrad Adenauer, 1876—1967）在联邦议会中，靠着投下自己一票的多数，被选为西德的第一任总理。这个时候，他已经73岁了。在威玛共和国时代，担任过科隆市长，曾与纳粹发生过激烈冲突。作为一个不属于普鲁士的莱茵人，他对普鲁士一点好感也没有。在他看来，正是普鲁士的军国主义与沙文主义政策，把德意志民族带入了绝境。

在经济政策上，他鼓吹自由市场经济；在对外关系上，他实现了与法国的和解。即使是1963年他亲自率领一个代表团前往巴黎与法国签署《友好条约》，在巴黎机场没有一个法国官员来接机也不以为意。

1953年，苏联给西德统一机会的最后通牒，承诺如果统一后的德国愿意中立，苏联立刻就让德国统一。艾德诺这位在莱茵河畔成长的政治人物，没有像普鲁士俾斯麦一样的国家统一至上想法。他认为西德不可以因为追求统一而放弃了自己的安全，如果统一是以退出北大西洋公约组织为代价，艾德诺是不支持的。

“民主”、“安全”、“和平”、“统一”，这几个价值如果放在一起作比较，艾德诺很明显把“统一”放在最后面，这是以前普鲁士时代不可想象的。不仅如此，艾德诺还支持西德加入欧洲共同体（European Communities, EC）。一方面，因为他接受了以前李斯特（Freidrich Liszt,1789—1846）倡议、普鲁士接受的关税同盟看法，同意共同体内部的自由贸易有助于经济发展；另一方面，他也认为，只有透过欧洲的统合，才能够有效约束有可能成为脱缰野马的德意志民族主义。艾德诺刻意地把德意志民族主义镶在欧洲共同体的框架内，更不是俾斯麦或是威玛共和当时所会做的事。至于统一，艾德诺在任内并没有放弃，但是冷战的国际局势让德国统一根本不可能。艾德诺在他日后出版的回忆录中说，如果未来欧洲共同体涵盖整个欧洲，包括东欧，德意志不就是等于完成了统一吗？这位来自莱茵地区的艾德诺，他的思维完完全全不同于普鲁士。

1949年5月，除巴伐利亚以外，各州都批准这部《基本法》，德意志联邦共和国诞生。由于这部宪法是以这个新建国家的临时性质为重点而制定的，故采用“基本法”（*Grundgesetz*）之名，直到全体德国公民透过自由选举产生一部宪法为止。这个由部分德意志人民在德意志土地的西边所创造出来的国家终于有机会开始实践他们百年来不断失败的尝试，一个完整的民主制度终于在德意志人民的思想与行为中生根。

德国的再统一：这一次是西边统一东边

在另一边，苏联占领区也于1949年5月举行了一次人民代表大会的选举。选民不从候选人中间去选择代表，而是只能对统一名单中的代表候选人投票表示赞成或反对。10月，这样产生的人民代表大会也批准了一部宪法并正式公布实施，从而宣布德意志民主共和国（东德）的建立。

这个首都设在布兰登堡柏林东半部的国家，也有着普鲁士帝国时期的虚假民主，但是连普鲁士原有的一些精神都抛弃了。在西德没有加入北大西洋公约组织以前，东德还忠心执行“一个德国”政策，但是随着愈来愈多的东德人民逃往西德，

1955年东德在苏联的授意下改变立场，主张东西德已经是两个不同的国家，不存在着统一问题。这时候的东德，不只不愿意统一，也不敢统一。它明确地告诉西德，如果不承认东德是一个国家，东德不与西德正常化地交往。

1972年西德的社会民主党籍的总理布朗德（Willy Brandt，1913—1992，1969—1974年任总理）表示愿意接受“东德为一个国家，但不是一个外国”。布朗德的意思是说，原有的德国只是暂时分裂，目前德意志的土地上有两个德意志人民的国家，但是彼此不是外国关系，两者是兄弟，不是外人，只要未来统一障碍的因素消失，东西德自然就可以统一。布朗德希望通过双方人民的密切往来，可以消除彼此的生疏，更可以让东德“从接触促成改变”。

东德在面对德意志是否要统一问题时，不只是态度否定；甚而想尽办法拒绝统一。虽然东德的首都仍然在柏林，但是已没有普鲁士的雄情壮志，只想独占德东即可。

西德的《基本法》的序言提到：“德意志人民务须依自由自决完成德国统一与自由。”这句话表示，未来的德意志人民，当然包括西德与东德的全体人民，有权依据民族自决完成德国的统一。由于西德人口明显地多于东德人口，如果真的来个德意志全民投票，东德一定不是对手，因此东德政府与它优秀的法学家创造了一种有别于“两国论”的“两族论”。东德在1974年的修宪中，将自己定位于德意志社会主义民族，以有别于西德的德意志资本主义民族，用以表明两者已是不同的民族，所谓的“民族自决”自然也就不适用于东德。他们声称，经由制宪、修宪，东德已经是个德意志民族社会主义国家，与西德没有任何法律与民族关系了。

如果德意志的祖先看到东德这样子诠释法律，应该会三声无奈，但是东德从“两国论”到“两族论”的说法，在面对1989年东欧的骤变时，变得多么的讽刺。

1949年东西德分别立宪后，各走各的路。不管是由于德意志人民在战后的自省，还是美、英、法三强以战胜国强加给西德的民主，如果没有近百年来德意志人民潜藏在心中的自由民主渴望，民主是不可能开花结果的。经过两次世界大战的挫败，西德终于走上真正自由民主的道路。除了自由民主制度，西边的德意志人民仍然延续传统的工业生产与商业能力，再一次成为工业与商业大国，与以往不同的是，工业与商业的力量这一次是建立在自由民主的制度上，因此显得更弥足珍贵，也更让周边邻国安心。

▲ 柏林围墙是指1961—1989年围绕西柏林修建的围墙，以阻止人们自东德地区进入西柏林，成为东、西德地区冷战的象征。

民意如流水，人民对于自由民主经济渴望的程度有时是人们难以想象的，只要情势发生变化，人民会迫不及待地奔向它的怀抱。虽然东德已经是所有共产国家中生活最优渥的，但是当1989年5月匈牙利开放与奥地利的边界后，东德人民找到了一条涌向西德的管道。冷战准备结束，东、西德的分裂也即将结束。

11月8日东德开放进入西柏林的边界，矗立了30年的柏林围墙倒下了。11月9日象征着德意志历史的布兰登堡大门（The Brandenburg Gate）重新开放。布兰登堡门是德意志民族的精神象征，由腓特烈·威廉二世所建，是德意志境内第一座古典风格的建筑物。1791年正式开放，可以看成是普鲁士的崛起之门。1793年，顶上装饰了四匹飞腾骏马拉着的战车，战车上站着的是胜利女神，1806年拿破仑在这里举行入城仪式，返回巴黎时，把战车当胜利品带回法国，从此，没有装饰品的大门象征着德意志的耻辱，布兰登堡大门成了耻辱之门，提醒着德意志人民战败的事实。1814年打败拿破仑，这辆战车被六辆巨型

▲ 布兰登堡门是柏林唯一保留下来的纪念性城门。仿照雅典卫城的山门设计建造。上竖有著名四马牵引的胜利战车。

马车拉回普鲁士。为了庆祝复仇的胜利，大门前的广场改名为巴黎广场。1864年、1866年胜利打败法国的普鲁士军队都是从这个大门穿过，它不再是复仇之门，而是展现胜利者的军威之门。1871年6月16日，4.2万名士兵列队经过布兰登堡大门，领头的是曾经镇压过柏林起义的87岁将军弗兰格尔（Wrangel）将军，然后是统一的功臣俾斯麦、毛奇（Molte）将军和罗恩(Roon)，再来是德皇，从此布兰登堡大门成了新帝国的凯旋之门。1933年1月30日，希特勒在纳粹卫队的簇拥下，卫士们手执火把，庆祝希特勒担任总理。1939年希特勒的生日与1940年打败法国，这个大门均举行了盛大的游行庆典，它又成了第三帝国的帝国之门。1945年德国战败，这次不是马车被运，而是布兰登堡大门前后一分为二，它成为分裂之门，近50年后，围墙倒塌，它又变成了统一之门。从这座门下曾经出现过的种种情景，可以见证普鲁士所创造的德意志历史。

1990年3月18日，东德举行了选举，也是这块土地上近60年来的第一次自由选举。新成立的政府选择“加入”西德，5月18日，两个德意志国家签署全面解决两德货币、经济和社会问题的《国家条约》。这是除了自由民主选择以外，最关键的统一因素。东德人民希望按照一比一的比率将自己已经分文不值的东德马克换成西德马克，当时黑市的汇价是八比一。而当时慷慨的西德提出的比率是二比一。东德人仍然不满意，最后妥协的协议是：东德公民在一定限额内的积蓄用一比一，其他款项用一比二兑换。很讽刺吧，东德“两国论”的“自己要有自己的国家”与“两族论”的“自己要有自己的民族”却比不上“西德马克”的魔力，经济的确再一次在德国统一的历史进程中展现出它的魔力。

1990年10月3日，东德原有的五个邦加入西德，东德不存在了，德意志再次完成了统一，德意志联邦共和国不必再简称西德，它就是德国了。

与以往普鲁士统一德意志不同的是，这一次不是东边统一西边，不是开明专制统一德国，而是西边统一东边，民主自由制度统一了德国。德意志这个民族应该不容易再给世界带来威胁与灾难了。

芬兰◎◎

谨慎自制的北角湖国

贸易和宗教：俄罗斯与瑞典的竞争

从芬兰的国旗中，可以看到这个国家的风貌。蓝色是以一个斯堪地那维亚（Scandinavia）十字（亦称北欧十字）来表现的。斯堪地那维亚十字反映了它与瑞典的传统关系，而蓝色和白色是沙皇俄国的颜色。今天蓝色和白色成为芬兰的传统颜色，但是诠释已有所不同。蓝色代表湖泊，表示芬兰是一个“千湖之国”，事实上它有187888个湖泊和179584个岛屿；白色代表皓雪，因为它位居地角天涯，长年积雪。

相对于北欧其他国家，芬兰成为一个独立政治单位的时间较晚。作为一个政治上的无主地，早在北欧海盗时代（8—11世纪）开始之前，瑞典人即已在芬兰西南沿海地区定居。在海盗时代，芬兰处于通往俄罗斯的波罗的海商道的北缘，当地居民以供应毛皮为生。芬兰人并没有能力参与海盗活动，海盗时代结束之时，芬兰内部动乱频仍，彼时俄罗斯人与日耳曼人也来此地贸易，而瑞典人和丹麦人也不断袭扰该地。

▲ 芬兰国旗与国徽。

从12世纪起，芬兰就是邻近地区的必争之地，各个势力团体都希望能够在芬兰扩展其宗教信仰或经贸利益。俄罗斯与瑞典两国在波罗的海地区的角逐演变成为宗教冲突。瑞典以十字军行动的形式进行活动，1172年教皇的一项通谕，要求瑞典人永久占有芬兰各要塞，迫使芬兰人归顺，以保障基督教化不受东方的袭扰。从此开始了瑞典在芬兰长达600年的统治。

到了12世纪末期，在芬兰湾（Gulf of Finland）地区争夺势力范围的斗争加剧。在芬兰东部地区，俄罗斯东正教努力争取信徒，1227年雅罗斯拉夫（Jaroslav）公爵推行一项计划，强制施行东正教洗礼，目的在于加强卡累利阿（Karelia，现在俄罗斯西北部一共和国，位于圣彼得堡西北方）与诺夫哥罗德（Novgorod，当今俄罗斯西北部，圣彼得堡南方）的联系。

教皇将芬兰置于教廷保护之下，并于1229年对俄罗斯实行商业封锁。由于瑞典伯吉尔（Birger）伯爵统率而网罗瑞典人、芬兰人和各国十字军士兵的大军，于1240年败于俄罗斯诺夫哥罗德公爵的军队，天主教的势力不能再向俄罗斯伸展，而芬兰在宗教上的分裂遂成定局，卡累利阿人继续处于东正教势力范围之中。

伯吉尔为了将芬兰纳入瑞典的势力范围，从1249年起发起一连串的征战，战争持续到1323年，签订《派基奈萨里条约》（*Treaty of Pahkinasaari*）；派基奈萨里〔亦称诺捷堡（Noteborg），今彼得要塞（Petrokrepost）〕，自芬兰湾东部，经卡累利阿中部向西北而至波的尼亚湾（Gulf of

Bothnia）画一条粗略的线，作为俄瑞双方势力范围的分界，于是瑞典的十字军行动结束，芬兰归属瑞典。

这一段瑞典经由芬兰与俄罗斯对抗的历史，似乎就是芬兰整个历史的写照，一直到20世纪仍是如此。一方面，芬兰被作为维护西方基督教文明的第一道防线，防止俄罗斯的宗教与领土扩张；另一方面，芬兰扮演着为瑞典与俄罗斯军事可能冲突的缓冲区角色。

瑞典人着手按瑞典传统治理芬兰，他们利用神职人员和贵族两个新阶级进行统治。贵族已经因为从瑞典迁入而增加，神职人员则以当地人士占多数。第一位本土主教于1291年被任命。

转变归属：从瑞典到俄罗斯

▲ 卡尔马联盟旗帜 。

1362年瑞典国王哈康（Haakon）确立了芬兰人参加瑞典王国选举的权利以及芬兰与瑞典王国其他部分的平等地位。1374年瑞典贵族格里普（Bo Jonsson Grip）获得了统治全芬兰的爵位。1397年芬兰成为由斯堪地那维亚国家组成的卡尔马联盟（Kalmar Union，1397年6月在瑞典卡尔马城结成的斯堪地那维亚联盟，挪威、瑞典和丹麦三个王国拥戴一个君主，卡尔马联盟一直持续到1523年瑞典退出为止。1536年，挪威成为丹麦的一个省）的一部分。至此，芬兰单独与瑞典联为一体。

在近600年的期间，芬兰长期受瑞典统治，但这个时期的芬兰与瑞典事实上是一个和谐的整体，并没有法律和财产上的划分。当时芬兰人虽然无权推选国王候选人，但是享有选举瑞典国王的权利，芬兰人与瑞典人在多处地区混居在一起，芬兰军人在瑞典的军队中也占有1/3的比例。

在瑞典管辖下，一方面芬兰各部落逐渐发展出认同感，

▲ 阿格里科拉主教。

图尔库（Turku，瑞典语作Abo，1812年以前，先后是瑞典和俄罗斯统治下的芬兰首都）的历任主教则对此予以鼓励。芬兰学界人士通过在大学里学习，直接与欧洲各文化中心进行接触，创造芬兰文学语言的阿格里科拉（Mikael Agricola,1510—1557）主教翻译芬兰语《新约》，把基督教路德派从日耳曼引进芬兰。另一方面，瑞典国王古斯塔夫二世（Gustav II Adolf,1611—1632）进行行政改革，芬兰成为瑞典王国的组成部分。其后，受过教育的各阶层人士逐渐改操瑞典语。

作为瑞典君主国的一部分，芬兰实际上没有自己的机构，但是自18世纪中叶起，大多数官员和知识界人士已是芬兰血统。这些人士越来越强烈地感觉到，瑞典人在外交与军事上好大喜功，代价却必须由芬兰人来承担。

两国和谐的状况最终随着瑞典与俄国之间矛盾的激化而改变。在瑞典与俄国300多年陆陆续续的战争中（交战时间长达80年），芬兰承受了巨大的磨难，不但国土沦为瑞俄两国交锋的战场，它的人民也被瑞典课以重税及兵役。在此期间，瑞典逐渐丧失对芬兰的控制权。1808年瑞俄战争后，俄皇亚历山大一世（Alexander I，1801—1825年在位，最大成就为1812年打败拿破仑的60万大军入侵，1814年耀武扬威地进入巴黎，拿破仑随即宣布退位。亚历山大一世成为欧洲最有权势的君主和欧洲命运的主宰。1814年秋，亚历山大一世倡议召开重要的维也纳会议）表

▲ 俄国沙皇亚历山大一世。

示愿意承认芬兰的自主，允许芬兰在他的统治下享受自治，成为大公国，并许诺尊重芬兰的宗教信仰和根本性法律。同年瑞典将芬兰割让给俄国，彻底结束了对芬兰的统治。

官僚政治时代：俄罗斯统治时代的改革

俄罗斯统治下的芬兰政体是由1809年的波尔沃（Porvoo）议会制定，同年两国缔结了《哈米纳和约》（*Peace of Hamina*）。缔结这项《和约》以前，芬兰在形式上仍然属于瑞典，但是，芬兰领导人物已经厌恶瑞典的统治，要求在俄罗斯保护下尽可能获得更多的自治。在波尔沃议会上，芬兰第一次被确认为一个统一的国家政治实体。

亚历山大一世一方面承认芬兰自治，另一方面许诺尊重芬兰的宗教信仰和根本性法律。对于芬兰人来说，官僚统治时代是太平繁荣、百业兴旺的时代，仅有的一次战争是在克里米亚战争（1853—1856）期间，英法海军攻击有俄罗斯驻军的芬兰领土阿兰（Aland）岛屿。芬兰在根据《哈米纳条约》脱离瑞典时，人口为90多万。与北欧其他国家一样，芬兰人口迅速增长，到1908年已经超过200万。大多数人口靠土地生活。沿海和小市镇生产木器，出口木材，造船并从事商业性航运。

政府在体制上是属于专权和官僚性的，但也实行了几项重要改革。1812年俄皇纳谏，使当初瑞典根据《新考蓬基条约》（1721年）和《图尔库条约》（1743年）割让给俄罗斯的芬兰土地恢复建制。其后，赫尔辛基被定为首府，该市中心区的重要建筑物即为这一时期所建造。但是在19世纪初期，由于农村人口众多，社会结构纯属农业性，因而民族主义思想没有大规模普及。

语言方面，一直到19世纪中叶，芬兰政府内部只允许使用瑞典语。用芬兰语写作的著作极为稀少，大学与中学一律使用瑞典语授课。两种语言的划分，既具有民族意义和文化意义，也是一种社会差异。根据1850年关于芬兰语的法令，除为了宣传宗教和谋求经济效益以外，一律不许用芬兰语出版书刊，这项法令的目的是保持阶级差别，维护既有的官僚体制。一直到1902年，芬兰语才与瑞典语平起平坐，共为正式语言。

▲ 芬兰赫尔辛基大教堂前的俄皇亚历山大二世雕像。

1919年宪法规定，芬兰语及瑞典语共为国语，后来，激进的新一代人则要求给予芬兰语较高的地位。在两次世界大战之间，语言问题激起激烈争论，到了20世纪30年代末，瑞典语遂已失势。在第二次世界大战之后，经历过1947年与1961年的法律修正，瑞典语目前依法享受平等地位，仍为芬兰国语之一，在芬兰学校中为必修课程。

在19世纪90年代以前，俄罗斯在各主要方面一直尊重芬兰在俄罗斯帝国中的特殊地位。除了1869年的有关议会的法令之外，芬兰还有了自己的货币体制（1865年），1878年又通过了《征兵法》，为日后的芬兰军队奠定了基础。

反对俄罗斯化：争取独立

由于俄罗斯民族主义分子发动运动，要求取消芬兰自治并把芬兰人同化于俄罗斯族，俄皇尼古拉二世（Nicholas II，1895—1917年在位）于1899年2月15日发表宣言，声称他有权不需要芬兰议会同意即可颁布在芬兰执行有关涉及俄罗斯利益的法律。其后采取了直接的俄罗斯化措施，1900年下令芬兰应逐渐以俄语为第三正式语言，1901年又规定芬兰人应在俄罗斯部队中服役，芬兰自己的军队应予解散。

在这种形势下，芬兰各政党分成两派。宪政派要求大家都不去执行非法的政令，遵令派则主张在不影响芬兰根本利益的条件下忍辱退让。宪政派被撤职，他们的领导人被放逐。宪政派青年拒绝应征入伍，促使俄皇继续坚持解散芬军，并不再征召芬兰人参加俄军。更加极端的行动派则不惜诉诸暴力，他们暗杀了俄罗斯驻芬兰总督。1905年俄国革命以及日俄战争暂缓了芬俄间的紧张形势。在此期间，芬兰于1906年成为欧洲第一个给予妇女投票权以及平等政治权利的国家，并在接下来的1907年成立完全归属于芬兰的一院制议会。

▲ 1907当选芬兰国会议员的13名妇女。

在第一次世界大战期间，芬兰解放运动寻求德国的支持。1917年，一战结束，二月革命后的俄罗斯开始由布尔什维克掌权。当时多数为非社会主义党派的芬兰议会宣布与俄罗斯革命政权脱离，并任命了自己的新政府。芬兰最终于1917年12月6日宣布独立。

这个年轻的共和国在独立之初并不顺利。在俄国十月革命的影响下，芬兰爆发了内战。内战在拥护布尔什维克主义的红军与非布尔什维克主义的白军之间进行。内战最后以白军的胜利而告终，1919年确立了共和制。

提到芬兰独立，不能不谈列宁（Vladimir Lenin）。1917年革命成功推翻沙皇后，让芬兰独立的文件正是由列宁亲自签署，毫无疑问，列宁可以算是芬兰独立的催生者。列宁多次在芬兰避难，1917年十月革命前夕，列宁正是从芬兰乘火车返回圣彼得堡，领导革命取得成功。列宁的《国家与革命》（*The State and Revolution*）一书也是在芬兰写作的，书未完成他便投身到革命的实践中去了。圣彼得堡后来于1924年更名为列宁格勒（Leningrad），也就是“列宁之堡”之意，不过冷战结束以后，又改回圣彼得堡。

▲ 圣彼得堡市芬兰车站前的列宁雕像。

或许读者看过一个画面，列宁站在群众中，欢声雷动、《国际歌》大作、众人簇拥，列宁登上车顶，举手向支持者致意，意态精神，令人振奋，在众人期待中开口：“Comrade（同志们）！……”革命于焉开始。列宁当时的所在地正是芬兰火车站。“到芬兰车站”（To the Finland Station）后来成为一本小说的书名，这一句话也成为“一场革命即将开始”的隐喻。历史很快证明，这位可以向沙皇挑战的革命领袖，却抵挡不住资本主义的洪流。冷战结束后，莫斯科的列宁博物馆于1993年被关闭，只有位于芬兰赫尔辛基西北180公里外的工业城市坦佩雷（Tampere）的列宁博物馆，成了共产主义朝圣者的唯一追思之处。

冬战：强权不同意芬兰的中立

独立后的芬兰，与当时欧洲的一些小国家，如荷兰、比利时等一样，希望能够以中立的立场出现在国际舞台，不掉入大国间的权力争战。

芬兰因此以无条件恪守中立作为对外关系的基本国策。1920年12月芬兰参加了国际联盟，希望国际联盟能“促进国际合作，维护国际和平与安全”。1922年12月应苏俄的邀请，芬兰参加了由苏俄、波兰、波罗的海三国等在莫斯科举行的裁军会议。芬兰还积极发展与周边国家的睦邻友好关系，1922年3月，芬兰与波兰签订友好条约。1926年1月，丹麦、瑞典、挪威、芬兰四国签订《和平解决争端协议》。

对于东邻大国苏联，芬兰也抱友好态度。1921年法国希望能够在苏俄的周边建立防疫地带，邀集波兰、波罗的海国家与芬兰共同包围苏俄。波兰非常热衷，1922年3月17日在华沙签订了协定，芬兰外长霍尔斯提（Rudolf Holsti）虽然也出席签字，但是芬兰议会拒绝批准，并表示中立是唯一的安全政策。直到1939年苏联入侵芬兰，这段时间芬兰一直忠实地奉行中立政策。

在20世纪30年代，芬兰为贯彻中立政策，分别在外交上与军事上作了安排。在与苏联的政治关系方面，1932年1月与苏联签订了《互不侵犯条约》，规定：“缔约双方相互保证不侵犯……双方现行边界，并且相互保证避免任何指向对方的侵略行为。”可是两国之间的关系并未真正改善，双方仍然是“各不相顾的邻居”。两年后，1934年4月苏芬签订了一个议定书，该约的有效期延伸到1945年年底。

在与其他周边国家方面，芬兰积极筹组斯堪地那维亚中立国集团（Scandinavia bloc）。从1935年到1938年，斯堪地那维亚四国与波罗的海三小国不断协商发表声明，重申本国对外中立政策及在世界大战中集体保持中立的严正立场。荷兰、比利时、卢森堡也参与了这些声明。

1939年4月，芬兰与瑞典、挪威一起共同拒绝了希特勒提出的关于签订互不侵犯条约的建议，因为如果签署条约，很可能使外界感觉到已经与希特勒建立了密切的关系，或者可能被解释成已经改变了现有的中立政策。同年六七月间，芬兰也公开反对苏联提出的关于由苏、法、英联合保证芬兰及波罗的海国家独立的建议。

1939年9月，德军进军波兰，芬兰及北欧邻邦共同或单独宣布在战争中保持中立。9月17日在哥本哈根召开北欧外长会议，重申各国在战争中保持中立和愿意相互支持。同日苏联外交人民委员莫洛托夫（Molotov，自己改姓，取俄文锤子之意）致函芬驻苏公使于尔耶—科斯基宁（Yrjo-Koskinen），表示苏联尊重芬兰的中立。

在战争的阴云笼罩下，芬兰加强了国防建设，以维护国家的领土、主权和中立政策。芬兰政府增加了国防开支，加速了全国道路网、机场、海军基地的建设，聘请外国军官对军队进行训练，在卡累利阿地峡耗费巨资修筑了坚固的曼纳林防线。1939年1月，芬兰和瑞典还向国联提出了关于在阿兰群岛重新设防的提案，但遭苏联否决。

1939年9月，德国与波兰战争爆发后，在苏联看来，一场旷日持久、日益扩大的战争正在逼近，为保卫苏联西北边界，特别是列宁格勒的安全，要求芬兰割让卡累利阿半岛的一小部分、汉科（Hanko）海军基地和芬兰湾内若干岛屿。芬兰拒绝，于是苏联于1939年11月30日发动进攻，出动了45万人的陆军军队，兵分23师对芬兰发动攻击。芬兰则全力动员了16万人，由于军备极为短缺，许多芬兰士兵甚至是持自家武器，穿着便衣步上战场。不过，芬兰军队也有来自英法两国的物资支持，以及挪威和瑞典两国志愿军的兵援。以冬战技能见长的芬兰军队，一开始就成功地抵御了苏联的侵略，他们采取游击战策略，以滑雪方

▲ 冬季战争中的芬兰军队穿雪橇应战。

式携带汽油弹，也就是所谓的“莫洛托夫鸡尾酒”（Molotov Cocktail，瓶装汽油弹）进行攻击。

波罗的海地区在入冬之后，零下40℃的严苛气候司空见惯。兵力仅为俄国1/3的芬兰军队，仍然奋勇抵抗，直至1940年3月，芬兰终究抵挡不了苏联的强势武力，只得在1940年3月12日的《莫斯科和平条约》（*Moscow Peace Treaty*）中，将苏联所要求的卡累利阿地峡上的土地，以及沿着1721年和约所划定界线的整个芬兰东南部，包括第二大城维普里〔改名维堡（Vyborg）〕。此外还规定芬兰必须放弃沿东北边界的萨拉区，并把汉科半岛租给苏联30年。

根据估计，在这场历史上著名的冬季战争（Winter War）中，共有12.7万名苏联人以及2.7万名芬兰人丧生，后来的《莫斯科和平条约》更导致近50万人被迫迁离家园。

苏联在这场战争中也是损失惨重，依照《赫鲁晓夫回忆录》的说法，原本苏联以为“只要把嗓门提高一些，芬兰人就会服从。如果再不行，我们可以放一些枪，芬兰人必然就要举手投降”。苏联根本没有想到尊重芬兰的中立。战争的过程与芬兰的顽强抵抗让苏联吃惊，虽然官方统计数字是约12万苏联人的生命，但是赫鲁晓夫在回忆录中承认，为了这场战争“付出了这么大的代价，我们可以说是损失了上百万的生命”，“用这样的代价而取得胜利，实际上是一种精神上的失败”。事实也的确如此，苏联在芬兰的惨胜，也促使后来希特勒认为有机可乘，展开对苏联的巴巴洛萨行动（Operation Barbarossa，纳粹德国在第二次世界大战中发起侵苏战争的代号）。

被迫复仇：选择与纳粹联手

冬战是一场苏芬双方都不满意的战争，就此结束吗？

苏芬战争证明，芬兰在独立后的中立政策是失败的。尽管芬兰愿意奉行中立政策，也愿意与东邻大国苏联保持友好关系，但是苏联仍然对芬兰不信任，战争终究还是爆发。回顾历史，苏芬当时不仅签订了《互不侵犯条约》，而且在苏芬谈判中，芬兰还同意对《互不侵犯条约》作进一步的补充，规定缔约双方不得参加任何直接或间接敌视对方的集团或同盟，并明确保证芬兰将拒绝向任何进攻苏联的侵略者提供支持。芬兰代表多次重申，芬兰“尽可能与苏联保持良好关系”，并向苏联保证，芬兰有用武力捍卫领土的决心，“不允许任何外国使用芬兰领土，作为进攻苏联的基地”。

显然芬兰的中立对苏联有益，当时的芬兰总理吉科宁（Urho Kaleva Kekkonen，1900—1986；1950—1953年、1954—1956年任总理，1956—1981年任总统）曾不无遗憾地回忆道：“芬兰在20世纪30年代的中立，对苏联来说，是一项严肃的义务。无论世界大战如何转变，芬兰本来都是会继续遵守这项义务的。芬兰本来随时准备拿起武器抵抗任何对它的中立和主权的进攻……”他的意思是，如果没有苏芬冬季战争，未来在德军要求借道芬兰时，芬兰一定会拒绝。德军如果要强行通过，芬兰将以武力对抗来保持中立。

有些人就认为，如果不是苏芬的冬战，当纳粹于1941年希望假道芬兰进攻苏联时，必将会遭到芬兰的迎头痛击，最终芬兰一定会与北欧的其他中立国（如丹麦、挪威）一样，成为反纳粹的同盟国。这种说法当然有可能，但是，即使斯大林接受芬兰的中立，希特勒也不会把芬兰的中立放在眼里，芬兰无法抵挡苏联，也就更不可能抵挡纳粹的装甲部队了。这应该不是芬兰对于中立说得不够清楚，做得不够多，而是在地缘位置上，它是进入苏联列宁格勒的要道。

尽管《莫斯科和约》的苛刻条件令芬兰人感到沮丧，但是并没有让芬兰瘫痪。芬兰人虽然战败，但是对于自己人民的努力与成就仍然自豪，毕竟芬兰没有被苏联并吞，守住了自由，可是苏联接二连三的要求，使得苏芬关系再次日趋紧张。

冬战之后苏联力图在芬兰获得超过《和约》的更多权利。《莫斯科和平条约》没有对芬兰规定赔款义务，但苏联政府坚决要求芬兰对于从割让给苏联的土地上“非法”迁走的私人和公共财产，战争期间在这些土地上的财产破坏给予赔偿，总数达9500万到1.45亿金卢布。据此，芬兰几十所工厂必须重新装备，大量的铁路、车辆必须移交给苏联。

1940年6月底，苏联对芬兰佩萨莫（Petsamo）镍矿表示出强烈兴趣，要求获得特许开采权或成立苏芬合资公司。1940年7月，苏联在没有任何条约权利的情况下，要求并于9月获得了在芬兰南部的铁路上从苏联边界到汉科海军基地地区的过境权。苏联还干涉芬兰内部事务，1940年七八月，苏联指责坦内尔（Tanner, 1881—1966，1926—1927年任总理）等部长进行反对或扰乱苏芬“良好”关系的活动，坦内尔等阁员被迫辞职。在1940年12月总统选举前夕，苏联明确表示，如果被提名的四个人中任何一人被选为总统，苏联将把这些选举视为芬兰不遵守《莫斯科和平条约》的表示。

苏联还插足芬兰的对外政策，1940年3月芬兰曾向瑞典和挪威探询它们是否愿意考虑签订防御互助条约，苏联得知后表示强烈反对。4月丹麦、挪威被占领后，芬兰又提议签订《瑞典芬兰防御条约》，同样由于苏联的反对而化为泡影。6月苏联指责芬兰在阿兰群岛设防，迫使芬兰撤走驻阿兰群岛的部队，在苏联的压力下，1940年10月苏芬签订了关于阿兰群岛非军事化协议。

到1940年夏天，芬兰外交已处于十分孤立的境地。法国业已溃败，英国困守小岛。随着丹麦、挪威的沦陷，斯堪地那维亚半岛中立国集团已荡然无存。德苏在《互不侵犯条约》的约束下表面上维持友好关系，11月中旬苏德柏林会谈，莫洛托夫向希特勒表示，对芬兰苏联要像“在比萨拉比亚（Bessarabia）及其毗邻国家的方式一样”解决掉，意指要把芬兰并吞。

希特勒与斯大林的友谊不可能长久。正当芬兰面临山穷水尽的境地的时候，国际局势正悄然发生变化，在西线取得辉煌胜利的希特勒已将目标转向东方。德国为了与苏争夺东北欧势力范围和日后侵苏的需要，不久就向芬兰抛出了诱饵。1940年8月，德国发还了入侵挪威时芬兰运经挪威而被德国人扣留的军火，与此同时，芬德签订了一个在德国购买军事物资的合同。与这笔交易相关联，德国要求芬兰给予德国军队进出挪威北部的过境权。

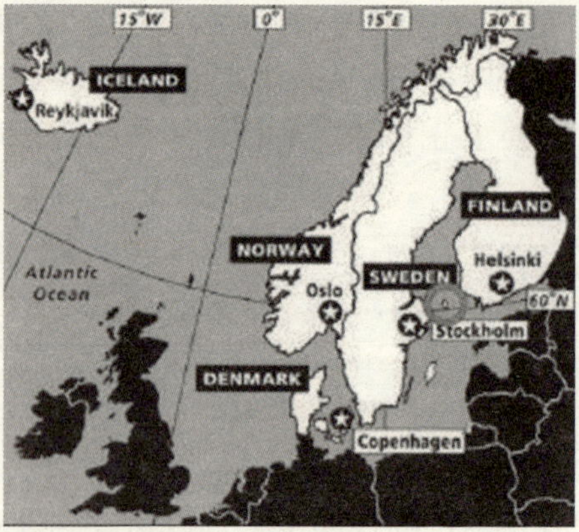

▲阿兰群岛位置图。

既然中立不能确保国家安全，一部分芬兰精英认为与德国保持友好关系，或许可以经由德国与苏联的平衡而为芬兰带来安全。随着德国在西线的节节胜利，芬兰舆论很快转向亲德，在苏联对于芬兰施加愈来愈沉重的外交压力作用下，芬兰逐步走上了倚重德国、抗衡苏联的危险道路。1940年9月22日，德芬签订了过境协定，并开启了军事合作。

1941年6月3日，德国的高级将领与芬兰总参谋部举行进一步会谈，芬兰同意负责芬兰东南部的军事行动，6月17日芬军开始秘密动员，25日正式向苏联宣战，第二次苏芬战争终于爆发。

续战：再一次重创

第二次苏芬战争在芬兰被称为“续战”（The Continuation War，1941—1944），也就是延续第一次苏芬冬战之意。对于芬兰而言，是希望借重德国势力收复失地，进行民族复仇。芬兰人认为自己是德国的“战友”、“共同作战国”，而不是“盟

▲“续战”中的芬兰坦克。

国”，进行的是“第二次卫国战争”，而不是“第二次世界大战”。

1941年11月26日，芬兰社会民主党的主要报纸《芬兰社会民主党人》发表评论：“我们的战争也仍然和以前一样，我们的对苏战争是与世界大战分开的。我们只是为我们自己的自由和安全而战。”1943年2月15日，芬兰社民党通过决议指出“芬兰目前的战争是冬季战争的继续，是我国人民违背自己的意愿被迫参加的一场防御战”，并声明，“只要任何时候出现有利的时机，而我国的自由和独立得到了保证，芬兰就有决定退出这场战争的自由”。

不是自己找说辞，就是芬兰太天真了，对于希特勒而言，这怎么可能只是个“复仇之战”？芬兰其实已经卷入了二战中最惨烈的部分。芬兰参加德国对苏侵略战争，使芬兰人民付出了惨重的代价。

▲深色区为1940冬战与1944“续战”中芬兰割让给苏联的土地，波卡拉于1956年归还给芬兰。

1944年9月19日停战协议签字，条件是芬兰承认1940年的《莫斯科和平条约》，一切外国军队（德军）必须撤出。不但如此，芬兰还保证割让佩萨莫，并将赫尔辛基西南波卡拉（Porkkala）附近的一片土地租给苏联50年，用以代替汉科，同时在六年之内以实物支付相当于3亿美元的战争赔偿。但此时德军拒绝撤离，经过多次冲突，德军撤退中在芬兰北部许多地区大肆破坏。1947年2月10日在巴黎签订的最终和平条约重申了停战协议中的条款。

1941—1945年的战争损失大大超过冬季战争，除国土、经济、财产损失外，光是战争死亡人数即达53740人，受伤人数为59450人，战争造成的死亡人数超过了全国人口正常的两年增长数。

这两场战争让芬兰的损失太大了。当1939年11月苏联进攻芬兰时，芬兰是一个繁荣的国家。从1918年以来，芬兰的经济发展是异乎平常的好，每年国民收入即有约5%投入社会福利。两次战争使得所有的经济成果几乎毁于一旦，战争造成了5万个孤儿，24000个寡妇，15000名老人因为亲子已逝而没有依靠。直接经济的损失更是惨重，相当于战前芬兰国土的12%。它使芬兰损失了12%的森林资源、17%的铁路线、25%的水力资源、12%的工业能力，等于损失了13%的国民财富，占芬兰全国人口11%的42万多人因为不愿意在被割让给苏联的土地上生活，放弃了自己的家园和大部分的财产，其中2/3回到芬兰。芬兰所偿付的战争赔款，包括各种间接费用，当1952年偿付完毕时，估计数额在10亿元以上。这不能不说是芬兰民族和历史的悲剧。

▲ 黑线为曼纳林防线。

亲身参与这两次战争的正是芬兰的悲剧英雄曼纳林（Carl Gustaf Mannerheim，1867—1951），芬兰军事领袖，保守派政治家，第二次世界大战期间对抗高居优势的苏军，成功地保卫了芬兰，后任该国总统（1944—1946）。曼纳林祖籍瑞典，1889年参加俄国陆军，任骑兵队中尉（当时芬兰是俄罗斯帝国的一部分），在日俄战争（1904—1905）和第一次世界大战中屡建功勋，晋升中将，并任俄国陆军军团司令。1917年俄国十月革命爆发后，回到脱离俄国宣布独立的芬兰。

曼纳林拥护帝制，为保守派贵族，芬兰内战期间，自1918年1月起任白军指挥，在德军援助下击败芬兰的布尔什维克党人，又经过四个月的浴血苦战，迫苏军退出芬兰。1918年12月成为芬兰的摄政，任职七个月，至1919年共和国成立为止。1919—1931年处在半退休状态，自愿献身于芬兰的卫生和社会福利工作。

▲ 曼纳林为芬兰军人及总统。

1931年曼纳林重任公职，为国防委员会主席，在任职的八年期间，芬兰在列宁格勒对面横越卡累利阿地峡，建曼纳林防线，以阻挡苏联任何侵略性的举动。1939年12月苏联军队攻击时，曼纳林任芬兰军总司令。他指挥出色，面临强敌而屡胜，但最后还是败北。1940年与苏联签订条件相当苛刻的停战协议。1941年6月芬兰与纳粹德国联合作战，1942年6月入侵苏联时，曼纳林晋升为芬兰唯一元帅，但苏联力量增强，德军渐衰，曼纳林也被迫退军。

1944年8月曼纳林任芬兰共和国总统，国人期待他能像过去一样与苏联订立个别的和平协议，9月他与苏联签署停战协议，然后又被迫签订比在冬战后让步更大的和约。曼纳林任总统至1946年，因健康不佳退休。作为一位曾经是俄国陆军总司令，为俄国立下汗马功劳，芬兰独立后，返国任最高的武装元帅，却两次战败，又签下了割地赔款的和约。对曼纳林而言，应该不是个人的能力不足，而是大势所趋。英雄也只能低头，晚年他写下《曼纳林元帅回忆录》，诉说这一段悲剧英雄的历史。

地缘政治给了答案：不可能依靠中立

十年内连续两次战争让芬兰人受到了沉重的伤害，他们原来只是想保持中立，却不幸被贪婪的北极熊所侵食；他们想复仇，却又被德国鹰所利用，再次受到屈辱。在二战中，他们是无辜的受害者，原因无他，地缘政治所致。

我们应该如何看待20世纪30年代以后芬兰的中立政策？它为何会失败？芬兰当时还有没有其他的选择？20世纪30年代希特勒的崛起，世界和平面临着极大的威胁，不只是芬兰，其他所有的中立国家，如荷兰、比利时、卢森堡、挪威、丹麦等都面临同样的问题。

在国际法上，它们与瑞士不同，瑞士的中立是来自国际条约，而其他国家的中立则是自我宣示的政策。更重要的是，瑞士的地理位置夹在各个大国之间，每一个周边大国都希望瑞士能够成为防御前线的缓冲区，因此不会在战争一开始就想对瑞士动手。另外，瑞士在战时虽为中立，但是在经济政策上，仍是给了德国相当大的方便，以致德国并没有急于拿下瑞士的必要。反观芬兰，苏联对于芬兰是否真正会维持中立，以及纳粹德国是否会让芬兰维持中立根本没有信心。在纳粹还没有攻击波兰以前，苏联已经开始向芬兰要求割地以供防卫需要，苏联也不认为芬兰周边的国家有能力为芬兰撑腰。

反过来说，希特勒要入侵苏联，芬兰也是必经之路，芬兰在冬战受挫后 ，更不可能拒绝纳粹的要求。对于一个当时只有360万人口的小国芬兰而言，在那个动乱的时代，为了求生存、置身于大国纠纷之外，不采取中立又有什么其他的路可以走呢？

经过思考，二战后的芬兰，绝口不提中立，而是以“不结盟”名义对外，却是低姿态，等于将“识时务者为俊杰”作为国家政策的座右铭。对苏联而言，苏联并不想并吞芬兰，赫鲁晓夫说，斯大林发动战争并不是想并吞芬兰，“当芬兰已经被歼灭时，斯大林表现了政治家的英明，他知道芬兰的领土与世界无产阶级无关……所以在二战期间与芬兰人签订条约而结束战争，这些对我们来说比占领更有利。芬兰的停战为希特勒德国的其他卫星国树立一个好的榜样，也使芬兰人民对我们有一个良好的印象”。

希特勒失败以后，苏联是有能力拿下芬兰，或者把芬兰像爱沙尼亚、拉脱维亚和立陶宛等，纳入战后的苏联版图。但是对于苏联来说，由于已经有了卡累利阿，占领芬兰其实已无必要。何况，二次的浴血战争使得芬兰与苏联已经有了芥蒂，苏联一方面觉得芬兰人难以应付；另一方面与他们并在一起也会感到不舒服。苏联相信，万一欧洲再发生大规模的战争，苏联可以不费力气地拿下芬兰，就把芬兰放在那儿，只要芬兰不挑衅，苏联就不动手。

战后的芬兰人也发现，或许与德国的结盟遭致最后的割地结局，但是由于坚强的抵抗，也幸运地避免了像其他波罗的海等国家那样被苏联吞并的命运。为了国家的生存，芬兰开始另一阶段的自我定位，采取了一种看似中立，其实是不挑衅，甚而有些姑息苏联的战略方针。芬兰将它不利的地缘位置转换为有利的地缘因素，在冷战的夹缝中求生存、找出路。

近邻的友善比远亲的面包来得重要：外交政策的原则

两次战败于苏联，让芬兰更深刻地体认到地缘政治的重要。1944年芬兰重新检视国家定位，认为面对苏联，对抗绝非良策。对芬兰而言，心态必须要重新调整，无论多不喜欢苏联，也要顾及到苏联的立场。

二战结束，美国对欧洲推展马歇尔计划。1947年夏天，包括芬兰在内的21个国家应邀至巴黎商讨接受马歇尔计划的问题。芬兰议会外交委员会于7月10日考虑这项邀请，委员会大多数的议员都赞成芬兰派代表参加，但是议会最后还是决定拒绝参与。官方声明有一段话说：“马歇尔计划现在成了大国之间意见严重分歧的根源。由于芬兰置身于大国政治冲突之外，它遗憾地表示不能参加上述会议。”

芬兰拒绝参加的原因非常简单，因为苏联反对芬兰的参与。芬兰共产党人清楚地说明，参加马歇尔计划会把“芬兰拉入敌视苏联的阵营……保持苏联对我们的信任和保持我们自己有权决定自己的事务，以及保持我们的独立，比得到杜鲁门和马歇尔餐桌上剩下来的几片面包皮重要得多”。

▲马歇尔计划（1948—1951）海报。

芬兰在外交上避免任何可能触犯苏联的事。1947—1948年，当斯堪地那维亚各国讨论成立一个不与大国发生任何关系的中立集团时，芬兰也拒绝参加，因为苏联认为这个所谓的中立集团，其实是为帝国主义服务的军事联盟。

1948年年初捷克政府内部发生政变，2月20日，参加联合政府的民族社会党、民主党、斯洛伐克人民党的12名部长向总统辞职，希望能够迫使内阁解散，在捷克共产党以及苏联的介入下政变瓦解。苏联这一行为被西方国家解释为，苏联不容许邻国实行不同于“人民民主”的其他政治制度。捷克事件以后，北欧国家都为自己的安全感到担忧。

1948年2月23日，芬兰巴锡基维总统（Juho Kusti Paasikivi, 1870—1956，1918年、1944—1946年任总理，1946—1956年任总统）收到斯大林的一封信，信上要求援引2月初莫斯科与罗马尼亚、匈牙利签订的条约，与芬兰签署一项“互助、反对德国可能发动进攻的条约”。斯大林说，“如果芬兰不反对”，可以由两国代表讨论该提议。

虽然芬兰内部对此有意见，但是巴锡基维总统决定接受斯大林的“建议”。理由并不难理解，为了不冒引起苏联猜疑与敌视的风险，除了接受，并没有其他的选择。两国在1948年4月6日签订了一项为期十年的《友好互助条约》。

这项《条约》在序文中即开宗明义地说：“芬兰渴望能置身于强国利益冲突之外。”芬兰自己以及国际政治都将这一文字视为芬兰中立政策的指标。二战以后，奥地利与瑞士是经由国际条约同意中立，也就是赋有国际法意涵的中立，反观，瑞典与芬兰都是自己宣示中立。而从该《条约》的其他条文可以看出，芬兰的中立，其实与真正的中立相距甚远，所谓“中立”一语，只是芬兰为自己“不得罪苏联”的美好说辞而已。

生存之道：巴锡基维—吉科宁路线

每一个国家在关键时候总会出现一些政治人物，有的把国家带向灾难，有的却带领人们走出困局。巴锡基维这个芬兰现代史的重要人物，应该可以看成后者。他的对苏政策决定了冷战时期的国家政策基调。他先后任总理和总统，期间为了确保国家的独立，始终致力于培养与苏联和谐的关系。

巴锡基维在政治上是个务实主义者，他认为小国无法长期对抗大国的强权政治。因此在争取芬兰在俄国统治下维持自治权（当时为俄罗斯帝国的一个大公国）时，他和旧芬兰党的顺从派站在同一立场，愿意“顺从”俄国那些干预芬兰内政的非法政令。

1936年巴锡基维奉派为驻瑞典公使。1939年奉召返国，率领代表团与苏联讨论有关苏联要求芬兰割让领土中若干具有战略重要性的地方。巴锡基维主张答应苏联的要求，但最后代表团未能与苏联达成和平解决。1940年3月，巴锡基维成为与苏联和谈的当然人选。他担任和谈委员会主席，与苏签订条约，割让约1/10的土地，其中人口将近50万，从而结束了芬兰节节败退的对苏战争。1940年3月，他奉派为驻俄公使。1941年5月，纳粹德国与苏联的冲突日益接近，而芬兰显然要与纳粹德国站在同一战线上，巴锡基维因而辞去驻俄公使之职。此后三年他实际已不涉足政治。1944年春奉召参与芬苏和谈，但谈判失败。到11月，即使亲德的芬兰人也看出苏联打败德国的结果日益接近，巴锡基维因此应邀出任总理，他的政府保证与苏联和平相处地合作。到1946年3月总理任期终止，他确信1944年9月签订的苏芬停战协议中的和平条款已确实履行。

▲ 巴锡基维总统。

1946年3月，巴锡基维继曼纳林元帅出任芬兰共和国总统，直到1956年。与先前历任总统相较，他尽量更远离政党政治，为了确保芬兰独立，在处理外交问题时，他尽量避免与苏联的利益冲突，并让苏联信任芬兰的诚意，这方面他做得相当成功，在1955年收回1944年租借给苏联的海军基地波卡拉（Porkkala）一事上发挥很大作用。巴锡基维虽然采取和强邻苏联合作的政策，但他坚决对抗共党在芬兰的渗透。巴锡基维的策略成为第二次世界大战后芬兰外交政策的基础。

巴锡基维的接任者为吉科宁（Urho Kaleva Kekkonen，1900—1986）。他曾任芬兰总理（1950—1953，1954—1956）与总统（1956—1981）。吉科宁在国会中最初实行强烈的反苏联路线。1940年在芬兰的国会中，仅有两位议员投票反对割让任何领土给苏联，吉科宁便是其中的一位。然而至1943

▲ 芬兰总统吉科宁前后担任五任总统，历时25年。他对芬兰最大的贡献是让芬兰成为“东西方的桥梁”，他一方面亲苏，一方面放眼北欧经济体。

年，他预见纳粹德国必将失败，认为芬兰必须对苏联采取中立友好政策，以保持自身的独立。在1950年出任巴锡基维总统任内的总理。1956年巴锡基维去世，他继任总统，延续以苏联为导向的中立立场，对苏联采取谨慎但友好的政策让他几次连任总统职务（1962年、1968年、1978年）。总统任期每届六年，但1973年国会将他的第三任总统任期另外延长四年。1981年他因健康衰退而辞职。在整个冷战期间，芬兰对于苏联所采取的谨慎而自制的路线后来被称为“巴锡基维—吉科宁路线”。

友好条约：做小扶低换取国家安全

《金刚经》有一句话说：“所谓佛法者，即非佛法，是名佛法。”讨论芬兰的中立时，也不要为名相所限，芬兰的“中立”，也可以说是“所谓中立，非中立，是名中立”。

《苏芬友好条约》第一条文字中表明，“当芬兰或苏联成为德国或其盟国取道芬兰的攻击目标时，芬兰基于独立国家的义务应抵抗。当芬兰遭受攻击时……如有需要，苏联会支持或加入作战”。这项《条约》还规定，苏联的援助在什么时候是必要，或什么时候给予，将由两国“相互的协议”决定。第二条称，在出现军事进攻的威胁时，双方将“相互协商”。第四条称，“双方同意不会达成任何结盟或参加任何直接对抗另一方的联盟”。第六条称，“双方遵守相互尊重和领土完整原则，并且不干涉另一国的内政事务”。

从字面来看，这个《条约》像是苏联的“权利条约”，条文中确定了苏联在面对攻击时，可以将芬兰作为最前线的战场，就像冬战一样，苏联有权利出兵。这个《条约》也像是个“保护条约”，说明了如果芬兰遭受攻击，苏联有权出兵加入作战。这个《条约》还像是个“约束条约”，虽然双方面同意不结盟，但是芬兰也不可以与其他国家结盟，至于苏联是否要与其他国家结盟，芬兰是管不到的。最后，这个《条约》当然

也顾及到芬兰的主权立场，《条约》中表明“不干涉内政”，但是，谁都知道，苏联不用明的干涉，只要暗示一下，芬兰也就了解意思、自我节制了。

应该用什么样的观点来看《苏芬友好互助条约》？战后的局势逐渐明朗，欧洲大国均在战争中衰落，唯一能够与苏联抗争的就是美国，但是美国是那么遥远。曾经期望利用德国来对抗苏联的失败经验，让芬兰决定走一条看起来有些屈辱，但是也是不得不低头的外交政策。“不要激怒苏联”、“不要让苏联怀疑”就成了战后芬兰国家定位的最高原则。虽然这项政策似乎并不符合主权独立或国家尊严等原则，但是它让芬兰避免步入波罗的海三小国被苏联合并的命运，也没有像波兰、匈牙利、捷克等东欧国家纳入《华沙公约》的无奈，更没有成为苏联的“卫星国”。

这项《条约》禁止芬兰对西方承担军事上的义务，但是并没有限制芬兰与西方国家建立其他关系。换言之，苏联在芬兰的利益基本上是由军事防卫上的考虑决定。为了让苏联放心，芬兰一定要使苏联相信，无论是直接或是间接，芬兰的领土不会被任何国家用来作为进攻苏联的基地。如果有他国要入侵芬兰，芬兰一定会为保卫自己的领土而战，当然这也等于是为保卫苏联而战。

在1948年后的最初几年，有些观察家断定这个《友好条约》已经使得芬兰成为被苏联控制的东欧集团的成员。因为所有“进攻”、“援助”、“通过芬兰领土”和其他语句都可以按照苏联的解释来行事，因此对芬兰不利。不过从事后来看，在芬兰的主动让步下，《苏芬友好条约》让苏联对芬兰完全放心，二战后的德国一分为二，不可能再进攻芬兰，有了这个《条约》，芬兰不会再被其他国家借道，苏联也可以放下心来，把重点放在其他国际事务上。

外交先于内政：不得罪苏联的外交优先政策

苏联基本上对芬兰是满意的。1955年苏联将波卡拉基地归还芬兰，这也是一种和解姿态。1955年苏联同意芬兰加入联合国。

从两件事情上可以看出，芬兰如何降低姿态应对苏联。

第一件是1958年，苏联为了阻止对苏联并不友善的社会民主党的法格霍姆（Karl-August Fagerholm）组阁而对芬兰施压。苏联召回驻芬兰外交官并实施经济制裁而导致吉科宁总统重新任命总理人选。此事让吉科宁更坚定地相信，外交政策应优于国内政治。为了让苏联相信原有的巴锡基维路线并没有改变，吉科宁要求政党、媒体，甚至大众对苏联要采取极度克制的态度。

另一件是在1961年10月30日，苏联发给芬兰一封照会。这封照会9/10以上的内容是对西方战争贩子与帝国主义者的冗长控诉，并且以批判的态度提到了北约成员国丹麦、挪威，以及中立的瑞典。苏联因此建议双方就《苏芬友好条约》第二条“如果确实出现第一条所述的武装侵略的威胁时，缔约双方应相互协商”进行协商。

当时的欧洲的确有一连串的事件让苏联感到忧心，包括西德的再武装、柏林危机、日内瓦裁军协商的破裂、北约组织的北欧会员国逐渐整合入北约的指挥架构，以及北约在北欧与波罗的海逐渐增加的影响力。芬兰总统吉科宁在收到照会后，为了化解苏联的不安与疑惑，要求与赫鲁晓夫两人亲自就照会的内容交换意见。1961年11月25日，苏联与芬兰共同发表联合公报。公报中说，赫鲁晓夫“高度重视芬兰总统的政治经验及他维持严格中立政策的善意和能力”。因此，苏联继续支持芬兰总统吉科宁，并因而“延迟苏联所提出的军事协商”。

这项照会反映出20世纪60年代的冷战是多么的激烈，对于芬兰来说，如何让苏联安心是多么的重要，而芬兰的努力也能够得到苏联的信赖，且使得芬兰能够自主与独立地发展其他方面的政策。

历史有时是很吊诡的，战后对于苏联的3亿美元赔款让芬兰大受内伤，但是由于芬兰可以以工业产品偿还，这也使战后的芬兰生产结构有了改变。对苏联的赔偿物资4/5是用于造船、机械和金属工业的产品交付。当赔款开始交付时，这些工业还远远达不到生产要求的质量与数量，芬兰政府因而被迫提升工业生产的能力。到了1952年最后一次还清赔款时，这些工业的能力都已经有相当大的提升，提高到1939年时人们难以想象的水平，也是芬兰历史上从未有过的。芬兰从此由原来的农业经济形态走上了西方工业资本主义的道路。

由于苏联与芬兰的友好关系，芬兰可以轻易地从苏联取得石油、天然气与原料，以换取芬兰生产的西方消费品。芬兰自苏联输入的有2/3为能源，输出的大多为大宗制成物品，如船舶与机器。芬兰因此在战后的几年，免于西方经济萧条的冲击。冷战时两国之间贸易关系稳定，苏联在芬兰的贸易总额所占比例维持在15%—20%之间。不过，主导芬兰对外贸易形态的仍然是经济而非政治，这与东欧国家的对外政经关系均以苏联为主是完全不同的，西欧国家仍然是芬兰对外贸易的主要伙伴。

北欧均衡：北欧国家各司其职创造安全

芬兰这种对苏联的低姿态，其他的北欧国家是如何看待的呢？不是瞧不起，而是充分理解，而且还相互配合，这一点似乎是外人很难了解的。

在芬兰于1948年4月6日与苏联签署友好条约以后，瑞典于5月3日向丹麦与挪威提出建议，呼吁成立以中立为宗旨的斯堪地那维亚防卫联盟。瑞典的理由很清楚，在美苏两大强权竞逐的情形下，北欧国家应该集体坚守中立路线，以避免卷入未来可能的冲突。瑞典希望经由斯堪地那维亚的地区性中立防卫联盟，阻止挪威与丹麦加入正在筹备中的北约。

挪威与丹麦一开始时认真地考虑接受瑞典的建议，但是后来又认为中立防卫联盟的可行性仍有问题。首先，北欧三国的武力并不足以对苏联产生吓阻，三国的军力也难以遏制苏联的入侵。第二，对于瑞典的不信任。二战期间，丹麦、挪威两国均遭德国入侵，作为邻国的瑞典眼看着两国被占领，为图自保而袖手旁观。如果与瑞典缔结防务同盟，瑞典是否会情愿牺牲中立政策而承担保护两国安全的义务，挪威与丹麦均感到疑虑。第三，瑞典人口众多，经济发达，未来的防卫同盟有可能受瑞典支配。第四，其实也是最关键的因素，如果参加这个中立的防务组织，将得不到来自美国的军售，这样一来防务组织无论如何都是难以为继的。基于上述考虑，经过一段时间的踌躇之后，挪威和丹麦两国最终还是放弃了参加斯堪地那维亚防务同盟的打算。

归根结底，斯堪地那维亚防务同盟失败的真正原因在于：瑞典希望该组织严守中立，独立于其他军事、政治集团；而挪威和丹麦则希望该组织与西方国家达成某种形式的防务关系，不希望该组织孤立于西方阵营之外。每个国家都有自己的理由。挪威与丹麦的两难在于，二战中没有得到任何奥援，因此未来与美国等西方国家结盟很重要，但是由于它们地理位置与苏联的邻近，避免战争也需要考虑。挪威与丹麦两国其实是想借西方盟国的军事来威吓苏联，而不愿意真正的防卫，也希望苏联能够了解它们的苦楚，即使加入西方盟国，也不表示自己的土地就成为西方进攻苏联的跳板。它们即使成为西方联盟的一员，也非常重视保持与苏联的正常关系。

在这种看似复杂其实简单的思考下，挪威与丹麦决定加入北大西洋公约组织。虽然挪威和丹麦两国加入了西方阵营，但这并不意味着它们全心全意地投身于冷战，它们更多地把冷战视为美苏之间的霸权争夺。它们加入北约的真正目的是为自身安全寻求保障，而不是反对共产主义的扩张，更不愿意在美苏争夺中充当美国的马前卒。

为了减轻苏联对它们加入北约而感到的威胁，避免把北欧地区变成冷战的战场，它们对自己在北约中扮演的角色作了限制。挪威和丹麦在加入北约之后立即向苏联表示，在和平时期，两国将不允许外国在其领土上设立军事基地，以此表示两国参加北约纯粹是出于防御的考虑，而决不会对苏联的安全构成威胁，不会允许其他国家在和平时期利用挪威和丹麦的领土从事危及苏联安全的活动。因此，从某种意义上讲，这两个国家只是北约的准成员国。

北欧国家虽然有着不同的历史，彼此也有着不同的发展经验，但是地理的邻近性使北欧人还是塑造了共同的北欧认同，他们能够了解到每个国家在安全上所面临的特殊困难。北欧五个国家因此很有默契地形成了一个有助于北欧安全的体系。

▲ 19世纪憧憬统一斯堪地那维亚政治漫画。

这个体系包括五个国家，分别是冰岛、挪威、丹麦、瑞典与芬兰。前面三个都加入了西方阵营的北约，冰岛因为与苏联最远，所以部署了北约的武器与军队，挪威与丹麦虽然属于北约，但是不准有北约的军队。瑞典与芬兰两个国家都号称中立，其中瑞典有较强大的国防，最靠近苏联的芬兰则是用克制与谨慎的低姿态来因应苏联。对于东西两大阵营来说，瑞典与芬兰更像缓冲区的角色。

在安全上，北欧国家各司其职，但是在非军事与政治方面则是相互协助。1952年丹麦、冰岛、挪威与瑞典成立北欧理事会（Nordic Council），目的在于促进经济、社

▲ 北欧理事会的旗帜，北欧理事会以及北欧部长理事会是由北欧国家政府所组成的合作论坛。

会、文化、法律、劳工、交通运输和环境保护等领域的协商与合作。成立之初，由于苏联有意见，芬兰并没有加入。到了1955年，苏联对于该组织的性质有所了解，点头让芬兰加入。

北欧理事会的成果使得北欧人民，不论来自哪一国，都可以在其他国家享受到同样的国民利益。例如1952年废除签证入境、1954年以后自由劳动市场的开放、1956年将社会福利扩展到居住在本国的其他北欧国民。在一般事务上，北欧国家早已整合成一个自由往来、享受类似国民待遇的共同体地区。芬兰当然从中得到所需要的利益，虽然它对于苏联的政策是有些卑微，但是在其他北欧国家看来，芬兰的卑微其实为北欧的安全作出了巨大的贡献。

北欧国家各有其安全政策，各自扮演其适当的角色，而彼此唯一的共同点就是不要让战事威胁到北欧的地区，维持北欧在东西阵营中的均衡。“北欧均衡”（Nordic Balance）可以看成是北欧人在冷战时的集体智慧。一直到冷战结束、苏联瓦解，北欧等国，特别是瑞典与芬兰，就从欧洲共同体来找寻对自己国家有利的发展。

守住民主制度就是胜利：美国的观点

虽然在法律上，芬兰与盟国在1947年2月10日签了和约，芬兰被视为希特勒的盟国、为战败国家，但是在心态上，西方国家并没有将芬兰看成是敌对的国家。作为战后民主阵营的强权美国，基本上能够理解芬兰因为所处的地理位置而必须实行的谨慎与克制的政策，而没有把亲苏政策看成是对美国的忽视或是伪装地反对美国。美国了解到，东西冷战的对抗使得芬兰处于一种危险的地位，而美国的利益在于帮助芬兰去维护它的民主制度与生活方式。

在偿付赔款初期特别艰苦的日子，美国好几次给予芬兰援助。在1946—1948年间，美国通过进出口银行向芬兰提供约

8000万美元的信用贷款，后来再追加到1.2亿万美元。1949—1952年间，美国又通过联合国国际复兴开发银行给予芬兰约3800万美元的援助。稍后，又拨给芬兰230万美元购买战时剩余物资。

除此以外，美国在1947年12月宣布，美国不要求享有《对芬兰和约》第二十九条所规定的“第三方面受益者”的身份。美国本来以这个身份对美国在战时捕获的芬兰船只不必给予补偿，在放弃这个权利后，芬兰得以获得美国以征收芬兰船只名义的补偿款约447万美元。另外，1947年美国批准与芬兰开启商业航空线，1955年与芬兰签署贸易协议。还有，美国把芬兰未来要偿付的第一次世界大战的债款用作芬兰公民在美国的教育费用及在芬兰使用的美国教育用品费用。美国还提供芬兰人到美国留学进修的机会。美国一切的努力在于协助芬兰还清对苏联的赔偿，并维护民主制度，促使芬兰内部不会走上共产主义，更能够停留在铁幕之外。

对于西方世界而言，芬兰所扮演的角色对于防堵苏联共产主义扩张还是有些帮助的。从地理上来看，二战以后，苏联在中东欧向西推进了几百公里，但是苏联在北欧所打下的唯一缺口只是1940年和1944年芬兰所割让的东南部与北部的地区，1939年边界的其他部分都没有改变。芬兰反而成了在北方抵挡共产主义的一道堤防，这道堤防除非用压倒性的力量，否则是很难冲垮的，因此芬兰的中立对于不让苏联取得芬兰是有意义与贡献的。从这个角度来看，芬兰的中立与美国在其他地区对于苏联的围堵，其实是有异曲同工之妙。

遇到纷争就弃权：在联合国的战略

芬兰在联合国的态度也是绝对自制。

联合国成立之初，它的目的并不是为了公平与正义，而是为了世界的和平。要维持和平，就要避免冲突，不让战争发生的最简单方法，就是尊重每一个大国的势力范围与意识形态。联合国常任理事会员国享有否决权，就是这一个思维下的产物。

联合国从一开始也不是个讲“会籍普遍化”的国际组织，所有的战败国都不能参与联合国。东西德、日本、意大利、芬兰都是如此。

在巴黎和会于1947年签订以前，芬兰是不够资格成为联合国会员国的。1947年芬兰提出申请，但是有八年的时间，因为西方国家拒绝接受一些共党国家，苏联也多次否决芬兰的加入，直到1955年12月14日，芬兰才和其他15个国家一同加入。

芬兰在联合国的作为也是谨小慎微，一切以1948年与苏联的友好条约作为基础，并且考虑到它是北欧理事会的一员。整体来说，冷战期间芬兰对于联合国的事务都是小心谨慎，完全回避有关军事事务的问题，对于大多数的政治事物，芬兰都采取不介入的立场。

吉科宁总统于1961年在联合国演说中就表示：“与其当法官，芬兰宁愿做医生，我们不应下判决或是谴责，而是诊断与治疗。”芬兰在联合国对于强权之间的纷争投票时多弃权。例如，1979年12月苏联与阿富汗战争，当时芬兰政府没有对苏联进行批评，在联合国针对此一问题的投票中行使弃权。

在联合国内，芬兰也避免支持那些仅仅含有道义上的控诉，或者需要投票反对成员国政府，或谴责它们国内政策、主张。举例来说，在1963年的联合国大会上，芬兰对于南非在种族隔离问题上的立场即是如此。芬兰的说法是，联合国无权“干预在本质上属于一个国家内政管辖范围内的事务，或要求会员国按现行宪章的规定，将这类事务提交联合国来解决”。在一些事务上，芬兰与其他北欧国家磋商，以共同立场发表声明。

整体来说，芬兰在联合国的表现呈现出两个面貌：一个是以中立的立场，回避对政治、军事或其他国国内事务作表态；另一个是以北欧民主国家成员的一部分表达与北欧国家共同的立场。这两个面貌都反应出芬兰的基本原则，那就是谨慎与克制。

在面对欧洲的经济组织时，芬兰的态度也是极为谨慎的。战后西欧形成两大经济组织，一个是由欧洲大陆六个国家——德国、法国、意大利、荷兰、比利时与卢森堡形成的欧洲共同体（European Community），强调区域内的贸易，有着共同的关税、农业政策，在欧洲共同体内有像执委会、欧洲议会等超国家的组织。另一个就是以英国为首，包括丹麦、挪威、瑞典、瑞士、奥地利等国家的欧洲自由贸易协会（European Free Trade Association），该会会员中有的以中立作为国家定位政策，例如瑞典、瑞士、奥地利；有的避免与欧陆大国走得太近，例如丹麦与挪威。它们共同的忧虑就是，如果加入欧洲共同体会影响到自己国家的主权，而使得国家定位的立场受到质疑，它们愿意与英国走在一起，实行不伤及主权的自由贸易交往原则。

芬兰如果要发展与西欧经贸集团的关系，自然不可能从欧洲共同体开始，而只能与欧洲自由贸易协会尝试建立联系。1960—1961年芬兰与欧洲自由贸易协会签署《联系协议》（*Association Agreement*），芬兰取得了准会员的资格。这反映出两件事。第一，芬兰的中立政策已经得到了苏联的信任。苏联虽然不愿意芬兰因为加入欧洲自由贸易协会而影响到它的中立地位，但是在芬兰与欧洲自由贸易协会进行磋商时，苏联并没有公开地反对，而只是警告芬兰不要有削弱芬兰与苏联贸易的行为。第二，芬兰从此在经济上与西欧国家紧密连在一起，不只被西方民主国家毫无保留地接受，也与西方国家的经济发展融合在一块。

这一个阶段，芬兰可以说是左右逢源，苏联与西欧都是它重要的经济伙伴，有着这一层特殊关系，当欧洲有些国家在20世纪60年代陷入经济困境时，芬兰的经济反而持续增长。

在冷战快要结束时，1986年芬兰成为欧洲自由贸易协会的正式会员，但是，随着冷战的结束，芬兰也开始另一阶段的战略思考与调整。

突然改变立场：因为冷战结束了

冷战结束，对于芬兰而言，似乎一切都改变了。芬兰的中立政策也可以作调整了。不过苏联虽然瓦解，俄罗斯却仍然存在，芬兰可以开始调整政策，但是其中必须有变与不变。

▲ 1990年年初芬兰经济严重衰退，银行营运问题丛生、失业率飙高到50%、政府负债占GDP的60%以上，但芬兰却能以短短十年摆脱经济颓势，成为耀眼的全球经济明星。

虽然欧洲自由贸易协会与欧洲共同体这两个西欧的经济组织在1990年就合并为欧洲经济区开始谈判，但是对作为一个已经从《雅尔塔条约》的冷战结构中挣脱出来的芬兰而言，很明显是不能满足的。芬兰开始思考，是否要直接加入欧洲共同体。在还没有结束冷战的1989年，芬兰官方还以加入欧共体与芬兰的中立政策不相吻合为由，表示不考虑加入，但是在冷战结束后的1991年，芬兰已经作了180度的大转弯，急迫地想处理这个问题。

经济因素当然是芬兰急于申请加入欧共体一项重要的考虑。芬兰严重依赖对外贸易，外贸占国民生产总值约50%。而与欧共体的贸易又占其外贸的一半以上。欧共体国家也是芬兰对外投资的主要对象。可以说，芬兰的经济发展已在很大程度上取决于对欧洲经济发展的适应程度。欧洲统合的迅速推进，使芬兰愈来愈担心被排除在欧洲大市场之外，害怕会影响到它的经济发展。

另一方面，随着苏联的衰落和解体，芬兰与俄罗斯及东欧的贸易从最紧密时期占外贸的25%，骤降至4%。主要原因是苏联贸易的崩溃和芬兰国内经济结构的调整。芬兰经济20世纪91年出现了1930年代以来最严重的衰退，国民生产总值下降了6.2%，工业生产甚至下降10.6%。企业倒闭6800家，失业人数达35万。芬兰想通过参与西欧经济统合来振兴经济，于是申请加入欧共体就逐渐成为芬兰国内各界的共识。

▲ 2002年1月1日芬兰克与欧元的法定兑换比率。

在外部因素方面，苏联的快速崩解，大大加快了芬兰调整中立政策和向欧共体靠拢的步伐。在咨询过莫斯科后，芬兰在1992年1月与俄罗斯签署了新的《关系基础协议》，同时宣布废除《苏芬友好合作互助条约》，这也使得芬兰摆脱了多年来的束缚，为申请加入欧共体排除了外部障碍。另外，奥地利、瑞典先后申请加入欧共体，也为芬兰作为中立国家加入欧共体提供了先例。芬兰的目标是与奥地利和瑞典同时加入欧共体。

欧洲共同体本来就是为了欧洲的和平与经济而生，它从一开始就不全然是个经济性的组织。从1970年就有关于建立欧洲政治合作的共识，一直到1991年《马斯垂克条约》（*Treaty of Maastricht*）签署，1993年生效，欧洲联盟（European Union，简称欧盟）成立，共同外交暨安全政策（CFSP）是欧盟的三大支柱之一。

芬兰想加入欧洲共同体当然有经济考虑，但是政治性的考虑也是其中的关键。芬兰前总统柯维斯托（Mauno Koivisto，1981—1994）在回忆录中就写道：“寻求加入欧洲共同体最强烈的理由是在安全政策领域，经济理由是次要的，但是这不是我们能公开表示的言论。”

芬兰既然要加入欧盟，就必须遵照欧盟的规定，那么，芬兰的中立政策应该如何调整？

欧盟在接受芬兰加入时，就表示会员国必须接受欧盟的共同立场，包括拘束性的防卫政策，以及对第三国实施的制裁。芬兰为了加入欧盟，完全接受了欧盟的规定，不过，就像以往一样，芬兰必须为它所实施的政策找到一个好的说辞，那就是未来采取的是核心中立，也就是从中立转向不结盟。其实，这个所谓的不结盟，也不过是个政治的术语，没有多大的意义。

1992年1月，芬兰政府重新定义外交政策为军事不结盟与可信的国防。官方新的定义以中立的核心取代冷战时期的中立政策。

1993年12月21日，芬兰与其他申请国为了消除欧盟对中立国的疑虑而签署联合声明，表示接受所有欧盟同意协议；支持加强欧盟在外交暨安全政策上的行动，并且会积极参与，不会对这些目标有所保留。

1994年4月12日，欧盟与芬兰、奥地利、瑞典等国签署了入会条约，在入会条约中，对于中立问题只字未提。芬兰在加入欧盟时，也没有对《马斯垂克条约》所附加的义务提出保留，尽管它宣称自己是以军事不结盟的身份加入欧盟，但是却保证会积极地参与欧盟的所有活动。1994年10月16日芬兰举行公民投票，以57.5%票数支持加入欧盟。

芬兰所谓的不结盟，其实是指不参加北约。但是芬兰几乎已经参与了所有重要的欧洲与大西洋安全机制。例如，芬兰在1992年成为北大西洋合作理事会（North Atlantic Cooperation Council, NACC）的观察员，1994年芬兰参与北约和平伙伴计划。芬兰也参与了北约主导的波斯尼亚的执行部队及以后的稳定部队行动。1997年欧洲大西洋伙伴理事会（Euro-Atlantic Partnership Council, EAPC）成立时，芬兰是该组织的会员。

不再低姿态：因为有了欧盟

1992年生效的俄苏《关系基础协定》的第五条虽然仍然复制了原有《苏芬友好合作互助条约》“当任何一方安全有危险

时，芬兰与俄罗斯应该彼此沟通”，但是与以往不同的是，未来的军事协商并不是双方的协商，而是应该基于欧安会议与联合国的共识进行协商。以前的军事合作义务在这个基础上变得不存在了。

芬兰在1995年元旦正式成为欧盟的会员，芬兰与俄罗斯的关系面临再一次的重新界定。芬兰的报纸曾经表示，作为“欧盟会员国的梦魇”就是芬兰未来必须加入其他欧盟国家“谴责俄罗斯的政策，甚至参与制裁俄罗斯”。面对这个问题，芬兰仍旧是以一贯的低调回应。1995年1月，芬兰总理因为国内与欧盟抗议俄罗斯在车臣的行动而专程访俄。这一次访俄，也让俄罗斯了解到，俄罗斯可能无法像以往一样，将芬兰单单视为一个西方民主制度的邻国，现在的芬兰已经是欧盟的一部分了。

一切都改变了。芬兰几乎再也没有安全上的顾虑，芬兰终于从两次对苏战败的阴影中走了出来。芬兰凭着谨慎与克制，守住了国家的主权与安全。芬兰的自我定位很清楚，就是不要激怒身边的巨人，也不要成为巨人争执的战场，这是芬兰从它的痛苦历史中学来的。芬兰的谨小慎微，让它有和平的时间来发展它的高等教育、科学研发，发展成为高度工业化的国家。最后证明，芬兰赢了、崛起了，巨大的苏联却瓦解了。时间最后还是站在谨慎的芬兰这一边。

▲ Nokia公司在芬兰的工业中心。Nokia是一个芬兰小镇的名字，芬兰文原为“黑貂”之意。

爱尔兰◎◎

抓紧契机的翠绿之岛

镶入他人皇冠的绿宝石：塞尔特民族沧桑的开始

英国《经济学人》杂志在1987年以“最穷的富人”（The poorest of the rich）来形容爱尔兰；十年后，1997年则称爱尔兰为“欧洲闪亮之光”（Europe shining light）。1995年开始，爱尔兰的经济增长率几乎每年10%。2004年10月，该杂志更在名为“幸运的爱尔兰”（The Luck of the Irish）专题报告中称，爱尔兰可以作为加入欧盟的中东欧转型国家“成功的模范”（A model of success）。在西方国家经济成长普遍停滞的情形下，它因为如此亮眼的表现而被喻为“塞尔特之虎”（Celtic Tiger），目前平均国民所得约四万美元。

今天的爱尔兰让人惊羡，但是很难想象，半个世纪以前的爱尔兰还是充满悲情的。“西方世界的绿宝石，被镶入陌生人的皇冠”是爱尔兰文学家书写母国的经典名句，被错置的绿宝石象征着曾有过的一页页沧桑史。直到二战以后，爱尔兰才建立了自己的国家，绿宝石成为照亮世界进入欧洲的欧洲之窗。

▲圣派翠克。

爱尔兰岛古称“艾林岛”（Erin）。大约在公元前4世纪中叶，分属两个不同部落的塞尔特人（Celt，亦称盖尔人）从中欧越海而来，先后到达艾林岛和不列颠岛。在此后漫长的繁衍生息过程中，这两支塞尔特人逐渐成为使用不同语言、拥有不同地域的两个民族。

不列颠的塞尔特人先后融合了罗马人、盎格鲁—撒克逊人、丹麦人和诺曼人，形成英格兰人，他们所说的英语属于印欧语系日耳曼语族。爱尔兰岛的塞尔特人基本上保持了自己的古老语言和血统，发展成为另一个民族——爱尔兰。他们所说的盖尔语，属印欧语系的塞尔特语族。因此，爱尔兰历史学家柯蒂斯（Edmund Curtis）认为：“在今天的世界上，塞尔特民族的国家只剩下爱尔兰一个了。”

爱尔兰从5世纪开始接受天主教，圣帕特里克（St. Patrick）当时将天主教传布到全岛，深受当地人崇敬。全体爱尔兰人改信天主教，圣帕特里克因而获得“民族使徒”的殊荣。

根据传统记载，似乎在天主教时代早期，爱尔兰发生了一次政治结合，由五个不同地区的王国共同组成联盟，但是历史并没有给爱尔兰独立发展的机会。北欧（挪威）人最早于795年在爱尔兰海岸出现，开始统治爱尔兰。此后，北欧人时常进行袭击和劫掠，有时甚至深入内陆。这些未完全放弃海盗行径的北欧海盗们，逐渐变成与爱尔兰人关系密切的商人，他们的商业市镇为这个国家注入了一股新的活力。

1014年，在一场战役中，爱尔兰国王布莱安（Brian Boru，941—1014，1002—1014年任爱尔兰国王）击败了北欧统治者，结束了北欧人在爱尔兰的统治。爱尔兰暂时回到爱尔兰人的怀抱。

英国的统治：杀死爱尔兰人等于杀死狗

150多年后，1171年10月17日，英王亨利二世在爱尔兰的瓦特福登陆，当时的奥康诺（Roderic O’Connor）国王接受英格兰国王亨利二世是整个爱尔兰岛的最高君主时，盖尔人爱尔兰的独立自此不再，从那时起，这个国家在未来近八个世纪一直从属于英国。

▲ 英国国王亨利二世。

亨利二世以一个征服者的心态面对爱尔兰。首先对爱尔兰的土地进行了大规模的兼并，再把掠夺的土地分封给他的武士，并划定英国人的居留地。爱尔兰人虽然仍像以往一样在田间劳作，但他们被视为未开化的低等民族。在英格兰人和爱尔兰人之间，形成了两个说着不同语言的社会。英国殖民者极端鄙视爱尔兰人，把他们驱逐到沼泽地带和森林中去，破坏他们的土地和庄稼，这自然激起了爱尔兰人的反抗。

爱尔兰历史学家柯蒂斯形容当时的情形：“爱尔兰到处发生盗窃、饥馑和死亡，全岛确实经常出现人吃人的现象。这就是从一开始以来，英格兰人对艾林人民所做的好事。”英国殖民者在爱尔兰实行残酷的殖民统治，这几乎填满了爱尔兰的记忆，使得爱尔兰的历史几乎成为爱尔兰人民反抗英国统治的抗争史。

在政治方面，英国完全没有给爱尔兰人机会与权利。1228年，英国国王约翰（John，1199—1216年在位）颁布法律，规定爱尔兰必须实施英国法律和惯例。到了13世纪末，爱尔兰虽然有了议会，但是议员没有一个是爱尔兰当地人，它只不过是一个“爱尔兰的英格兰人”的议会而已，两个民族的矛盾自然进一步深化。面对英国的残酷压迫，爱尔兰首领奥尼尔（Donal）曾向教皇约翰二十二世呈递一份谏疏，其中引用了英裔爱尔兰教士在法庭上讲过的一句话：“杀死一个爱尔兰人等于杀死一条狗。”爱尔兰人民悲惨的境遇在此表露无遗，与英国殖民者之间的矛盾也昭然若揭，为以后两者之间更大矛盾冲突埋下了隐患。

▲ 亨利七世 。

1455—1485年，英国爆发内战。以红玫瑰为标志的兰开斯特家族（House of Lancaster）和以白玫瑰为象征的约克家族（House of York）的支持者为了争夺英格兰王位而发生断续的红白玫瑰内战。很不巧，爱尔兰的传统领主们选错了边，兰开斯特家族获胜，都铎王朝入主英格兰。

结束了玫瑰战争，新上任的亨利七世（Henry VII，1485—1509年在位）加强了对爱尔兰的控制，并着手在爱尔兰建立法律和政治秩序。在1494年通过了著名的《波因宁法案》（*Poyning's Law*），任何在英格兰通过的法律在爱尔兰自动生效。从此一直到17世纪为止，爱尔兰的任何贵族家族中，再也没有人当过英王委任的总督。

彻底摧毁：剥夺宗教与经济

16世纪中叶，亨利八世的宗教改革结束了罗马教廷在英国的长期统治，使教权从属于王权。同时，英国又利用宗教改革强迫爱尔兰天主教徒皈依英国国教，从而引发了爱尔兰人民和英国之间新的矛盾冲突，即除了政治归属，又多了宗教矛盾。

爱尔兰总督苏塞克斯（Sussex）于1560年1月12日召开议会，通过了《王权至尊法案》和《信仰划一法》。根据《王权至尊法案》，国王成为爱尔兰教会在人世间的最高统治者；根据《信仰划一法》，一切接受正式任命的普通教士都必须使用《英国国教新祈祷书》。这一项绝大多数爱尔兰人肯定不能接受的宗教法案，就如此地强加在了爱尔兰人身上。

虽然英国规定，爱尔兰人必须信仰英国的国教，但是大多数爱尔兰人仍然信奉效忠于教皇的天主教会。由于天主教被剥夺和废止，天主教徒失去了大大小小的教堂，法律并且规定天主教徒不能在英王手下任职。《世界史纲》的撰写者韦尔斯（H.G.Wells）说："从一开始爱尔兰人和英格兰人之间就出现了气质上深刻的差异，差异又因语言的不同而加深，在新教宗教改革以后变得更加明显了。英格兰人变成了新教徒；爱尔兰人由于自然的反应，集结在被迫害的天主教教会周围。"英国的宗教迫害政策，严重地侵犯了爱尔兰人民的宗教信仰自由，极大地伤害了爱尔兰人民的宗教感情，也为日后的矛盾冲突埋下了导火线。它"使爱尔兰反对英国统治的斗争，具有反对宗教迫害的色彩"。

▲ 克伦威尔。

宗教迫害的目的在于彻底改变爱尔兰人的精神信仰，而经济方面的吞食则是为了赚得实质的利益。在实行宗教迫害政策的同时，英国殖民者还大肆掠夺爱尔兰人民的土地，进行大规模的移民活动。1603年，斯图亚特王朝（The House of Stuart）入主英国后，随即开始了对爱尔兰北部厄尔斯特地区（Ulster，即现在的北爱尔兰地区）有计划的移民活动。经过近十年的殖民活动，英国终于在厄尔斯特地区成功地建立了一块新殖民地，该地区的新教徒移民已超过了本地的天主教徒，由此埋下了冲突的种子。后来证明，新教徒移民将永远改变爱尔兰的历史进程，也就是因为这些移民，300多年后，他们的后代子孙宁愿继续选择英国，而不愿与爱尔兰共同自治或独立，也形成了二战以后国际上著名的北爱尔兰问题。

1642—1651年英国国会派（Parliamentarian）与保皇派（Royalist）支持者之间爆发内战。克伦威尔（Oliver Cromwell，1599—1658）领导的国会军获胜，查理一世被处死，查理二世逃往国外。在政治上，内战的结果是共和国与摄政（Protectorate）政体的建立，克伦威尔成了共和体制的摄政；在宗教上，促成了英格兰人可以不信奉国教的传统。

为了上帝争取独立：克伦威尔血腥的回应

一个爱尔兰人曾这样说过："苏格兰人可以为自己的宗教进行斗争，为什么我们就不可以呢？"英国爆发的反王权内战，自然使爱尔兰也想用武力来解除自己所受的苦难，因为除武力外，其余方式均不会得到理睬。

爱尔兰在天主教的旗帜下，爆发了反对英国殖民者的第一次抗争。他们提出爱尔兰议会独立，天主教徒应享有充分的宗教和政治权利，以及归还被夺去的土地等要求。1643年9月，天主教联盟宣布爱尔兰完全脱离英国而独立，口号是"为了上帝、为了国王、为了爱尔兰祖国"，并在厄尔斯特对抗英格兰与苏格兰联军，击溃3000余人。

17世纪40年代对于爱尔兰而言是个悲伤的年代。克伦威尔对于爱尔兰的革命运动毫不容忍。内战结束后，1649年8月13日，克伦威尔以“英格兰议会派往爱尔兰总督和统帅”的身份率两万大军出征爱尔兰。克伦威尔除了不让爱尔兰独立外，还要为英军在厄尔斯特被屠杀报仇。15日在都柏林登陆，英军包围和攻陷了重要的城堡德罗赫达（Drogheda），3500名守军几乎均遭杀害，只剩下不到30人，爱尔兰也遭到彻底破坏。一个英国军官说，瘟疫和饥饿遍及爱尔兰，“人们在方圆二三十英里的地方，见不到一个活着的生物，无论是人、野兽或鸟雀”。另一个军官说：“地球上从来没有一个国家的普通人遭受过如此悲惨的命运。”可是克伦威尔却说，这是正义的复仇，是为了“讨还血债”。

克伦威尔远征爱尔兰给爱尔兰人民带来了深重的灾难。在1649—1652年英军入侵的三年中，三万名士兵被送往法兰西与西班牙，还有几千名民众被送到西印度群岛，去当实际上的奴隶。大批的土地被英国人侵占，“爱尔兰几乎变成了一张白纸，英国共和政体可以在它上面随心所欲地涂写”。由于英国殖民主义者疯狂掠夺土地，大批爱尔兰人丧失了生产原料，生活状况急剧恶化。爱尔兰居民由当初约150万下降到一半左右。

从17世纪末到18世纪中叶，爱尔兰占统治地位的新教徒颁布了一些严厉的刑律，规定天主教徒“不能出任公职，不能出席议会，没有选举权，不得任陪审员、律师和教师，也不允许购买土地，甚至不许拥有价值五英镑以上的马匹”。

在乔治三世（George III，1760—1820年担任国王，在他任内兵败美洲，于1783年承认美国独立）时期，整个爱尔兰政府都从属于英国。爱尔兰有一个两院制议会，实际上由新教大地主所掌握，控制着爱尔兰的政治、宗教权力。这个时期又颁布了新法律，规定“英王对爱尔兰拥有发布法律的完全权利”。在政治、经济、宗教、民族的重重压迫之下，爱尔兰人民陷于悲惨的处境之中。“在整个欧洲，要数他们的命运最苦了。”因此，谋求经济上的独立和政治上的解放，就成为爱尔兰人民及天主教徒参加民族独立运动的主要目标之一。

两条路线：追求自治还是独立？

▲ 争取爱尔兰独立立法权的格拉坦。

18世纪中叶，由于英国工业和城市的快速发展，对食品的需要量增加。于是英国政府采取彻底消灭爱尔兰工业并把爱尔兰变为农业附属国的方针。为达到此目的，英国政府实施了反对爱尔兰工业发展的各种严格的禁令，限制爱尔兰输出各种商品到英国和各殖民地。英国的压迫侵害了爱尔兰新兴中产阶级和地主的利益，促使他们参加反对英国人的民族解放运动。

北美独立战争时期，英国同时需要和法国、西班牙与荷兰作战。爱尔兰人遂利用英国政府需要用兵的困境，1778年，在律师出身、当时为议员的格拉坦（Henry Grattan, 1746—1820）领导下，发起了志愿兵运动，参加英格兰的对外战争。工人和小老板积极参加此运动，但是运动领导权都掌握在大资本家手中。他们利用这个运动迫使英国政府作出一些让步。在压力之下，英国政府终于同意爱尔兰可以自由输出羊毛、毛织品等。就这样，爱国党人以志愿兵为后盾，赢得了自由贸易。英国又被迫于1782年5月同意废除相关法案，归还了爱尔兰独立的立法权。格拉坦成了迫使英国给予爱尔兰立法独立的运动领袖。

1783年公布英国议会放弃对爱尔兰立法权的法案，爱尔兰在形式上获得了自治权。但是，英国国王仍然是爱尔兰的行政领袖，英国国王所任命的官吏仍然掌握着爱尔兰的行政管理权。

对于英国的让步，仍有人不满意，他们认为1782年的宪法是令人绝望的，开始有了独立革命的念头，特别是1789年法国大革命给了爱尔兰人相当大的鼓舞。既然法王路易十六都可以被赶出国外，1793年被送上断头台，那么爱尔兰难道没有理由脱离英格兰这个君主国家吗？

托恩（Theobald Wolfe Tone，1763—1798）是独立革命的代表，他是个律师，也是个爱尔兰共和主义者。1791年参加建立爱尔兰人联合会（Society of the United Irishmen），这个联合会目的在于不分宗教信仰，团结爱尔兰人以争取政治上的独立。

托恩是出生在爱尔兰的英格兰族的后裔，但是他对于英国的暴行非常痛恨，他曾经在日记中写道："说实话，我一听到英格兰这个字心里就憎恨，我在流放之前憎恨它，今后我也永远憎恨它。"

托恩为了推翻英国统治，尝试寻求法国的支持。托恩在美国期间，从法国驻费城公使那里取得致巴黎公共安全委员会的介绍信。1796年2月再转到巴黎，提出由法国军队进入爱尔兰的计划。法国政府任命奥什（Lazare Hoche）将军为远征军司令，任命托恩为副司令。1796年12月托恩率领近1.4万人43艘兵船，从布雷斯特（Brest）启航。但在到达科克（Cork）西部与凯里（Kerry）的海岸后，这些兵船被风暴冲散。1797年10月，他又向巴黎提出一个进攻爱尔兰的计划，但当时的拿破仑对此已经没有多少兴趣了。1798年9月，他率领3000余士兵进入多尼戈尔（Donegal）的斯威利湾（Lough Swilly），遭到捕获。11月10日，在

▲ 爱尔兰共和主义者托恩。

都柏林受审时，他当场表明他永远仇视英国。托恩在1798年11月12日即将被绞杀的那一天，用削笔刀割断自己的咽喉，这位为爱尔兰创造共和主义的传奇人物，七天后死去。

合并爱尔兰：从此同属英国国会

1798年的爱尔兰革命，使英国政府不得不注意爱尔兰问题。英国首相小威廉皮特（William Pitt the Younger）认为最好的解决办法是将双方合并。他提议，废除爱尔兰议会，由爱尔兰派出4名神职贵族、28名世俗贵族和100名议会议员参加英国国会。他声称，双方合并既可加强彼此的联系，又可使爱尔兰获得发展经济的机会。在爱尔兰议会中，合并的意见当然遇到强烈的反对，但是英国政府以金钱或爵位为诱饵，公开买票，终于取得多数，在1800年8月1日通过了《合并法》（*Act of Union*），1801年1月1日起生效。这次合并一直维持到1921年12月《英爱条约》承认“爱尔兰自由邦”（Irish Free State），不包括厄尔斯特的六个邦为止，长达120年。

▲ 爱尔兰人联合会的标志。内含两行文字，上句为“平等”，下句为“它已强大并终将被听见”。

站在爱尔兰的角度，与英国的合并并没有带来什么样的好处，反而是更多的无奈。所谓的“合并”，其实是“合法的并吞”，昔日的爱尔兰王国结束了，以往的首都现在成为省城，议会大厦变成了新的爱尔兰银行。在英国下议院中虽然拥有100名爱尔兰议员，但是对总数为660名议员来说，他们永远是少数。在往后的时间里，除了格拉坦一直到1820年去世时为止，都是继续为爱尔兰天主教权益尽心尽力地努力外，其余代表大都不代表爱尔兰的无权阶级，一直到奥康奈尔（Daniel O’

Connell，1775—1847）以后，爱尔兰天主教的权益才有改善。

奥康奈尔可以说是19世纪英国下议院中第一位伟大的爱尔兰领袖，别名“解放者”（the Liberator）。作为律师，投入为天主教徒解放（Catholic Emancipation）而奋斗的事业中。虽然当时常设性的天主教徒的政治组织属于非法，但是，奥康奈尔仍然在全国发起一系列聚集会议，为爱尔兰的天主教合法目的而请愿。1823年参与建立天主教协会，迅速获得爱尔兰天主教会领导者和政治人物的支持，最后却因为会员众多，政府无法加以压制。1826年经过改组，成为新天主教协会，形成一股力量，迫使几名由大地主赞助的议员候选人落选。

奥康奈尔最大的贡献就是促使英国国会通过《解放法》。从宗教改革后，英国天主教徒不准购买土地，不准担任公职、军职或国会席位，不准继承财产，不准自由举行宗教仪式，否则将遭政府处罚。爱尔兰的天主教徒也遭到类似的限制。从18世纪末、19世纪初，天主教似乎不再被视为对社会和政治构成大危害后，才开始制定一系列法令，赋予英国和爱尔兰的天主教徒自由，使免于歧视及恢复公民资格。1829年国会通过的《解放法》，松绑这些规定。争取完全解放的最主要斗士就是奥康奈尔。

▲ 奥康奈尔为爱尔兰民族领袖。

在1829年的《解放法》获得通过后，奥康奈尔当选为议员。为了爱尔兰改革方案，他支持代表贵族、拥有土地的家族和富裕中产阶级的金融利益集团辉格党（Whig）。然而，到了1839年，他认识到辉格党对爱尔兰不会比保守党多作出多少贡献，于是成立取消合并派协会，呼吁解散英爱立法机构的联合。在爱尔兰境内各地举行一系列群众集会，导致奥康奈尔以阴谋煽动叛乱罪而被捕，但监禁三个月（1844年6—9月）后，经过上诉获得释放。后来他的健康衰退，民族主义运动换由激进的青年爱尔兰（Young Ireland）领导。

重创：悲惨的马铃薯大饥荒

爱尔兰真是流年不利，政治权利的争取上陷入胶着时，生活上又碰上了历史上的大灾难，就是欧洲19世纪因为马铃薯连年歉收而发生在爱尔兰的最严重的马铃薯大饥荒（Great Potato Famine，1845—1849）。

19世纪40年代初期，爱尔兰近一半人口主要是乡村穷人，几乎完全依靠马铃薯度日，其余人口亦大量食用马铃薯。1845年，疫霉属真菌自北美偶然闯入爱尔兰，是时当地气候反常，阴冷潮湿，于是晚疫病（late blight fungus）肆虐，当年大量马铃薯腐烂在地下。继部分地区歉收后的1846—1849年期间，发生更大的毁灭性疫灾，连续几年，马铃薯几乎全部为晚疫病所吞没。

英国政府对于爱尔兰饥荒的赈灾未曾尽力。1845年及1846年初，首相皮尔（Robert Peel）爵士虽尽力提供救济，但1846年6月上台由罗素勋爵（Lord John Russell）领导的自由党内阁，转而强调救济应依靠爱尔兰的自身力量和自由市场，造成不可避免的灾难。赈济爱尔兰饥民的财政负担（微乎其微的救济）落在爱尔兰地主身上。但由于农民无力交租，地主很快耗尽用于支持农民的资金。英国的资助仅限于帮助建立施粥所，以及提供筑路和修建其他公共工程就业机会的贷款。

尽管如此，到1847年8月，靠济贫、赈施粥食、领取配量过活的人多达300万。英国政府支出救济款总共仅约800万英镑，此外筹措了一些私人救济资金。由于爱尔兰农民无钱购买食物，许多爱尔兰农场在饥荒时期继续向英国出口谷物、肉类及其他优质食品。英国政府对饥荒的解救行动不力，加剧了爱尔兰民众对英国统治的不满。

许多人这样问道："爱尔兰生产的小麦和玉米为什么不用来养活人民，反而要运送到英格兰销售市场？为什么要把这些小麦、玉米作为地租上缴地主？"有些人则说，假如爱尔兰议会还在，一定不会让自己的人民挨饿，至少不会把事情弄得更糟。对受苦难的爱尔兰人而言，与英格兰合并是一个失败，那些在爱尔兰议会可以轻易通过的议案，在英国议会中却遭到轻蔑的拒绝，那些为爱尔兰人民所不能接受的法案反而获得极大多数的通过，并强加给爱尔兰。

这次饥荒成为爱尔兰人口史上的分水岭。1844年爱尔兰人口近840万，1851年下降至660万，西部和西南部若干郡的农工及小老板人数下降尤甚。约110万人死于饥饿、斑疹伤寒或饥荒造成的其他疾病。在饥荒期间，移居北美和英国的爱尔兰人达150万。此后几十年，由于向海外移民和低出生率，爱尔兰人口继续下降。1921年爱尔兰获得自主时，人口竟不到19世纪40年代早期的一半。大饥荒甚而给爱尔兰语言——盖尔语，带来了重创，直至1845年，还有400多万爱尔兰人讲盖尔语，人口的锐减，也加速了盖尔语的消亡。

▲ 1849年大饥荒期间的一位母亲与两个小孩的素描。

独立运动的挫败：带头者终身流放

大饥荒时期在爱尔兰的历史上是一个非常分明的转折点，也是其他国家历史中看不到的。在饥饿与人口锐减的压力下，人民对于有关取消合并运动、武装抗暴乃至于立宪抗争的热情减弱。全岛满目疮痍，人民没有力量了。在大饥荒后约20年，政治运动受到遏制，而每年的人口外移继续使人口减少。地主因不能收地租也遭到严重损失，于是产业大规模地转让给新的拥有者。驱逐佃户事件层出不穷，村舍被地主们摧毁以防其他贫穷佃户居住。在已移居美国的爱尔兰人的鼓励下，源源不断的移民前往美国，另一大批绝望而含怨的爱尔兰人则移居英格兰。

不过，在大饥荒时期，仍然有一群青年知识分子对这样的现状感到不满。青年爱尔兰是由创办《民族》（*The Nation*）周刊并为它撰稿的一群知识分子发起，鼓吹研究爱尔兰历史和复兴爱尔兰语言（盖尔语），以发展爱尔兰民族主义和取得独立。他们在1848年发动了一连串的武装革命事件，但是在英国的武力镇压下，全都失败了。

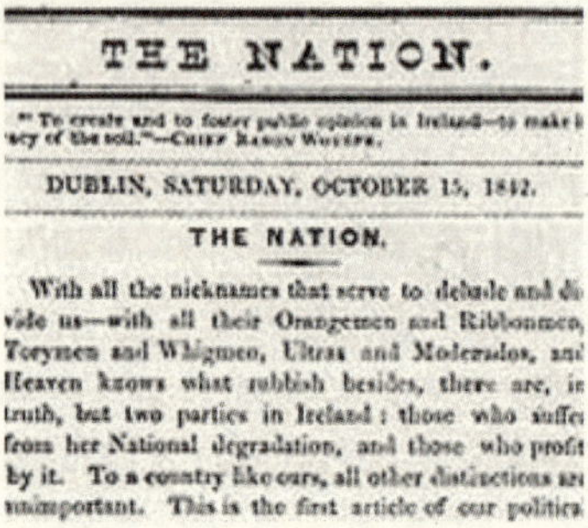
THE NATION.

"To create and to foster public opinion in Ireland—to make i
racy of the soil."—Chief Baron Woulfe.

DUBLIN, SATURDAY, OCTOBER 15, 1842.

THE NATION.

With all the nicknames that serve to delude and di
vide us—with all their Orangemen and Ribbonmen,
Torymen and Whigmen, Ultras and Moderados, and
Heaven knows what rubbish besides, there are, in
truth, but two parties in Ireland: those who suffe
from her National degradation, and those who profit
by it. To a country like ours, all other distinctions are
unimportant. This is the first article of our politica

▲ 首日发行（1842年10月15日）的《民族》周刊。1.2万份在短时间全部售完，是当时爱尔兰发行量最大的刊物。

这些带头革命的知识分子，后来的命运各不相同，唯一的共同点就是都没有再回到爱尔兰。欧伯令（William Smith）以叛国罪被判处死刑，后来减刑为终身流放至现今澳大利亚南方的小岛塔斯马尼亚（Tasmania，一个大英帝国专门流放罪犯的小岛），1854年获释后住在布鲁塞尔。达菲（Charles Gavan Duffy）在1855年退出爱尔兰政坛，在离开爱尔兰前往澳大利亚时，他失望地感叹自己“已如解剖台上的一具死尸”，但是他后来曾担任澳大利亚维多利亚州总理，1873年被封为爵士，退休后至法国南部，撰写回忆录，他的回忆录成为研究这一时期爱尔兰历史的主要资料来源。米格尔（Thomas Francis Meagher）1852年在澳大利亚塔斯马尼亚越狱成功，逃往美国，曾参与美国的南北战争。麦吉（Thomas D'Arcy McGee）在1848年的革命失败后，逃亡美国，后于1857年移居加拿大，进入加拿大立法会议，毕生奉献于加拿大。这一群知识分子，就这样被迫从爱尔兰的土地上消失，他们之中，有的楚材晋用，有的安身立命，而爱尔兰仍然停留在饥荒与悲痛之中。

▲ 1848年在一间仓库前的武装革命。

在美国和英格兰的流亡者中，芬尼亚运动（Fenian movement）流传甚广。这是一个秘密革命团体，以传奇时期的爱尔兰武装部队芬尼亚勇士团命名，目的在于利用一切机会损害英格兰利益，以获得爱尔兰的政治自由。

芬尼亚运动给爱尔兰带来了一种崇高的精神，哪怕这种精神在当时看来是无法实现的。1858年，都柏林成立爱尔兰革命（或共和）兄弟会，数千名参加过美国南北战争的移民发誓要回爱尔兰来战斗。

这个时候，爱尔兰有两股有着不同的政治理想与目标的力量。一派是曾经推动共和理想发端于信奉新教的托恩，此时已被天主教徒爱尔兰人传承过来，认为立宪自治是努力的方向；另一派则像是芬尼亚运动，既鄙视立宪运动，也鄙视英国的让步，他们认为，国家独立的追求凌驾于其他一切问题之上。

在爱尔兰，《爱尔兰人民报》对芬尼亚理想广加宣传。1860年，策划举行一个全国性革命的计划逐渐成熟，主要靠在美国募集的经费予以资助。革命于1867年3月举行，但被轻易粉碎，虽然没有遭到报复，但是大部分领袖被判处无期徒刑或长期徒刑。三名年轻的爱尔兰人在曼彻斯特营救两名被捕的芬尼亚领导人时打死一名警察，而在11月被判处绞刑，成了唯一的牺牲者，人们称他们是“曼彻斯特三烈士”。

芬尼亚运动表面上失败了，但是我们可以看到，它在未来爱尔兰的独立历史中从来没有缺席，只不过在当时，佃农并不支持，天主教也强烈地反对它，一般民众希望的是体制内的改革。

追求体制内改革：土地改革与自治

在芬尼亚运动失败以后，独立建国的路线暂时走不通，1870年以后，土地制度的改革与地方自治（Home Rule）成为爱尔兰两项重要的政治目标。

历史总是如此，在不同的时代、不同的环境，总会产生不同的英雄。在后来的运动中，有两个重要的人物值得一提，一个是爱尔兰人巴奈尔（Charles Stewart Parnell, 1846—1891），另一个是当时的英国首相格莱斯顿（William Ewart Gladstone, 1809—1898）。格莱斯顿认为要采取重大的爱尔兰改革措施，才能避免爱尔兰的强烈反抗。他是英国政治家中，第一位将爱尔兰的要求看成是合乎正义和原则的大事的人，这位爱尔兰的终身之友，在一生的任期中，都在为爱尔兰的权益而努力。不过，这两位19世纪爱尔兰的重要人物，他们奋斗的目标似乎只是爱尔兰人的权益，而不是一个独立的爱尔兰国家。

巴奈尔是个地主阶级、新教和英裔爱尔兰人，在当地是个乡绅，拥有庞大的地产。但他也是爱尔兰土地同盟与自治运动的领导人。1869年他从剑桥大学肄业回乡，在当时爱尔兰强烈的民族情绪感染下开始关注政治。这位缄默、英俊与高傲的新教、英裔爱尔兰人，却与能言善辩的爱尔兰和天主教的奥康奈尔有着相同的地位，两人都被称为“爱尔兰的无冕之王”（Uncrowned King of Ireland）。

巴奈尔1875年当选国会议员。1877年当选英国地方自治联盟主席，时年31岁。当时他已是爱尔兰政界的显赫人物。1879年任爱尔兰土地同盟主席。1880年在新国会中任地方自治集团主席。他与他在国会里面的战友，在下议院创造了后来在政治学中非常有名的“阻碍议程进行的冗长发言”战术（obstructionist tactics）。最典型的是1877年的南非议案，当时有七位爱尔兰议员，包括巴奈尔在内，用连续发言的手段使得议案不能付诸表决达26个小时之久。

自从1872年英国议会通过了自由党人提出的《秘密投票法》，也就是不具名投票以后，爱尔兰农民在投票时不必再害怕他们的地主，不久，议会里代表地主的保守党绅士们就被赶出了政治舞台。巴奈尔的支持者因此可以有机会进入下议院，而在下议院中的议员逐渐增多。在1880年的大选，巴奈尔的30个战友当选为爱尔兰议员，这使得爱尔兰的国会议员可以在议会中与他党结合，发挥关键的影响力。政治力量的增强为解决土地问题奠定了基础，特别是自由党从1886年开始逐渐衰落。为了保持自己的力量，自由党冒险以引入爱尔兰自治法案的诺言寻求爱尔兰民族主义者的支持，巴奈尔等议员就运用自由党需要奥援的

▲ 爱尔兰自治运动领道人巴奈尔。

机会与其合作。

在英国方面，虽然自由党领袖格莱斯顿本身是个虔诚的英国国教徒，但是他在1869年当权后，提出废除爱尔兰国教法案，实行宗教自由，并提出将教会的部分土地卖给租用教会土地的佃户。这一法案的通过缓和了爱尔兰的宗教矛盾，而且出卖租用教会土地的措施，使得当时3/4的土地持有者仅仅先付1/4的买价，即可成为土地的主人，为1870年和1881年的土地改革法案提供了基础。

为配合爱尔兰宗教问题的调适，1878年，一项有关中学教育的法令获得通过，1879年爱尔兰皇家大学成立（1908年改名为“爱尔兰国立大学”）。从此，爱尔兰便具备了从国民学校直到大学的教育制度，为爱尔兰人获得更多的受教育权迈出了坚实的一步。

1870年格莱斯顿提议并通过了一项土地法案，这也是第一个爱尔兰土地法案，厄尔斯特惯例以法律的形式被确定下来。保护了佃农在土地上的农业投资和租佃权。保证租佃者不受各种不公正的驱逐，并实施对改善产业给予补偿等原则。但是此项法案收效甚微，因为并没有触动到地主的权利。由于这个缘故，再加上连年歉收，所以土地问题仍旧一再被提出来。

争取到土地改革：三十年的努力

1879年戴维德（Michael Davitt）成立了土地同盟（Land League）。戴维德是佃农之子，10岁就开始在棉纺厂做工，11岁在机器事故中失去一只手臂，曾参加国际秘密革命团体芬尼亚兄弟会（Fenian brotherhood），后因向爱尔兰输送武器在伦敦被捕，被判处15年徒刑。1877年获得假释后重新加入爱尔兰共和兄弟会，并去美国，在那里深受乔治（Henry George）的土地国有化主张的影响。他回爱尔兰后组织土地同盟。他认为，爱尔兰人这时不可能在自己内部找到领袖，年轻的巴奈尔就是现成的贵族领袖，因此，戴维德请巴奈尔担任土地同盟的主席。

▲ 组织土地同盟的戴维德。

土地同盟为农民组织，为改革地主所有制而奋斗，明确提出土地所有制的要求。土地同盟在1879年发起“断绝关系”（指与那些接收政府没收农场的人）与“不缴地租”两项运动。人们后来巧妙地用这种发泄民愤的方式来对付地主。当时，有一位英国人伯依克特（Charles Cunningham Boycott）上尉，因为极端残酷地驱逐佃农、强行收回土地，于是被他剥削的农民相约与他本人及全家断绝关系。从此“伯依克特”（boycott）一词，中文译为“杯葛”，就成了一个专有名词。

▲ 1881年1月29日Vanity Fair magazine对伯依克特的画像。

1881年在格莱斯顿的努力下，英国议会通过了新的土地法，同意了土地同盟提出的“三F纲领”（公平地租、固定租期、自由买卖）（Fair Rent, Fixility of Tenure, Free Sale），大幅度降低并固定地租，并成立土地法庭，协调地主与佃户之间的关系。

1881年通过《格莱斯顿土地法》，这无疑是土地同盟的成功，但是土地同盟中的激进分子对此法令并不满意，使同盟出现分裂的可能，也对巴奈尔的政治生涯产生严重考验。巴奈尔发挥他的政治长才，一方面对这个法令发表激昂慷慨的演说以缓和激进分子，一方面又采取温和的做法与英国政府继续斡旋。1882年5月，首席国务大臣和常务助理大臣在都柏林凤凰公园（Phoenix Park）遭到民族主义者的暗杀，巴奈尔也能够很快地使民族主义运动受到严格纪律约束。多年后，1887年4月18日《泰晤士报》发表一张据称是巴奈尔信件的影印件，并据以指控巴奈尔包庇凤凰公园暗杀事件的凶手。巴奈尔立即指出这一信件纯属伪造。约两年后，伪造信件的新闻记者皮戈特（Richard Pigott）在马德里畏罪自杀，巴奈尔在英国自由党人的眼中从不可靠的同盟者变成了可信赖的政治家。这一时期是巴奈尔一生的顶峰。

▲ 1881年6月土地同盟支持者集会抗议。

但是在1890年，这位爱尔兰英雄却突然结束了他的领导生涯。原因在于1889年12月，同属一政党的奥谢上尉控诉，巴奈尔与他的妻子有染是造成他离婚的原因。20世纪伟大的爱尔兰籍作家乔伊斯（James Joyce）的短篇小说集《都柏林人》（*Dubliners*）特别提到这一段说，奥谢早已知道巴奈尔与他的妻子有外遇，但是以此为由诉请离婚，为的是赚取他本人的政治与金钱利益。不过，天主教主教们认为巴奈尔道德败坏，不宜担任领导职务。巴奈尔不愿低声下气地为自己辩解道歉，1891年6月巴奈尔与奥谢夫人结婚，更加剧了天主教会的反对。婚后不久，他的主要盟友《自由人杂志》倒向敌人一边，他在身心俱疲之下，10月7日英年早逝，被葬于都柏林格拉斯内文（Glasnevin）墓地，年仅45岁。他的灵柩由一大群悲恸的追随者与他的仇敌们一起送至墓地，他们最后一次联合起来向这位已经倒下的领袖致敬。他的倒下，让爱尔兰以后30年中，在争取民族利益的道路上茫然不知方向。

事后看来，由于农民缺少资金，1870和1881年两次土地法案并不能够真正解决爱尔兰的土地问题。1887年，新的法令同意政府向佃农提供购买土地的贷款。1903年再进一步，英国政府给愿意出售土地的地主提供一笔为地价21%的补助费奖金，从而加速了全部地产的出售，并使租佃者能够以68年分期付款的便宜条件去购买土地。至此，土地问题基本得以解决。经过长达30年斗争，爱尔兰农民终于获得了土地的权利。

▲ 19世纪80年代爱尔兰土地同盟张贴的宣传海报。

争取爱尔兰的自治：三次闯关功败垂成

在争取土地与宗教权益问题的同时，争取爱尔兰在大英帝国内部实行自治的运动也是一个重要问题。如果说巴奈尔是土地运动的英雄，那么英国首相格莱斯顿应该算是最大的出力者。很遗憾地，他并没有成功，反而是一战后国际情势的发展，促使英国接受了爱尔兰的完全自治。

“地方自治”这个名词，对于现代的政治而言并不陌生，但在当时可以说是一个巧妙的政治发明。实质是指爱尔兰要管理自己的内政，至于经商贸易、海陆两军、对外政策及一切帝国大事，则仍由英国来行使最高管辖权。

1870年新教徒巴特（Isaac Butt）律师创立地方自治协

会，要求召开爱尔兰议会。1873年，爱尔兰自治同盟代替了地方自治协会，巴特的温和领导不久就让位给比较激进的巴奈尔。到1885年，英国首相格莱斯顿完全同意爱尔兰实行自治。

1886年4月，第三次组阁的自由党在议会下院提出了第一个自治法案。该法案使爱尔兰人仅仅获得了一个具有一定立法权、包含两级的一院制议会和一个拥有有限权力的行政长官。议会在帝国议会的严格管辖下处理爱尔兰事务，被严禁制定有关军事、贸易、征税等方面的法律。即便是这样对爱尔兰不公平的法案，还是遭到保守党的阻拦，未获通过。

1892年2月，自由党提出了第二个自治法案。此次直接采取上下两院制，爱尔兰议员继续留在帝国议会中。在格莱斯顿的全力推动下，下议院三读通过，然而上议院将它否决。

▲ 英国政治家和首相格莱斯顿。

格莱斯顿最后还是没有完成他毕生事业的最后一章，这位英国19世纪最伟大的政治家，自由党领袖和四届首相（1868—1874年、1880—1885年、1886年、1892—1894年），一生都在为爱尔兰的权利而努力。他在第二次担任首相辞职时，谢绝女王封他为伯爵。1894年3月最后一次离开首相职位，女王最后一次正式接见他时，表情冷淡，大大伤害了他的感情。他退隐后着手编辑巴特勒（Joseph Butler）主教的著作（全三卷，成于1896年）。1898年死于癌症，葬于西敏寺。

1912年4月阿斯奎斯（Herbert Henry Asquith）提出了吸收保守党邦联思想的第三个自治法案。该法案建议在英国议会保留42名爱尔兰议员，并确保帝国议会的最高权力不受损害。

爱尔兰立法机关分设两院。帝国议会仅保留某些指定的权力，行政部门对爱尔兰议会负责。

从英国与其他自治领（Dominion）的关系来看，英国对爱尔兰的待遇是不公平的。1907年以后，澳大利亚、加拿大与南非这三个殖民地都已经得到完全自治权，但在给予爱尔兰的自治法案中，仍然让英国保留甚至合并以前就行使的外交与国防权，而且还对爱尔兰增加了财政的控制权。在英国看来，相较于澳大利亚等相距遥远的自治领，爱尔兰的地理位置以及丰富的战略资源对于英国具有特殊意义，从国家利益考虑，英国也不可能给予爱尔兰真正的独立和完全的自治。即使如此，爱尔兰人民还是对这个法案给予支持。

但是，问题并非如此简单，爱尔兰内部新教徒与天主教徒矛盾重重，制度调适很难平衡两者的利益。爱尔兰人长期受到英国殖民统治，新教徒与天主教徒彼此缺乏认同感，这是爱尔兰问题迟迟无法得到解决的根本原因。在新教徒看来，给予天主教徒同等权利等于减少自己的权利。1911年的爱尔兰全国普查数据显示，天主教徒在爱尔兰人口中占3/4，因此一旦爱尔兰自治，他们自然会担心自己的权利无法得到保障，故而大多数新教徒希望爱尔兰保留在大英帝国之中。

当这个法案再度送交下院时，在北爱尔兰厄尔斯特地区占多数的新教徒决心不惜任何代价反对地方自治。1912年9月28日，约20万居民签署的《庄严盟约》（*Solemn League and Covenant*），表达共同立场。

该法案于1913年1月在下议院通过三读，上议院却在二读时否决。但根据1911年议会法令，规定凡是在下院通过的议案，均应在一年之内自动成为法律，因此，上院的否决权只有一年有效，换言之，1914年该法案仍将成为法律付诸实施。

就在自治运动将要取得重大进展时，在北爱尔兰厄尔斯特地区占多数的新教徒开始武装，组织了厄尔斯特志愿军，他们强烈反对爱尔兰自治，不惜以武力相对抗。而南方的爱尔兰天主教徒为维护自治，则组织了爱尔兰志愿军与之抗衡。在自1642年以来的第一场内战难以避免之际，1914年8月，第一次世界大战爆发。在这个需要全民族一致对外的时刻，地方自治法案虽然获得了英王的批准，但是要到大战结束后才能生效。

英国的让步：获得自治领的地位

第一次世界大战期间，仍有10万爱尔兰人在英国军队里面服役，从表面上来看，爱尔兰站在协约国的这一边，但是，事物的表面往往无法掩藏内部的真相。

1916年4月24日，复活节的前一天，爱尔兰革命（或共和）兄弟会策划了一次起义，1000人占领了都柏林的邮政局和其他一些大楼，由皮尔斯（Patrick Pearse）代表义勇军、康诺利（James Connolly）代表民兵，一起宣布成立爱尔兰共和国。大批英军登陆，将起义镇压下去，巷战在都柏林持续一个星期，全市陷于瘫痪。英国炮兵的轰击和四处的大火迫使皮尔斯和他的同伴于4月29日投降。英军根据戒严令，把皮尔斯和其他14名领袖处死。这次起义在爱尔兰的历史上被称为“复活节起义”（Easter Uprising），但是在英国叫做“复活节反叛”（Easter Rebellion）。

这次起义虽然是昙花一现，但是在爱尔兰人民已经对建国失去热情的时刻，皮尔斯的流血牺牲却开始扭转爱尔兰的命运。

1918年11月11日，第一次世界大战结束，许多国家得到了独立的机会，爱尔兰当然想抓住这个机会。

战后，爱尔兰拥有400万人，农业繁荣。由于欧洲陷入战争，对外移民人口锐减。在政治上，地方自治的呼声已经无法满足人民，参与复活节起义的小党新芬党（Sinn Fein Party）取得了人民的支持。1919年，在前一年大选中当选的新芬党籍爱尔兰议员，拒绝在英国下议院任职。他们自行组成爱尔兰国民大会（Dail Eireann），并以独立的爱尔兰共和国的名义单方发布了独立宣言。英国对爱尔兰问题进行的制度调适可以说是彻底失败了。

1919年4月，在起义中唯一存活的领袖德瓦勒拉（Eamon de Valera,1882—1975）成为新芬党主席。“新芬”的原意就是“我们自己”，意思很清楚，他们要的是自己的国家。

为了化解爱尔兰问题，也为了照顾到厄尔斯特地区反对自治者的立场，1919年12月英国首相提出了自治法案修正案，规定爱尔兰实施自治。但是由六个郡组成的、以新教徒占人口大多数的厄尔斯特（即北爱地区），不隶属爱尔兰议会的管辖。这个修正案在1920年12月成为正式法令。

1920年，厄尔斯特北方六郡单独成立自治区，并成立自己的议会和政府。这个议会与政府的权力是有限的，隶属于英国政府的管辖，爱尔兰就此在自己的土地上分裂成两个区块，这是几百年来爱尔兰的领袖们从来没有想到的结果。

为了挽救爱尔兰与英国的分裂，英王乔治五世1921年亲自出席伯尔发斯特（Belfast）北爱尔兰议会，在开幕演说中呼吁结束兄弟争执。国王的倡议迫使英国首相劳合乔治（David Lloyd George）与德瓦勒拉开始谈判。

在南方，爱尔兰的总督依照修正法案治理爱尔兰。依照规定，于1921年4月下令举行大选，以便在都柏林成立议会。但是选举结果是新芬党人在议会中成为多数，他们拒绝接受修正案，也就是拒绝成为英国管辖下的自治领。

▲ 复活节起义邮政局前情景。

乔治五世还是

希望与新芬党人谈判，认为既然全爱尔兰人都统治不了新芬党人，不如由新芬党人统治全爱尔兰好了。但是，新芬党人对于自治领并不满意，他们要的是共和国，可是英国认为，无论如何爱尔兰都不可以脱离英国。

▲ 带领爱尔兰自由邦脱离大英国协的德瓦勒拉。

谈判在1921年7月开始，本来是在德瓦勒拉与首相劳合乔治两人间进行，可是不久，德瓦勒拉就把此事委托给他的全权代表们，不过要求他们一定要等到他回来才能够签字。

劳合乔治趁对方主帅不在之时，向其他与会者发出最后通牒，声称如果不立刻接受那些条款，“立即会有一场可怕的战争”。12月6日，德瓦勒拉所委托的全权代表没有等到德瓦勒拉回来，只好愤愤不平地签订了《英爱条约》，承认爱尔兰为享有自治自决的全权自由领，但是为了英国的防务起见，爱尔兰的某些港口仍然要留给英国使用，而且北爱尔兰不在自治领之内，并且规定自治领应宣誓效忠于英国王室。

▲ 爱尔兰国旗。绿色代表信仰天主教的爱尔兰人，也象征爱尔兰的绿色宝岛；橙色代表新教及其信徒；白色象征天主教徒和新教派教徒之间永久休战、团结友爱，还象征对光明、自由、民主与和平的追求。

签字者不平的主要原因在于该条约中有规定爱尔兰必须对英王宣示忠诚，以及准许北爱尔兰不加入新的国家条款。毕竟，条约只承认爱尔兰是国协的自治领（Dominion of the British Commonwealth），而不是共和国（Republic）。

根据战后英国的宪政安排，英国和自治领共同成立了国协，并承认彼此都是“英帝国范围内的自治政府，虽然是以共同效忠英国国王的关系联成一体，但是彼此地位平等，在外交与内政的任何方面都独立自主”。这好像就是古老的爱尔兰民族当时被邀请参加的大团体，英王又像以前一样，重新成为爱尔兰的国王，一切又回到历史的原点。

▲ 爱尔兰盾徽。天蓝色的盾面上绘有金黄色的竖琴。蓝色象征大海和天空，竖琴为爱尔兰人民喜爱的天使之琴。

如果从权力的角度来比较，自从1660年以来，任何爱尔兰党派所赢得的权力，都无法与这个条约相提并论。但是，当爱尔兰国民大会在审议这个条约时，德瓦勒拉却拒绝接受。理由是全权代表们背离了他的指示，他要的是爱尔兰的完全独立。在爱尔兰国民大会里进行一场长时间辩论后，大会仍然在1922年1月7日以64票对57票批准了这个条约，德瓦勒拉随即辞职，退出内阁。英国审慎而快速地把统治中心与权力转移给新的政府。七个多世纪以来，爱尔兰第一次得到了全部的权力。

坚决追求独立：利用二战的机会

德瓦勒拉在随后发生的内战中，由于支持共和主义者的抵抗运动，被新成立的爱尔兰政府逮捕。1924年获释，他组织了反对政府的共和党。

1927年他说服党员在效忠英王誓约上签字，使该党能够参加英国国会，但是等到一参加国会后，他就提出取消忠诚誓言，废除英国总督，取消上议院，停止向英国偿付土地承购年金等主张。

1932年爱尔兰大选，德瓦勒拉击败新总理科斯格雷夫（William Thomas Cosgrave），组成新政府。他立刻贯彻他的主张：废除了对英国王室效忠的宣誓，并且停止偿付土地承购年金。此次拒付导致与英国进行了一场持续到1938年的经济战。

▲ 图为爱尔兰首府都柏林的圣派翠克大教堂（St. Patrick's Cathedral）。

德瓦勒拉于1937年提出制定一项新宪法的议案，显得爱尔兰“好像与英国国协没有什么关系似的”。德瓦勒拉为了使自己的建议能够获得赞同，又举行了一次选举，同时进行公民投票。德瓦勒拉在1937年的大选中获胜，新宪法于同年12月29日生效。新宪法中，王室的权力被终止，总督职位被全国选举产生的总统职位所取代。新宪法并没有宣布成立一个独立共和国，但是用“Eire”（爱尔兰）这个名称代替了原有的“爱尔兰自由邦”这个称号，以显示“爱尔兰”已经具有特殊的国家地位。

第一任总统是海德（Douglas Hyde），他是一位塞尔特学者，1890年以来一直提倡盖尔人复兴。海德也是一位新教徒、牧师的儿子，是北爱都柏林三一学院的毕业生。由海德担任总统，被视为对于北爱以及英裔爱尔兰人的友好证明。

由于在1921年的《英爱条约》中，爱尔兰的某些海军基地仍由英国占领，除了北方的斯威利湾（Lough Swilly），还有西南方的科比港（Cobh）和贝雷港（Berehaven）。德瓦勒拉认为，一旦欧洲爆发战争，爱尔兰不可避免地会被当成参战国而牵连进去。因此在后来与英国的谈判中，一直坚持，只要爱尔兰没有获得完整的主权与独立，在未来的战争中就不会给予英国提供积极的支持。鉴于欧洲战争已迫在眉睫，在新宪法通过后与英国谈判的期间，英国首相张伯伦（Arthur Neville Chamberlain）接受德瓦勒拉的意见。

1938年1月，英爱开始谈判，同年4月25日签订《英爱协议》，废除了英国对北爱尔兰以外其他爱尔兰海军基地的占领。当时在野的丘吉尔对此强烈反对，认为交还基地将会大大妨害英国的海防。但是由于他是在野党，并没有什么作用。另外，有关土地购买年金的争执也获得解决，双方停止经济战。在此期间，政府与激进共和党人的关系恶化，爱尔兰共和军被怀疑与几起枪杀事件有关而被捕，有些人被处决。

▲ 右上角为北爱尔兰，属于英国。

第二次世界大战爆发时，德瓦勒拉重申他在1938年的宣言，爱尔兰“不会成为敌人进攻英国的基地”，并且“一个统一的、自由的爱尔兰”很有可能愿意与英国并肩抵御攻击。但是在“统一的、自由的、独立的爱尔兰”没有出现以前，休想得到爱尔兰的支持。在这期间，爱尔兰的策略是，以中立政策来拒绝支持参与战争的双方阵营，并用此来要挟英国承认其独立。

德瓦勒拉政府在1943和1944年重新当选，严守中立，即使德国在1941年轰炸都柏林，以及同年12月美国参战后罗斯福对其施加压力，也不为所动。

爱尔兰共和国成立：英国坚持不放北爱

二战的结束，爱尔兰国家的地位得到英国的肯定。1948年的大选中，科斯特洛（John A. Costello）以其所属政党爱尔兰统一党（Fine Gael），和几个小党组成联合政府。大选结束，德瓦勒拉在执政15年卸任后，环游世界，在美国、印度、澳大利亚鼓吹爱尔兰的统一和独立。德瓦勒拉后来于1959年当选为爱尔兰总统，1966年第二次连任，1973年退休，1975年8月去世。

在德瓦勒拉的威望影响下，新任的总理科斯特洛于1948年11月17日在爱尔兰议会中提出《爱尔兰共和国法案》，宣布爱尔兰26个郡退出从1937年以来保持虚假的国协成员关系。将国家称为“爱尔兰共和国”，但是“爱尔兰”（Eire或Ireland）这个名称仍可沿用下去。

爱尔兰共和国成立以后，将谋求统一作为全体爱尔兰人的共同愿望，在宪法第二条规定：“本国领土包括整个爱尔兰岛、各岛屿及其领海。”表明爱尔兰从来没有放弃过北方六郡。

战后的英国，已经无力再对爱尔兰的独立建国表示反对。英国于1949年承认了爱尔兰的地位，但是也宣称未经北爱尔兰议会的同意，六个郡不得割让。1949年通过的《爱尔兰法》指出：“除非有北爱议会的同意，否则无论在任何情况下，北爱或者其中的任何部分，均不会从英国分离出去。”英国这个决定，让爱尔兰感到非常愤慨，因为这六个郡等于排除在爱尔兰的管辖之外，这与爱尔兰追求主权独立与统一的期待是有距离的。而英国这一个决定，也就种下了二战后长达近50年的纷争，“北爱问题”不只影响了爱尔兰的社会稳定，也牵动着爱尔兰的政局，进而影响了爱尔兰的国家发展。

独立后的爱尔兰，于20世纪中叶试图发展工业振兴经济，但是由于战后资源缺乏，一直难以进行基础建设。1946年爱尔兰申请加入联合国，在苏联的反对下，没有成功。1955年才顺利地加入联合国，这是爱尔兰对外关系史上的一个重要转折点。加入联合国，不只代表着爱尔兰正式脱离了数百年来依附归属他国的命运，也使得爱尔兰可以在国际间有自己的声音出现，而且得到了许多实质的利益。

二战期间，由于爱尔兰的中立政策，影响了美国与英国在大西洋的战略部署，因此，美国对于爱尔兰的态度有些不满。在战后的马歇尔计划中，爱尔兰仅得到3600万美元的资助，远远低于其他欧洲国家。

爱尔兰加入联合国后，得到战后复兴贷款的协助，运用联合国广大的资源，大举投入工业发展的基础建设，如水、电、交通等设施。当时，爱尔兰根据联合国的援助计划，大量向联合国举债以取代对英国的依赖。虽然在20世纪60年代期间经济情形曾经一度良好，但是由于过于重视外资以及工业发展，经济发展的结构并不均衡。政府过于偏袒资方，造成贫富差距扩大，并进一步引发社会问题。罢工、工会抗争等事件此起彼落，致使失业率高达17%，另外由于在没有周详的计划下即草草地实施福利国政策，政府财政极度恶化，所得税率一度高达60%，仍然无法弥补政府财政漏洞，经济陷入1970—1990年长达20年的黑暗时期。

运用地利：加入欧洲共同体

爱尔兰的崛起是最近十几年的事。它能够抛弃落后与纷争的社会，在于告别了悲情的历史情结，而能以和解的心情看待自己与周边国家的关系；它能够快速地发展，在于它能够利用自己的优势，并掌握住欧洲统合与全球化的契机。我们可以从地利、人和与天时三个因素来探讨它的崛起。

虽然20世纪70年代起，爱尔兰的经济与政治都陷入黑暗期，但是它后来能够成为“赛尔特之虎”（Celtic Tiger）的一个重要因素，就是爱尔兰于1973年加入欧洲共同体。对于爱尔兰而言，战后推动的欧洲统合，为爱尔兰带来了庞大的政治与经济利益。爱尔兰于1961年首次与英国一起申请加入欧洲共同体，由于法国与英国的反对，爱尔兰被拒绝。1971年，爱尔兰再次与英国共同申请，经过两年的谈判，于1973年起与英国一起，正式成为欧洲共同体的一员。

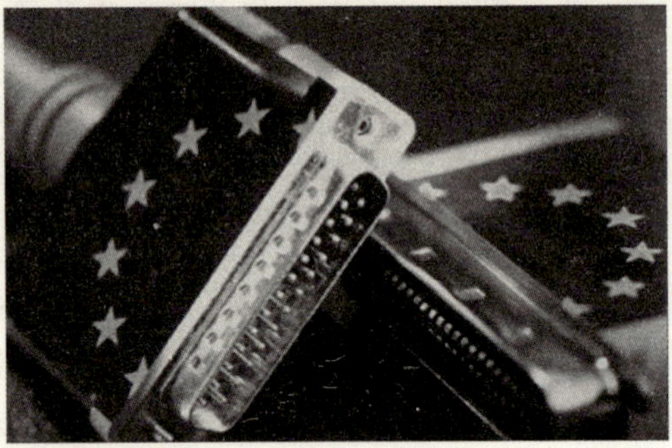

▲ 透过区域统合的欧盟，以及高科技产业，爱尔兰的经济突飞猛进。

爱尔兰之所以希望成为欧洲共同体的一部分，是基于以下两点考虑。第一，经济考虑。欧洲共同体能够提供更广阔的市场，从而带动爱尔兰的出口。此外，欧洲共同体的各项财政支持，尤其是结构基金、聚合基金（Cohesion Foundation）等都可以有效增加爱尔兰的经济竞争力，缩小爱尔兰与其他西欧国家的差距。第二，爱尔兰可以经由欧洲共同体的平台，摆脱依赖英国的情形，并扩大与其他欧洲国家的交往。从那时起，爱尔兰的市场不再局限于国内400万人，而是扩及欧洲大陆，爱尔兰与英国的关系更从数百年来的从属地位关系，转换成在欧洲共同体内部的平等关系。

虽然欧洲共同体在20世纪50年代末期即成立，但是整个70年代到80年代中期，由于法国与英国对于主权仍然执著，因此，超国家的机制与事务发展有限，多数事务仍然掌握在自己国家手中。对于小国而言，欧洲共同体愈走向超国家体制愈有利，因此爱尔兰能够从欧洲共同体得到的利益并不多。20世纪70年代到80年代中期，欧洲共同体的发展迟缓对于爱尔兰而言，自然有不利的影响。1974—1975年的石油危机和工商业衰退迫使政府强施紧缩通货的经济政策，征收财产税并试图对农民课税。大环境的不利以及爱尔兰本身政策不当，至20世纪80年代中期，爱尔兰的严重经济问题浮出水面。这些问题包括农产品价格下跌、进口量大增、进口石油价格上扬，而生产量微幅增长、人口猛增却有一半人口年龄在25岁以下。此外，向外国借贷增加，失业率和通货膨胀急遽上升。政府发生债务危机，财政赤字占GDP比重高达15.8%，1980—1987年期间，爱尔兰经济深陷在停滞性通货膨胀、巨额政府债务与赤字、制造业根基出走、人才外流，十分艰辛的窘境。

1987年通过的《单一欧洲法》（*Single European Act, SEA*），使欧洲共同体进一步深化，可以算是改变爱尔兰命运的一个重要里程碑。在欧洲共同市场内，商品、人员、劳务和资本自由流通。当时英国对于欧洲共同体仍然抱持着不信任的态度，因此对于欧洲统合并不积极，在经贸事务的开放程度上也不够。由于爱尔兰是讲英语的国家，与国外接轨方便，劳工也便宜，在政府实行大幅开放政策后，爱尔兰的经济开始起飞。1990年冷战结束，欧盟开始扩大，欧洲的商机无限，全球化世界的来临，更给了爱尔兰机会。

欧洲共同体对于爱尔兰的发展有着显著的贡献。1973年爱尔兰加入欧洲共同体时，还是一个贫穷落后的农业国。在1989—1999年间，欧盟提供爱尔兰高达110亿美元的外援资金，而爱尔兰政府则将这笔资金用于改善交通建设、资通讯建设、提升劳动人口的技术水准及城乡发展上。据统计，援助资金对爱尔兰经济的促进作用，在1989—1993年平均每年增长3.15%，在1994—1999年平均每年增长2%。资金的正当使用使爱尔兰避免了其他国家在经济高速发展过程中发生的瓶颈现象，缓解了资金严重短缺的状况。

此外，在2000—2006年间，欧盟对爱尔兰的援助也高达98亿欧元，提供了爱尔兰政府发展科技上的大量投资补助。而爱尔兰政府则将此资源布局于绿色家园、资通讯技术、生技药品健保、软件金融工程等国际服务、产品研发及物流服务等领域。这也可以看出，爱尔兰政府知道什么时候必须把握时机，将自己推向舞台，在其间占到一个重要地位。爱尔兰政府的开放政策与决策质量自然是爱尔兰成功的一个重要因素。

加入欧洲共同体对爱尔兰的影响是全面性的。欧盟的共同农业政策提高了爱尔兰的农业生产率，为农业提供了新的市场，来自共同农业政策的补贴和价格支持，使得爱尔兰的农民获益匪浅。但是，由于加入欧洲共同体，爱尔兰失去了某些经济自主权，再加上直接面对来自其他欧洲国家的竞争，因此，不具竞争力的国内生产者处于明显的劣势。在爱尔兰加入欧洲共同体十年后，大约有90%的玩具、家庭用品及家具等不具竞争力的传统产业消失，取而代之的是外国直接投资下所形成的高科技工业，成为爱尔兰经济迅速发展的主要动力。

加入欧洲共同体，除了经济外，社会文化也受到影响。爱尔兰原本是一个传统社会，妇女一向被排除在权力与商业的领域之外，欧洲共同体在20世纪70年代颁布了一系列有关于平等薪酬、平等机会、社会福利、就业及退休的指令。这些指令使得爱尔兰政府大幅度地修改了立法，并开创了就业平等局来监督与促进妇女的机会平等，对爱尔兰妇女的权利与地位产生重大影响。

在政治影响力方面，加入欧洲共同体，爱尔兰在心理上更自我肯定，摆脱了数百年来的从属感觉。作为一个欧洲的小国，在欧盟的制度之下，爱尔兰也有机会主导欧洲的未来与发展。迄今为止，爱尔兰已经先后六次担任欧盟的轮值主席（分别是1975、1979、1984、1990、1996与2004年）。爱尔兰在2004年上半年担任轮值主席时，为欧盟的发展作了重大见证，包括成功通过《欧盟宪法草案》，顺利接纳中东欧新的十国入盟等等。这是50年前，还没有独立的爱尔兰，想都不敢想的影响力。

创造人和：搁置社会与北爱争议

爱尔兰在经过长期纷争后而快速地崛起，朝野社会能够形成发展共识是基本的条件。在20世纪70年代与80年代这近乎20年间，由于政治对立、经济及社会问题严重，选举频繁（甚至一年三次），政府变动率高，首长经常变动，政策大都无法贯彻执行，致使经济严重衰退。到了20世纪80年代末期，爱尔兰的社会已经开始有了初步共识：社会再如此对立下去，国家只会继续沉沦。于是经过各方代表、政府官员、学者、工会代表、非政府组织（NGO）、企业领导等，共同研商对策，最后得到的结论就是推行社会伙伴协议（Social Partnership Agreement，1989年）。

这个政策的重点是：社会进步的责任，必须由社会各界共同承担，总体经济政策、相关法令、未来发展计划的形成，必须通过信息的公开、互相了解、互相合作，并纳入广泛的利益关系人（stakeholder）参与，理性对话，而形成社会共识。最后达成的共识则作为一份社会人民与政府的协议。

协议包括人民与政府各自所应尽的责任与可享的权利，政府必须遵守“契约”规定与执行，爱尔兰人民扮演监督者的角色，促使政府尽责任与义务。不可否认，爱尔兰人民与政府“负担社会责任、全民参与、形成共识”是爱尔兰能够经济起飞的重要因素。

自1989年起，爱尔兰进行了五个社会伙伴协议，成功地完成了劳动法改革、社会福利改革、税改、高教改革等一连串的改革计划，以及数个前瞻性的发展策略，例如进入21世纪战略（Strategy into the 21th Century）、国家发展计划（National Development Plan）等。而这些改革及计划也都获得大部分人民的支持，经由人民声音有效传达至政府，社会资源的整合，政府对于未来的发展共识也已形成，爱尔兰找到了国家未来发展的方向与目标。

没有和平的环境，经济不可能发展，这个浅显的道理，却经常在民族主义或族群主义的动员下被忽略。北爱问题是20世纪下半叶英爱关系中的重要问题。虽然对于追求统一的爱尔兰而言，爱尔兰共和军（Irish Republican Army，IRA）是一群英雄，但是在英国看来，他们却是一群武装的恐怖主义者。爱尔兰共和军的目的是希望将英国逐出北爱尔兰，但是，他们的悲情诉求并没有促使英国手软，却使得爱尔兰社会的对立加深，也使得爱尔兰与英国的关系无法改善。

冷战结束以后，欧洲共同体成为欧洲联盟，国家间界限更趋模糊，经由长达50余年的努力，欧洲人民对于欧盟的认同逐渐加强。换言之，对于爱尔兰人而言可以分别拥有对自己家乡、国家与整个欧洲的三重认同，对于北爱尔兰人而言也可以保有对爱尔兰土地、英国与欧洲的认同。就这样，在欧洲的快速整合过程中，爱尔兰与北爱尔兰可以透过欧盟机制交流与融合。因此，传统上以追求国家统一为目标的爱尔兰共和军的存在价值，似乎就显得不是绝对的必要。在冷战后欧盟快速统合的过程中，曾经是英雄的爱尔兰共和军的暴力做法也就开始受到舆论质疑与挞伐。

从20世纪90年代起，爱尔兰国内也有共识，一致认为发展经济，民生是最迫切的优先选择，而应该搁置长久无法解决的北爱问题。在美国与欧盟的协助下，爱尔兰开始与英国修好，爱尔兰共和军在1994年与北爱宣布全面停火协议，开始停火谈判，并于2005年宣布全面解除武装。爱尔兰共和军这个非武装决定也得到爱尔兰人民的赞许。放弃武装冲突与政治操作，爱尔兰的社会、经济快速发展。事实证明，1995—2005年停火期间，正是爱尔兰快速崛起的关键时刻，由此可知，和平的情境对于爱尔兰的发展有多么重要。我们可以想象，如果爱尔兰与英国对于北爱问题仍然没有解决，暴力事件频传，大概有很少人愿意到爱尔兰去投资。

▲ 爱尔兰共和军是以爱尔兰共和国为基地的非官方的半军事组织，1919年成立，当时是为了脱离英国而奋战。

抓住天时：掌握全球化的契机

20世纪80年代以来，经济全球化进程加速，随着知识经济时代的到来，世界各国的资金、资源和劳动力的流动日益加快，跨国公司在世界范围内寻找着自己的最佳投资目标。由于商品、技术、信息、劳动力和资本在全球范围内的自由流动和有效配置，各国经济的相互依赖性不断加深。各国纷纷对本国的内部及外部环境重新进行评估，积极寻求和运用对本国有利的因素促进国民经济的发展。20世纪90年代以来，爱尔兰获得了前所未有的良好机遇。

全球化的一个重要特征就是人口的快速移动。历史经验显示，任何一个国家的崛起，都必须仰赖外国优秀人才的进入，哪个国家掌握住人才，就掌握了成长的契机。在历史上，爱尔兰一直是个人口与人才的输出国。但是从20世纪90年代起，爱尔兰采取吸收优秀人才的策略，方法是提供一个高福利、高待遇、安全、友善、舒适的就业环境。

根据经济合作暨发展组织（OECD）2002年的资料，爱尔兰17—18岁青少年仅有77%完成高中学业，与其他先进国家比较，这个比率并不算高，爱尔兰还有很大的成长空间。不过，值得一提的是，爱尔兰从外援上（主要来自欧盟的德法）取得大量的资金援助，这些资金大部分是投资在教育上。爱尔兰政府对所有大学、研究所以上学府，提供优渥的学费免除及学杂费补助，这使得爱尔兰新一代的年轻人都愿意接受高等教育或专业训练。不仅如此，许多其他国家的学生也因此被吸引来到爱尔兰，其中以印度与美籍爱尔兰裔为最多。

由于爱尔兰的经济快速发展，自然也能提供较好的待遇与就业环境，再加上，欧盟的跨国界人力的自由流通，使得欧洲人民愿意前往爱尔兰工作，外籍学生也选择留在爱尔兰。在这些移入的人才中，毫无疑问，美籍的爱尔兰裔扮演着重要的角色，历史与文化的情怀和经济的诱因，让他们像鲑鱼般地重新流回爱尔兰。

好的人才，也需要好的环境。在20世纪60年代和70年代，爱尔兰开始吸引企业前来这个翠绿之岛，他们提供补助贷款和优惠税制，邀请企业在夏农（Shannon）或都柏林设厂。但是，这个策略并没有收到效果，美国与日本的公司，还是喜欢将他们的欧洲营运中心设在格拉斯哥、韦尔斯及其他欧陆中心城市，因为这些地方比较靠近市场，较容易配销。到了20世纪90年代初期，爱尔兰再次调整策略，他们不再去讨好制造业者，而是将目标锁定在服务业。他们认识到，勤奋、教育水平与使用英语是爱尔兰的重要资产。爱尔兰将国家发展重点，从传统的制造业转向知识经济与服务业。

爱尔兰政府一方面积极将市场自由化，有效利用欧盟资源，发展资通讯基础建设及深化人才教育；另一方面，则授权工业发展局（Industrial Development Agency, IDA）大规模吸引国际大厂，主要是信息、生化产业在爱尔兰投资，提供高素质的工作机会。另外，爱尔兰政府也成立国际金融服务中心，尝试建立爱尔兰在全球化金融互动中的新地位，建立永续发展（Sustainable Development）的概念，希望能够减少贫富差距，使经济平均发展。从2003年起推动一连串的改革，企图以文化、产业与科技为主，发展出环状的产业链，带动地方繁荣。

历史有时是非常吊诡的，昨天的不幸或许是今日的幸运。没有普及的英语教育，爱尔兰断然不可能有今天的经济局面，英语不是唯一的成功要素，却是参与国际竞争的利器。爱尔兰曾受英格兰数百年统治，语言曾经是界定自我认同的工具。但是在全球化的时代，爱尔兰人也了解到，语言其实更是沟通的工具，掌握语言，也就掌握了商机。

爱尔兰在欧盟27个国家中，是英国之外唯一的英语系国家。这样的独一无二，对照着美国公司占爱尔兰外资公司总产值的八成，似乎让人看到了一个经济因素中的非经济因素。爱尔兰因缘际会地掌握了这个全球化“看不见的新大陆”上的重要平台，没有英文做基础，爱尔兰不可能成功地成为欧洲的电子转运中心（e-hub）。土地或劳力便宜，可能被后来加入欧盟的东欧国家取代，但这些国家要赶上爱尔兰的英语能力，恐怕得花上数十年。

▲ 爱尔兰航空 Aer Lingus 的班机。图案三叶酢浆草是爱尔兰的代表。

由于交通和通信技术的发展，爱尔兰迅速发展成为连接欧盟和美国两大经济实体的重要桥梁。欧盟愈扩大，爱尔兰的角色也就愈重要。这时，美国跨国公司急于寻求进入欧盟市场的登陆地，英语国家爱尔兰和英国成为首选。英国由于在欧元问题上的迟疑不决，未能成为第一批加盟欧元的国家，于是大量跨国公司投资爱尔兰，其他国家的公司也纷纷到爱尔兰投资。以服务业为例，美国的保险公司开始利用都柏林与美国的时差，迅速在爱尔兰设立了申诉中心，将办公室以外的申诉转送到爱尔兰处理。也就是，当美国人在睡觉时，就由爱尔兰人处理美国公司的业务。在2000年，这种服务模式就为2500家美国企业，在都柏林创造了25万个工作机会，是都柏林人口的1/14。

不论企业能否购并国家，但是，随着全球化而来的跨国公司的确为爱尔兰带来了大量的投资，极大程度地推动了爱尔兰经济的发展。首先，跨国公司向爱尔兰缴纳了巨额的税收，充实了国库收入，减少了政府的财政赤字，协助实现财政收支平衡。其次，跨国公司进入爱尔兰，给爱尔兰带来了世界先进的技术。然而，跨国公司良好的管理、优越的工作条件和较高的薪金，都对爱尔兰本国的公司形成了挑战，导致中小型、低水平的企业纷纷倒闭。那些幸存下来的公司则在竞争中迅速发展，技术和产品的竞争力得到了提高，并打入国际市场。直接投资对爱尔兰的影响并不仅限于经济方面，还影响到爱尔兰生活的各个方面。同时，跨国公司先进的管理方法和思想观念都潜移默化地影响了爱尔兰人，使他们的思想观念更新，自信心增强，摒弃了贫穷落后时代的悲观主义。跨国公司在爱尔兰的发展还带动了运输业、服务行业和旅游业的繁荣。

当然，值得讨论的，不是跨国公司可以给爱尔兰带来什么样的利益，而是为什么在一个全球化，哪里都可以去的时代里，它们会选上爱尔兰。毫无疑问，欧盟的广大市场、爱尔兰人民的教育素质与掌握英语的能力，以及国家对于适合产业的选择与推动是最重要的三大关键。如果没有语言的优势、欧洲共同市场、高素质的人力，爱尔兰今日不会崛起；如果不能继续运用地利、创造人和、掌握天时，爱尔兰这颗绿色宝石也会迅速褪去光芒。对于其他小国而言，爱尔兰的成功之道，不是更值得思考与学习吗？

结论◎◎

小国也可以伟大

关键抉择：崛起的轨迹

每一个国家都希望崛起，不只是大国，小国也是如此。求生存、逐发展、争荣耀，几乎是每一个人与国家必然的思考，关键在于他们有没有格局与能力来完成他们的梦想。

如同本书前言所述，本书并不是为讨论有关小国崛起的一些公共政策问题，而是从历史来探讨每一个国家在面临关键性时刻所作出的战略抉择，有的时刻非常明显，有的时刻却是缓慢地自然演进。我们先来找寻一下这些小国崛起在关键时刻的抉择的轨迹。

威尼斯决定以大海作为财富，不受意识形态左右地发展海上贸易，是崛起的关键，以“商人共和国”的方式出现在国际舞台是威尼斯能够累积财富的原因。利用十字军东征机会于

1204年攻陷君士坦丁堡，扩张了威尼斯共和国所需要的领土。1380年与热那亚的海战决定了威尼斯在地中海与东方贸易中的霸主地位。不问国际政治、只问商业利益创造了威尼斯约600年的繁荣。热那亚则是迅速做了转型，从贸易转向金融，成就了1557—1627年欧洲金融的热那亚时代。

1501年，一艘满载印度胡椒和肉桂的葡萄牙商船，徐徐驶进安特卫普港口，从此结束了威尼斯商人独霸西欧香料市场的历史，而1585年安特卫普的陷落，成就了阿姆斯特丹的欧洲商业地位。1602年14个小东印度公司整合为一个大的东印度公司，是全球第一个以信用投资所建立的多国企业形态，也是尼德兰赚取财富的尝试。1609年第一个近代银行出现在阿姆斯特丹，象征着尼德兰这个以商立国的共和国，是依靠商人的资本力量而不是国家的财政，创造了17世纪的海上商业王国。

1219年瑞士老三州的防御结盟开启了瑞士的邦联制度。拜三十年战争之赐，瑞士在1648年获得独立。1674年瑞士庄严宣布未来以中立国行事。1798年拿破仑的军队轻而易举地打破了瑞士的中立。列强为自己的利益考虑，在1815年拿破仑战败后的维也纳会议中再次确定瑞士的中立。1848年瑞士在欧洲革命动荡中制订宪法，从邦联变成联邦，以巩固其中立政策。1863年国际红十字会的前身救援伤兵国际委员会由瑞士人创立，它的义行功能与瑞士的国家中立相互截长补短，为瑞士赢得了国际尊敬。两次世界大战瑞士都保持中立，而且利用中立取得庞大的国家利益。2002年瑞士加入联合国，结束其法律意义上的中立，但是为了自身利益，迄今仍不愿加入欧盟。

1517年将《九十五条论纲》贴在教堂前的马丁·路德留给普鲁士一个有利德意志统一，但是也有利于普鲁士专制统治的思想。1618—1648年的三十年战争使得日耳曼几乎消失。1648—1786年统治普鲁士的三位重要君主，将国家带入军国主义的道路。1807年开启政经改革，以及1810年创立洪堡柏林大学与战争学院，代表普鲁士以现代国家进入国际舞台。1807年费希特唤起日耳曼民族主义的演讲与1814年继任柏林大学校长的黑格尔所倡导的国家意志，使普鲁士的军国主义有了民族主义的色彩与合理性。1818年的关税同盟为普鲁士未来统一德意志起了开端。遗憾的是，1848年法兰克福制宪会议的失败让德意志失去了以宪政统一德国的机会。1866年打败奥地利，普鲁士成为德意志内部的唯一霸主。1871年打败法国，在凡尔赛宫宣布德国统一。这一路用铁与血打下的统一江山，成就了普鲁士的崛起，但是给德意志与世界都带来了灾难。

芬兰利用第一次世界大战的机会于1917年独立。结束于1940年的冬战与1944年的续战，改变了芬兰后来的国政方针。芬兰知道自己不可能真正地中立，只有选择与苏联妥协的道路。1948年芬兰与苏联签订了做小扶低的《友好互助条约》，确定不得罪苏联的原则。谨小慎微的态度一直延续到冷战结束都没有改变。苏联一瓦解，芬兰立刻废除了《友好互助条约》并申请加入欧盟。1995年成为欧盟一员，芬兰发展的地缘政治与经济自此完全改变，可以自由自在地崛起。

爱尔兰从1171年起成为英格兰统治的一部分，700多年间，爱尔兰为了宗教与土地与英格兰进行流血与议会的抗争。1848年的马铃薯大饥荒使爱尔兰几乎丧尽元气。趁着第一次世界大战，1919年爱尔兰主动宣布独立，但是英国不承认。1921年英国同意爱尔兰取得“自治领”资格，而不是“共和国”。爱尔兰再通过议会抗争，利用第二次世界大战的机会，于1948年宣布成立爱尔兰共和国，但是英国坚持不放手北爱尔兰，留下了历史问题。1971年爱尔兰加入欧洲共同体，1987年欧洲单一市场成形，给予爱尔兰运用地利的良机，1993年欧盟成立，对爱尔兰的商业更是如虎添翼。20世纪末全球化时代的来临给了这只“塞尔特之虎”跃起的机会，2005年与北爱尔兰政府的全面和解，搁置争议，更是爱尔兰能够和平发展的关键。

回顾一段千年历史不是容易的事，或许我们可以从这些小国崛起的经验中重新检视它们如何在关键时刻做了关键的抉择。

商业至上：不受意识形态左右

作为一个小国，商业几乎是唯一的选择，也是致富的唯一途径。有的小国终其岁月，只是商业环节上的一个小点，有的小国却可以开创新局，成就一片江山。

处于中世纪的威尼斯，就了解到商业应该不分国界、宗教、意识形态的道理。威尼斯根本不在乎教皇或罗马皇帝对于它与异教徒贸易的反对，它的商船成为新月旗世界与十字架世界之间的桥梁。对于威尼斯人而言，“首先他是一个威尼斯国民，其次才是基督徒”，即如何为威尼斯创造财富，远比给上帝带来荣耀更为重要。十字军东征对于欧洲国家来说，是使命也是荣耀，但是对威尼斯而言，如何利用十字军东征创造财富更为重要。在威尼斯总督看来，没有利润，威尼斯不必要协助十字军。威尼斯利用十字军去攻打长期的基督教竞争对手，而不是伊斯兰城市，在关键时刻，它更毫不犹豫地利用十字军打下同属基督教文明的拜占庭首都君士坦丁堡，成就了威尼斯数百年的霸业。至于拜占庭是否因此虚弱而走向死亡，也不是威尼斯关心的问题。因此，它毫无心理障碍地与崛起的鄂图曼土耳其帝国继续做生意，为的是确保它在利凡特的东方贸易。

尼德兰何尝不是如此，与威尼斯一样，都是“商人共和国”，政府就是一个股份公司。在尼德兰，荷兰的大议长就是总经理；在威尼斯，总经理是总督。在尼德兰，议会是董事会；在威尼斯，参议院是董事会。在这两个国家，人民都是股份公司的持有人。不同的是，尼德兰创造了一个真正的股份有限公司——东印度公司与一个可以做股票买卖的阿姆斯特丹银行，而威尼斯还是以个别的商人来成就他们的事业。

这两个商业共和国，所有的政治体制都是为商业服务。威尼斯是一个标准的重商国家，政府的一切作为都是为了商人创造商业利益；尼德兰则是另一种意义的重商国家，政府的一切作为都以不妨害人民追求商业利益，以现代的术语来说，尼德兰走的是自由放任式的经济政策道路。

或许莎士比亚笔下的威尼斯商人是多么的势利与狡猾，而荷兰人也掀起了金融史上第一次因为投机而引发的金融风暴。但是这两国，一个是无地可耕、无石可采的小岛，一个是有大多数土地低于海平面的湿地，它们在必须靠着向外扩张才能生存与发展的信念下，扬帆远航。如果拘泥于政治的意识形态，它们不可能有机会创造财富，如果的政府不能以商业挂帅，为商人排除贸易困难，整个国家将无法开创商机。

小国要想崛起，不仅在商业上不应受意识形态左右，也需要保持灵活的弹性。威尼斯在商业贸易之余转移至工业生产，热那亚在贸易受挫后转向金融发展，都成就了它们的另一番事业。但是当这两个国家逐渐忘掉了立国精神后，也就逐渐走向衰落。威尼斯富裕后商业政策变得保守，性格上从海上的冒险家变成了地上的食租者，热那亚拘泥于宗教因素，将金融资金压在同属天主教的西班牙与法兰西上，而没有投资在即将崛起的新教国家英格兰。忘掉了前辈们的灵活弹性，注定了这两个城邦在全球经济与金融的让位。

对于小国而言，以商立国几乎是唯一的选择，它不可能玩得起大国的军事游戏。就如同威尼斯无法长期与土耳其对峙，最后也不是拿破仑大军的对手，尼德兰最后也难以抗拒英法等国的军事挑战。近代的小国，例如瑞士、芬兰、爱尔兰，都是努力从商业上寻求自己的国际定位，也是积极地将意识形态放在两边。即使当代从战败爬起的西德，也是放弃自己的军事大国之梦，排除经由扩张领土求发展的国家战略，而将自己定位为商业王国，用科技来支撑这个王国，用商业来拓展它的版图，而不是用军事强权或参与强权地缘竞逐来增加国家威望。

有容乃大：广纳人才的战略

商业的繁荣不可能建立在狭隘的自我之上，一个不开放的国家不可能创造商业的繁荣。为了让自己有更强的竞争力，江海之纳百川的包容政策就显得特别重要。

“有容乃大”这句话，不只适合于大国，更适合于小国。从尼德兰、瑞士与普鲁士的历史中，我们看到“有容乃大”如何为这些国家创造契机与财富，而缺少包容的国家却因此失去了竞争的优势。

举例来说，当法国路易十四于1685年撤销给予胡格诺教派一些政治权利的《南特诏书》后，20多万勤劳的胡格诺教徒逃到瑞士、普鲁士、尼德兰、英格兰等地，不仅为当地带来了法兰西的技术、资金，而且带来了先进的文化、思维与生活方式。

这一群为了逃难的移民者为瑞士带来了钟表技术，逐渐形成和奠定了今日闻名世界的瑞士钟表工业地位；另一批移民者带着技术、资金到了尼德兰，为当地的丝织与手工业奠定了发展的基础；还有一批避难者进入普鲁士，补充了当地因为三十年战争而失去的大量人口，并在当地建起了羊毛、亚麻等细布纺织厂，另外也给普鲁士带来了丝绸、金银、珠宝、帽子、手套、刺绣等几十种新行业，教会普鲁士人烤制香甜可口的小麦粉面包。当时柏林有1/3的人口是法国人，法语同德语一样通行，灌溉了贫瘠的普鲁士文化沙漠。

如果瑞士不能包容，国内的四大语言族群一定会撕裂多元的瑞士；如果荷兰不能包容，1585年安特卫普的数千名手工业者、商人与银行家不会逃往阿姆斯特丹，使得阿姆斯特丹摇身成为世界的商业与金融中心。

如果尼德兰不能包容，大批伊比利亚半岛的犹太人与葡萄牙的犹太商人不会带着雄厚的资本前来。这一群来自各地的犹太教徒给阿姆斯特丹带了资本主义的工具，支撑了资本市场的汇兑与交易功能。另外，他们甚至还帮助荷兰人建立到美洲新大陆与地中海的商业网络，为尼德兰的崛起之路做出了巨大的贡献。

如果不能包容，普鲁士不只会失去人口增长的机会，也将失去向法国学习的机会。普鲁士从来就不把路德派与卡尔文派的差异看在眼里，只要能够为普鲁士创造财富与权力，一切都是美好的。在普鲁士的崛起过程中，宗教从来就不是个问题，它不需要处理像英国与法国因为宗教而引发的内部与外部冲突难题，宗教因素也从来没有阻碍德意志的团结与统一。但是到了20世纪30年代，德国不再包容了，纳粹党徒开始搞族群斗争，利用民粹，迫使大量优秀的德意志人远走海外。国内的族群政治斗争，不仅为德意志民族带来灾难，也为世界带来祸害，更使得德意志的思想学术地位，转移到了美国。在这个历史阶段，德国走上了法国路易十四的老路，美国像当时西欧接受法国的胡格诺派一样，也接受了大量的欧洲移民，成为二战后学术思想的重镇。

如果大国不能包容都会衰败，何况小国？小国需要的不是团结，而是包容，历史就是如此，“有容乃大”不只是一个国家应有的修为，更是崛起发展的战略。

我为人人：创造被需要的价值

一个小国要想在这个世界生存发展，不可能依靠它的资源或人口，但是可以凭借它为世人所创造的被需要的价值。

很多人在讨论小国时，经常举瑞士中立的例子，以期证明小国最好的策略就是不要卷入大国争执的漩涡。瑞士的经验却显示，能够确保其国家安全与发展的因素并不是表面的中立，而是创造被需要的价值。

近代史上，瑞士地处四个强权中间，国内又有四个不同语言的族群，所以不管瑞士站在哪一边，对外对内都是问题，这是瑞士先天必须走向中立的原因。如果没有周边强权的同意，瑞士的中立根本不可能成立。对于周边强权而言，与其说是让瑞士中立，不如说是让瑞士成为彼此权力竞逐的缓冲区，而且这个缓冲区最好还是一个有武装的缓冲区。道理很简单，一个有武装的瑞士，更能负责任地扮演好缓冲区的角色，让彼此的敌人军队在经过瑞士时必须付出较大的代价。

瑞士在邻国发生内部问题时，成为少数精英的避难地，在邻国发生战争时，尽量默不作声。瑞士的中立绝对不是孤傲式的中立或所谓的国际法上有法律保障的中立，而是避免激怒，或者不得罪强权式的中立。瑞士在一战后让日内瓦成为国际联盟的总部，二战期间，同意让德国的军队穿越瑞士的隧道、为德国提供战略物资、准许德国将收刮犹太人的财产存入瑞士银行。二战后，创造东西方对话的场域，靠着一间会议室、一张桌子、几把椅子，就成为世界外交的重要舞台，也为瑞士带来大把钞票。

瑞士不是靠中立来保证国家的安全，而是创造了被周边国家与世界所需要的价值。从昔日的瑞士佣兵、武装缓冲区到今日的匿名存款制度，甚而到观光旅游，瑞士都在创造一个被需要的价值。就是这个被需要的价值，确保了瑞士的安全，也让瑞士成为今日一颗耀眼的明星。

另一个国家芬兰，也想走中立道路，但是天然的地理位置并不容许。芬兰周边只有一个不友善的大国，芬兰因此无法成为众多强国之间的缓冲区，没有办法创造一个被列强彼此都需要的价值。但是在二战以后，芬兰忠实地扮演着北欧五国中的侧翼角色，成为武装中立国瑞典面对苏联防御的前线与缓冲区。对于加入北约的冰岛、挪威与丹麦而言，瑞典与芬兰两者都是抵抗苏联可能入侵的缓冲国。在对外政策上，其他北欧四国对于芬兰所受委屈的回馈就是邀请它参加北欧理事会，让芬兰与其他四国有一体的感觉，并共享北欧经济发展的成果。对于苏联而言，一个宣称自己中立的芬兰也是有利的，芬兰成为苏联接近西方的门户，二战后东西欧缓和开始的欧洲安全暨合作会议，等于是二战后和平条约的《赫尔辛基议定书》就是在芬兰的首都签署的。对于苏联而言，一个不挑衅又友善的芬兰使得它可以安心地经营在全球的事业，从这个方面来说，芬兰为苏联创造了一个可以安心的价值。而芬兰也因此可以安心地发展自己的经济，得以渐渐崛起。

创造被需要的价值，不只是瑞士与芬兰两国，威尼斯与尼德兰也是如此。威尼斯在伊斯兰与基督教市场之间游走，尼德兰的金融体系不只为荷兰人，也为全欧洲商人，甚而包括为自己的敌人服务。这两个以商立国的国家，充分了解创造被需要的价值是多么重要的事，没有这样的心态是不可能成为商业国家的。

谨小慎微：不挑衅身边的强权

2500年以前，齐宣王问孟子：“交邻国有道乎？”孟子对曰：“有。惟仁者为能以大事小……惟智者为能以小事大……以大事小者，乐天者也；以小事大者，畏天者也。乐天者保天下，畏天者保其国。”

芬兰在二战期间，连续与苏联打了两场战争，使得先前的经济成果几乎毁于一旦。战后芬兰改弦易辙，用谨小慎微的态度与强权苏联相处。这样的路线并不是某一个政党或个人的政治路线，而是芬兰举国上下所共同认知的选择。芬兰了解到，地理位置限制了它能够拥有的外交空间，中立只能说说而已，实际上要谨慎地了解苏联的感觉与忧虑，苏联的友善与体谅比美国的面包与西方的武器来得重要多了。

芬兰不是一个天生没有个性的民族，更不是一个懦弱不敢战斗的民族。与苏联的冬战与续战，芬兰都是以小博大，即使从结果来说，芬兰是输了，但是以战争的过程来看，芬兰英勇的表现其实非常出色，因此人民只有战败的痛苦，而没有战败的屈辱。不过，即使在精神层面没有屈辱的感觉，战后的芬兰还是务实地认识到，“对抗”、“结盟”、“军备”或许是国际社会中其他国家常用的方法，但是对于芬兰并不适用，谨慎而自制的“巴锡基维—吉科宁路线”因此成为芬兰人自己的选择，并成为几乎举国一致同意的路线。芬兰在任何国际场合中都是小心谨慎，害怕得罪苏联。这种谨小慎微当然不是出自卑微的反应，而是来自理性的选择。

冷战期间，国际间经常用“芬兰化”来嘲讽那些屈服于强权的国家，这些负面的批评并不能左右芬兰自我理性的选择。冷战结束，苏联瓦解，芬兰却依然存在，证明最后的胜利者是小国芬兰，而不是大国苏联。它随后加入欧洲联盟，在经济上与欧洲融为一体，不过它并没有在兴奋之余，忘掉自己的地理位置，芬兰坚持不加入北约，保留一点未来回旋的空间。

谨小慎微的并不只有芬兰而已，瑞士也是个佼佼者。没有谨小慎微是无法扮演好中立的角色。从宣布中立那一天开始，600年来，瑞士官方对于国际冲突从来没有积极主动地表达过什么样的意见，美其名曰“客观”或“不介入”，其实一言以蔽之，就是谨小慎微，借用孟子的话，“惟智者以小事大”，瑞士与芬兰应该算是国际政治中的智者了。

体制开放：政治思想决定崛起的路径

什么样的政治思想就会产生什么样的政治制度，什么样的政治制度就会决定国家用何种方式发展。对于想要崛起的国家而言，政治思想当然也决定了崛起的轨迹。

威尼斯是一个没有意识形态的“商业共和国”，它的政治制度为如何创造财富服务。威尼斯有一个相当于现代议会的元老院来处理国家大致方针、制订税收、管理财政，决定是否战争等重大问题。1335年后所设的十人委员会成为新设机构，可以干预一切事务，甚至罢免总督。相当于议会的元老院与负责行政的十人委员会两者相互牵制，没有一个机构能够独立行事，使得所有独裁化为乌有。这样的体制不只影响到法国大革命时期以后近代的西方政治思想家，更使得威尼斯得以拥有一个创造商业王国的非独裁体制。到了后来，随着财富的愈来愈多，思想开始保守，制度也逐渐僵化，十人委员会变成了三人委员会，威尼斯也就无法再适应这个多变的世界。

尼德兰联合省有着往外看、开放自由的社会传统，但是它也有联而不合的独特体制。尼德兰的内部基本上是一个倾向邦联，也就是每一个省有自己主权的体制，各省有着强烈的自治色彩，重要决策需要彼此“一致决”。这个联而不合的共和国，国务会议虽然必须处理战争、媾和、条约、陆军、海军、宗教、税收等国家大事，但是，即使在最极端危急的时刻，它还是小心翼翼避免形成中央集权。这样的分权制度，从好的角度来说，也是为以商立国的尼德兰保持尊重商业领域的弹性，由于中央政府无法介入太多事务，民间社会的能量因而可以充分地释放。没有这样的分权制度，17世纪尼德兰的资本市场可能无法壮大成为欧洲的金融中心。也因为有了这种分权制度，尼德兰的社会不容易因为统治阶层的内部决定而造成社会分裂，下层阶层也不那么具有反叛性，因此，相较于邻近的法国、西班牙、英国或日耳曼，尼德兰的内部是相对的稳定。这种现代政治学上的“大社会、小政府”组合，帮助尼德兰崛起成为17世纪的海上霸权。

当然，尼德兰联合省这种联而不合的分权制度，在面对英国、法国倾全国之力向尼德兰挑战时，尼德兰的高度分权制度，重要事情需要“一致决”的限制就很容易显露出它的弱点，特别是国家极度富有或开始衰弱时，看得更为明显。尼德兰的联而不合体制，由于没有适时变迁、无法与时俱进，终致尼德兰不只失掉商业，也失掉国家。

二战后的小国荷兰，采用内阁制，基本上解决了联而不合的缺点，但是在体制设计上仍然保留传统的多元社会价值与分权的基本政治结构。荷兰人不喜欢中央集权的政府，不喜欢将人民权力交给某一个单一的政党，也不相信政治人物，因此，荷兰没有一个政党能够得到半数以上选民支持，政党们只有在议会中通过合纵连横来取得执政权。荷兰有一二十个政党，国会选举以比例代表制产生，只要得到足够的分配就可以进入国会，而没有德国那种为了避免小党林立而设定的最低当选门槛。原因在于，荷兰人了解到民主比效率更重要，尽可能在国会中听到最多不同的声音才是首要的选择。这样的多元民主，再一次为荷兰赢得了世界的商业。

瑞士的高度分权、直接民主、联邦制度，使得瑞士不可能成为一个独裁的国家。瑞士的制度避免了内部四大语言族群的分裂，也给予瑞士联邦政府在与强权互动时，多了一个讨价还价的空间。从是否要加入国际联盟、联合国、欧洲联盟等国际组织，都看到瑞士联邦、各邦与人民三者之间进行一场为瑞士利益的三重博弈，只要其中任何一个行为不同意，就无法通过。换言之，不是符合瑞士大多数人民所愿意接受的利益是难以被接受的。

由于瑞士并不像威尼斯与尼德兰那样追求成为世界性的商业大国，因此，瑞士的制度本身不需要积极性，不需要一个强而有力的伟大领导者，松散的分权制度反而成为瑞士最佳的防御。我们从瑞士的历史中，看不到太多的伟大决策，也看不到太多的民族英雄，但是瑞士却是小国崛起中难有的典范。

另外值得一提的是普鲁士。英国1688年的光荣革命使英国走上议会至上的道路，法国路易十四王权至上的原则固然为法国带来了短期的荣耀，但是接任者的无能与自由民主思想的抬头引发了1789年的法国大革命。自由、平等、博爱的思想经由拿破仑传遍了整个欧洲。拿破仑的先进思想引发了欧洲大陆君王的反扑，自由革命分子被镇压。很不幸地，普鲁士是在这种思想时代背景下完成德意志的统一而崛起。

马丁·路德固然为德意志民族开创了统一与崛起的契机，

但是它对于王权极端拥护的保守思想也被普鲁士接收为治国的纲常。普鲁士崛起依靠的是开明专制与军国思想，不仅没有接受英国的君主立宪，也没有走上法国的共和道路。德意志的知识阶层在普鲁士民族主义的召唤下脸色变得苍白，行动显得无力。1848年法兰克福的制宪会议或许有其无法成功的先天因素，但是可以试想，如果当时的制宪会议是自由宪政主义者获胜，德国将是统一在宪政制度之下，而不是俾斯麦的“铁与血”，那么，不只是德意志的历史，整个世界历史可能都要改观。

德意志的崛起带给世人的却是两次世界大战与令人无法原谅的种族灭绝暴行。二战后，德意志人民才深刻了解到，国家的崛起不能只能依靠铁与血，还必须有理性的民主与自由。二战后再次崛起的西德彻底扬弃了以往普鲁士留给德意志人民的政治与思想遗产，从零开始，选择了工商业，而不是军队，选择了宪政共和，而不是虚假民主。西德不再追求地缘政治的生存空间，而是经济世界的商业空间，不再强调国家主权与民族主义，反而是追求让渡主权与多重认同的欧洲统合最虔诚的支持者。

德国战败后的再一次崛起，西德没有依靠任何铁与血，而是经济力量与民主体制。与以往1871年东边的普鲁士统一西边不同的是，1990年的德意志再统一，是西边统一了东边，不是武力的并吞，而是政治与经济制度的取代。这样的统一，不只让德国人安心，也让世界放心，如此崛起的德国，给世界带来的是安全与繁荣，而不是恐惧与不安。

地利勿失：必须站在巨人肩膀

威尼斯雄霸南欧数个世纪，尼德兰是17世纪的海上霸主。但是人口太少，土地不多是它们先天的宿命，当西班牙、法国逐渐发展成为民族经济体时，威尼斯就必然感受到压力。当英国完成光荣革命与开启工业革命时，尼德兰就注定不是对手。这些小国固然可以发展成为以服务业或金融业为主的“虚拟国家”，即“头脑国家”，但是它也必须想想，供养养分的“身体”在那里，它如何与一个既是“头脑”又是“身体”的大国竞争。

精明的荷兰知道本身的局限，很快地了解到，必须以欧洲大陆作为发展的“身体”。二战后，荷兰是最积极推动欧洲共同体的国家之一。荷兰经由共同体的机制把欧洲变成它的“身体”，用以推动荷兰的全球企业。在历史的发展过程上，荷兰知道打不过英国、法国或是德国，但是在共同体内，这三个国家反而成为荷兰推动全球企业或争取商机的助力。

另外一个国家就是爱尔兰。由于有了欧洲单一市场，爱尔兰的廉价劳工才能够在初期让世界选择它作为进入欧洲共同市场的桥头堡。由于参加了欧洲共同体，爱尔兰可以不再受英国的约束，直接在欧盟体制内与其他欧洲国家互动。爱尔兰追求独立700余年，但是在独立后不到20年就愿意加入一个必须让渡部分主权的欧洲共同体。爱尔兰没有因为自己坚苦抗争所得到的弥足珍贵主权，而坚持主权的完整与不可分割性，并因此拒绝加入欧洲共同体，因为它了解到主权固然是必须，但是不参加欧洲统合是不会有未来的。不只爱尔兰这么想，冷战后脱离苏联的中东欧国家也是如此认为，进入欧洲统合才有机会获得经济与政治的权力。

芬兰当然也了解小国的崛起之道。冷战期间，在安抚苏联之余，它就参加北欧理事会与北欧各国形成一个自由的贸易区，并与欧洲自由贸易协会建立起联系会员国的关系，苏联一瓦解，它就急着参加欧洲联盟，为自己的经济增加更大的市场。

威尼斯、热那亚、米兰、佛罗伦萨，都是意大利的重要商业城市或共和国，它们的分裂与无法合作，导致无法与强大的民族经济体竞争，最终使得南欧的经济一直落后于西北欧，一直到今日。我们可以试想，如果当时以威尼斯为首的意大利城邦也有经济共同体或共同市场的概念，17世纪的荷兰，18世纪的英国，不见得是意大利城邦的对手。

对于小国而言，它不可能以一己之力去开创自己的未来，把大国拉在身边，用它的人口、土地与资源创造商机，是崛起的不二法门。“站在巨人肩膀才能看得比巨人更为遥远”，“借力使力”才能够放大自己的能量。从欧洲联盟的经验可以看出，小国争先恐后地急于加入，为的就是强化自己的腹地与市场。我们还没有听说欧洲哪一个国家要自外于欧洲统合，也很难理解，哪一个亚洲国家仍然排除在亚洲经济整合之外而不觉痛痒，当然也更难想象，哪一个国家会自愿放弃邻近大国的商业市场。

天予要取：抓住全球化的机会

历史总是会给每一个国家一些机会，如果能够顺势，自然可以有机会崛起，如果天予不取，那么不只失去机会，而有可能反受其咎。

在欧洲大陆仍处于一片黑暗的中世纪时，威尼斯自我突破，用转运贸易带来财富，它抓住了拜占庭衰败的时机，决定攻打君士坦丁堡，为威尼斯取得了霸主的地位，即使遇到兴起的鄂图曼帝国，它也会懂得用外交与政治协商来维护既有的贸易利益。但是，当新航线时代的来临，全球市场成为下一个竞争的舞台时，威尼斯仍然固守传统的利凡特东方贸易，它的衰落也就几乎成为必然。

尼德兰也抓着17世纪的黄金岁月。首先，它掌握着地理大发现的天时，当地中海逐渐褪却光环，整个经济重心北移的时候，阿姆斯特丹顺势利用地理位置的优势与高明的金融经济政策，瞬间成为北方的经济大城。其次，趁着英国、法国与日耳曼的民族经济尚未形成的时机，迅速抢占海外市场，举民间之力成立东印度公司，以全球第一个多国公司的形态，为尼德兰创造了财富。但是，当时代的巨轮走向民族经济时，尼德兰不能在金融与经济政策上再做调整，终而导致尼德兰时代的结束。

芬兰与瑞士算是识时务的国家。面对强权苏联，芬兰开始时还会尝试抗拒，瑞士则是从头到尾顺势而为。冷战结束以后，芬兰抓住信息科技的机会，一个诺基亚（Nokia）公司就为小小的芬兰创造了莫大的财富。而瑞士，不论在任何时间，都了解它的角色就是为全球服务，从国际红十字会、国际联盟与国际组织的所在地，国际冲突的协商地，瑞士不仅不拒绝任何全球给予的机会，反而是张开双手欢迎，当然，这不只为瑞士带来了荣誉，更带来了财富。

如果区域整合是小国的必要选择，那么全球化时代的来临等于给了小国更多的机会。爱尔兰就是一个最好的例子。

如果没有第一次世界大战，爱尔兰不太容易成为大英国协的自治领，如果没有第二次世界大战，爱尔兰的独立时间可能还没有到来。爱尔兰的大多数政治精英不是凭空地追求国家独立，而是累积能量，然后抓住时机，长达近八个世纪的期待终于成为事实。

1990年以后，资本主义席卷全球，一个全球市场已经形成。爱尔兰知道一个内部纷争的国家无法成为跨国公司投资的标的，它终于愿意与英国共同放下关于北爱尔兰问题的争议，同意以和平的方式解决。虽然爱尔兰不愿放弃自己独特的语言，但是它更了解到英语才是它迎接全球化的工具，也是全球企业愿意来爱尔兰投资设厂的主要原因。没有英语的优势，全球公司要进军欧盟，不会选择爱尔兰，没有英语做基础，爱尔兰也不可能成功地成为欧洲的电子转运中心（e-hub）。

爱尔兰抓住了英国不愿意加入欧元的机会，吸引了大批愿意进驻欧盟国家的跨国企业，带来了先进的技术与全球的市场网络。爱尔兰也将它过去的历史转换为发展的动力，一批一批昔日为了新生活而被迫移民美国的爱尔兰后裔回到爱尔兰，成为经济发展最重要的人力资源。

如果不是处于全球化的时代，居于一隅的小国，它们的发展难以跨越地理的局限，但是一个懂得把握机会的小国，会知道利用它的优势。例如爱尔兰利用它的语言优势，瑞士运用它的地缘优势，芬兰掌握它的科技优势，当然，还有西欧现在所有的小国，都扩张它们的西方文化优势，为自己创造崛起的契机。

正如很难想象一个小国会放弃自己的地利优势一样，我们也更难想象一个小国会自愿忽视上天所授予它的良机。全球化固然有利于大国在经济上攻城略地，但是超越地理限制的全球化不是更给了缺少土地的小国一个更好的机会？只要它们能够以开放的思想、包容的态度、灵活的身段、优质的人力面对世界，何尝不会崛起？

让人尊敬：小国崛起的终极方向

正如一个人的伟大并不完全在于他的功业，更在于他的人格，小国或许无法在功业上与大国并驾齐驱，但是也可以在另一些事业上得到别人的赞赏与尊敬。

如果要问现代的世人，愿意做一个小国寡民的瑞士公民，还是做一个有着悠久历史文明的印度、俄罗斯等大国国民？希望提出这个问题没有对这些大国不敬。不过，答案可能是，除了这些大国的国民以外，大多数人愿意选择前者。为什么？其实很简单，因为在国际印象上，瑞士是一个爱好和平的中立国家，与全世界各国没有任何冲突，它富裕、美丽与感觉上安详，拿它的护照可以走遍全世界，而且多数不需要签证，这不就是梦寐以求的桃花源吗？

真实的瑞士并不是如外表所展现出来的面貌，它的高额税率让人感到压力，它的社会秩序让人无法轻易放松，它的高昂物价让人瞠目结舌。更深入地了解后还可以察觉，这个国家在关键时刻只考虑自己的国家利益，而不愿在道德是非问题上表态，已经受到世界很大的指责。在欧洲各国中，无论大国还是小国，瑞士其实是个最标准的现实主义者，从各样的战争中，可以看到它是如何对待流亡或移民者，二战期间它又是如何成为纳粹默契下的自私自利者。

我们也可以看到其他北欧小国，虽然它们并没有在本书出现，但是它们对于世界的关怀从来不落人后，不只在对外金钱援助上大方，对于环境的保护也投入相当大的心力。这些国家不仅成功地发展了自己，也得到世界的尊重。

人类的历史不断前行，在这过程中，有的国家崛起，有的衰落，有的依然在世界舞台上当一个小配角。国家崛起的意义应当在于为自己的国民创造幸福，为世界带来和平。我们希望每一个小国都能崛起，但是也期望它们不是利用他国的冲突而崛起，不是在仇恨中崛起，而是在良性的发展中崛起，带给世界祥和与美好，做一个令人尊敬的小国。

参考资料

威尼斯

Braudel, Fernand, *The Mediterranean and the Mediterranean World in the Age of Philip II.* 中文译本：曾培秋、唐家龙译，《地中海史：集体的命运和总的趋势》（原文为《菲利普二世时代的地中海和地中海世界》），（台北：商务，2002）

Braudel, Fernand, *The Perspective of the World: Civilization and Capitalism, 15th–18th* Century（原文为法文：Civilisation, economie et capitalisme: XVe-XVIIIe），Vol.3.（New York: Harper & Row, 1986）

Byzantium, *Discovery Channel*, 1988.

Cipolla, Carlo M, *Fontana Economic History of Europe: the Middle Ages.* 中文译本：夏伯嘉译，《欧洲经济史·中古篇》（台北：允晨文

化，1984）

Ducellier, Par Alain, Byzance et le monde Orthodoxe. 中文译本：刘增泉译，《拜占庭帝国与东正教世界》（台北：国立编译馆，1995）

Hollister, C. *Warren, Medieval Europe: A Short History.* 中文译本：张学明译，《西洋中古史》（台北：联经，1986）

Kindleberger, Charles P., *World Economic Primacy: 1500 to 1990*（New York: Oxford University Press, 1996）

Kotkin, Joel, *The City: A Global History*（New York: Modern Library, 2005）

McNeill, William H., *Venice: The Hinge of Europe, 1081–1797*（Chicago: University of Chicago Press, 1974）

Morris, Jan, *The World of Venice*. 中文译本：郑明华译，《威尼斯》，（台北：马可孛罗文化，2003）

Mott, George Fox and Dee, Harold M., *An Outline–History of The Middle Ages*. 中文译本：叶恺译，《西洋中古史》（台北："教育部"，1960）

Norwich, John Julius, *A History of Venice*（New York : Vintage Books, 1989）

Norwich, John Julius, *Venice : The Rise to Empire*（London : Allen Lane, 1977）

Pirenne, Henri, *Economic and Social History of Medieval Europe*. 中文译本：胡伊默译，《中古欧洲社会经济史》（台北：商务，1970）

Pirenne, Henri, *Les ville du moyen age*. 中文译本：陈国梁译，《中世纪的城市：经济和社会史评论》（北京：商务印书馆，1985）

Postan, M. M. ed., *Cambridge Economic History of Europe*, Vol. 2. 中文译本：钟和等译，《剑桥欧洲经济史》，第二册，《中世纪的贸易和工业》（北京：经济科学出版社，2004）

Thompson, James Westfall, *Economic and Social History of Europe in the Late Middle Ages, 1300-1530*. 中文译本：徐家玲等译，《中世纪晚期欧洲经济社会史：1300—1530年》（北京：商务印书馆，1992）

Thompson, James Westfall, *Economic and Social History of the Middle Ages, 300-1300*. 中文译本：耿淡如译，《中世纪经济社会史：300—1300 年》（北京：商务印书馆，1984）

Wallerstein, Immanuel, *The Modern World-System: Capitalist Agriculture and The Origins of The European World-Economy in The Sixteenth Century Vol. 2*.（New York: Academic Press, 1974）

朱映红，《试论中世纪威尼斯经济繁荣的政府因素》，《康定民族师范高等专科学校学报》，第11卷第3期，2002年9月，页46—49。

陈志强，《拜占庭学研究》（北京：人民出版社，2001）

刘启戈、李雅书选译，《中世纪中期的西欧》（北京：三联书店，1957）

刘景华，《16世纪意大利城市衰落的历史考察》，《长沙电力学院社会科学学报》，1997年第3期，页76—83。

刘景华，《中世纪意大利城市衰落的经济结构因素分析》，《世界历史》，1996年第1期，页53—60。

萧浙安，《试论中世纪威尼斯经济繁荣的原因》，《安徽大学学报》，1998年第4期，页94—98。

罗萍，《试论中世纪早期威尼斯海上商业的兴起》，《宜宾学院学报》，第4期，2004年7月，页46—48。

盐野七生著，彭士晃、长安静美译，《海都物语：威尼斯共和国的一千年》（台北：三民，2001）

尼德兰

Attman, Artur (translated by Eva and Adam Green), *Dutch Enterprise in the World Bullion Trade, 1550-1800* (Goteborg: Kungl. Vetenskaps-och Vitterhets-Samhallet, 1983)

Braudel, Fernand, *The Perspective of the World : Civilization and Capitalism, 15th-18th Century*（原文为法文：Civilisation , economie et capitalisme : XVe-XVIIIe ）, Vol. 3.（New York: Harper & Row, 1986）

Garber, Peter M., *Famous First Bubbles: The Fundamentals of Early Manias*（Cambridge, Mass. : MIT Press, 2000）. 中文译本：陈小兰译，《泡沫的秘密：早期金融狂热的基本原理》（北京：华夏出版社，2003）

Gordon, John Steele, *The Great Game: The Emergence of Wall Street as a World Power, 1653-2000*（New York: Scribner，1999）. 中文译本：齐思贤译，《华尔街世纪》（台北：时报出版，2001）

Israel, Jonathan I., *The Dutch Republic and The Hispanic World, 1606-1661*（Oxford: Clarendon, 1982, 1986 [printing]）

Israel, Jonathan I., *The Dutch Republic: Its Rise, Greatness, and Fall, 1477-1806*（Oxford; New York: Oxford University Press, 1995）

Kindleberger, Charles P., *World Economic Primacy: 1500 to 1990*（New York: Oxford University Press, 1996）

Kotkin, Joel, *The City: A Global History*（New York : Modern Library, 2005）

Price, J. L.，*Holland and The Dutch Republic in The Seventeenth Century: The Politics of Particularism*（Oxford : Clarendon Press, 1994）

Rady, Martyn, *From Revolt to Independence: The Netherlands, 1550-1650*（London : Hodder & Stoughton, 1990）

Tracy, James D., *Holland under Habsburg Rule, 1506-1566: The Formation of a Body Politic*（Berkeley: University of California Press, 1990）

Van Loon, Hendrik Willem, *The Fall of The Dutch Republic*（Adamant Media Corporation, October 18, 2005）. 第一版为Boston, New York, Houghton Mifflin, 1913.

Van Loon, Hendrik Willem, *Van Geography: The Story of The World*（New York, Garden City Pub. Co.,1932）.中文译本：纪何、滕华译，《房龙地理：关于世界的故事》（北京：中国人民大学出版社，2003）

Wallerstein, Immanuel, *The Modern World-System*（New York: Academic Press, 1974）

Wallerstein, Immanuel, *The Modern World-System: Capitalist Agriculture and The Origins of The European World-Economy in The Sixteenth Century, Vol. 2.*（New York: Academic Press, 1974）

Wilson, Charles, *The Dutch Republic and The Civilisation of The Seventeenth Century*（New York: McGraw-Hill, 1968）

中国社会科学院世界历史研究所组译，《新编剑桥世界近代史》（北京：中国社会科学出版社，1987），第7、8册。

保罗·祖姆托（Zumthor Paul）著，张今生译，《伦勃朗时代的荷兰》（济南：山东画报，2005）

罗益强、史仕培、陈雅慧等著，《借镜荷兰》（台北：天下杂志出版，2002）

瑞士

Bergier, Jean-Francois, Switzerland, *National Socialism and the Second World War*, final report of the Independent Commission of Experts Switzerland World War（ICE）（Pendo Verlag GmbH, 2002）（http://www.uek.ch/en/index.htm）

Bonjour, Edgar, H. S. Offler, and G. R. Potter Oxford, *A Short History of Switzerland*（Clarendon Press, 1952）

Bonjour, Edgar, Translated by Mary Hottinger. *Swiss Neutrality: Its History and Meaning*（London, G.Allen & Unwin, Ltd 1952）

Coordinating Committee for the Presence of Switzerland

Abroad, *Switzerland: An Inside View: Politics, Economy, Culture, Society, Nature*（Zurich: Der Alltag/Scalo Verlag, 1992）

Feller, Richard Edgar Bonjour （*etc.*）, *Geschichtsschreibung der Schweiz: vom Spatmittelalter zur Neuzeit*（Basel : Helbing & Lichtenhahn, Cop. 1979）

Marko Milivojevic and Pierre Maurer（ed.）, *Swiss Neutrality and Security: Armed Forces, National Defence and Foreign Policy*（New York: St.Press, 1990）

张维邦著，《瑞士史：民主与族群政治的典范》（台北：三民，2006）

端木美著，《瑞士文化与现代化》（沈阳：辽海出版社，1999）

刘文正译，Edgar Bonjour著，《瑞士中立史》（*La neutralite Suisse: de son histoire*）（武汉：武汉大学出版社，1991）

普鲁士

Adenauer, Konrad, *Erinnerungen*（*Stuttgart:DVA*）Vol.1（1945-1953）; Vol.2（1953-1955）; Vol.3（1955-1959）; Vol.4（1959-1963）

Burns, Rob, ed., *German Cultural Studies: An Introduction*（Oxford: Oxford University Press, 1995）

Craig, Gordon A., *Germany, 1866–1945*（Oxford: Oxford University Press, 1978）

Julian, Roberts, *German Philosophy: An Introduction*（Cambridge: Polity Press, 1988）

Kahler, Krich, *The Germans*（New Jersey: Princeton University Press, 1974）*Kitchen, Martin, A History of Modern Germany, 1800–2000*（Malden, Mass. : Blackwell Pub., 2006）

Kitchen, Martin, *The Cambridge Illustrated History of Germany*（Cambridge: Cambridge University Press, 1996）

Ludwig, Emil, *The Germans: Double History of A Nation.* 中文译本：杨成绪、潘琪译，《德国人：一个民族的双重历史》（北京：东方出版社，2006）

McAdams, A. James, *Germany Divided : From The Wall to Reunification*（Princeton, N. J. : Princeton University Press, 1993）

Reinhardt, Kurt F., *Germany: 2000 Years*（New York : Frederick Ungar, 1965）

Scruton, Roger, Peter Singer, Christopher Janaway, Michael Tanner, *German Philosophers*（Oxford : Oxford University Press, 1997）

Sheehan, James J., *German History, 1770-1866*（Oxford: Oxford University Press, 1989）

Shirer, William L., *The Rise and Fall of The Third Reich: A History of Nazi Germany*（New York : Simon and Schuster, 1960）

Vogt, Martin, *Deutsche Geschichte: Von den Anfangen bis zur Wiedervereiniguug.* 中文译本：辛达谟译，《德国史》（台北：国立编译馆，2000）

杜美，《德国文化史》（北京：北京大学出版社，1990）

张亚中，《德国问题：国际法与宪法的争议》（台北：扬智文化，1999）

郭少棠，《德国现代化新论：权力与自由》（台北：商务，1993）

芬兰

Allison, Roy., *Relations with The Soviet Union,* 1944-1984（Houndmills ; Basingstoke ; Hampshire: Macmillan, 1985）

Ausland, John C., *Nordic Security and the Great Powers*（Boulder: Westview, 1986）

Jakobson, Max, *Finland: Myth and Reality* (Helsinki: Otava, 1987)

Jakobson, Max, *Finnish Neutrality: A Study of Finnish Foreign Policy Since The Second World War* (London: Evelyn, 1968)

Jutikkala, Eino and Kauko Pirinen, translated by Paul Sjooblom, *A History of Finland, Fourth revised edition* (New York: Praeger, 1984)

Kirby, David G., *Finland in The Twentieth Century* (Minneapolis: University of Minnesota Press, 1979)

Koivisto, Mauno, *Witness to History: The Memoirs of Mauno Koivisto: President of Finland, 1982-1994,* translated from the Finnish by Klaus (Carbondale: Southern Illinois University Press 1997)

Lundin, Charles Leonard, *Finland in the Second World War* (Bloomington: Indiana University Press, 1957)

Maude, George, *The Finnish Dilemma: Neutrality in The Shadow of Power* (London: Oxford University Press, 1976)

Mouritzen, Hans, *Finlandization: Towards a General Theory of Adaptive Politics* (Aldershot: Avebury, 1988)

Penttila, Risto E. J., *Search for Security Through Defence, 1944-89* (New York: St Press, 1991)

Singleton, Fred, *The Economy of Finland in the Twentieth Century* (Bradford, Yorkshire: University of Bradford, 1986)

Suomi, Juhani, *Urho Kekkonen* (Helsingissa: Otava, 1986)

Tapaninen, Jaakko (ed.), *Finland: The Northern Experience, New Europe, and The Next Millennium* (Helsinki: Tammi Publishers, 1999)

Vehvilainen, Olli, *Finland in The Second World War: Between Germany and Russia,* translated by Gerard McAlester (New York: Palgrave 2002)

Wuorinen, Jonh H., *A History of Finland.*中文译本：武汉大学翻

译组译，《芬兰史》（武汉：湖北人民出版社，1973）

苏秀法，《从芬兰加入欧体看中立国的义务》，《问题与研究》，第33卷第3期，1994年3月，页71—80。

爱尔兰

Coogan, Tim Pat, *Ireland in The Twentieth Century* (London: Hutchinson, 2003)

Curtis, Edmund, *A History of Ireland, 6th edition* (London : Methuen, 1968)

Foster, R. F., *Modern Ireland 1600–1972* (London: Penguin, 1989)

Holmes, Michael (*ed.*), *Ireland and the European Union: Nice, Enlargement and the Future of Europe* (Manchester: Manchester University Press, 2005)

Hoppen, K. Theodore, *Ireland since 1800: Conflict and Conformity, 2nd ed.* (New York: Longman, 1999)

Kenny, Kevin (*ed.*), *Ireland and The British Empire* (Oxford: Oxford University Press, 2004)

Martin, R. M., *Ireland Before and After The Union with* Great Britain (electronic resource) (London: J.B.Nichols and Son, 1848)

McDowell, R.B., *Ireland in The Age of Imperialism and Revolution, 1760–1801* (Oxford: Oxford University Press, 1979)

Munck, Ronnie, *Ireland : Nation, State, and Class Struggle* (Boulder: Westview Press, 1985)

ÓGráda, Cormac, *Ireland : A New Economic History, 1780–1939* (Oxford: Oxford University Press, 1994)

Ohmae, Kenichi, *The Invisible Continent : Four Strategic Imperatives of the New Economy* (New York: HarperBusiness, 2001)

O´sullivan, Michael J., Ireland and The Global Question（New York: Syracuse University Press, 2006）

Fraser, T. G., *Ireland in Conflict, 1922-1998*（New York: Routledge, 2000）

Wells, H. G., *The Outline of History: A Plain History of Life and Mankind.* 中文译本：吴文藻、谢冰心、费孝通译，《世界史纲：生物和人类的简明史》（台北：左岸文化，2006）

Winstanley, Michael J., *Ireland and The Land Question, 1800-1922*（London: Methuen, 1984）

李秋锦，《爱尔兰经济发展对我国的启示》，《台湾经济金融月刊》，第42卷第1期，2006年1月，页1—17。

高仁山，《从“欧洲的病人”到“赛尔提克之虎”：爱尔兰的成功之道》，《台湾经济研究月刊》，第29卷第4期，2006年4月，页88—95。

其他参考数据

《大英百科全书》，http://wordpedia.eb.com/

《维基百科全书》，http://wikipedia.org